아이의
감정조절력

아이의 감정조절력

감정에
휩쓸리지
않고

윤여진 지음

현명하게
다루는
힘

다섯북스

차례

시작하며
부모는 아이의 감정 일타 강사다 ✦ 8

1부 　감정은 아이의 평생 자산이다

1장　지금, 감정조절력이 필요한 이유

AI 시대, 감정조절은 생존 전략이다 ✦ 21
감정지능이 성공과 행복을 좌우한다 ✦ 25
디지털 세대 아이들의 감정 특징 ✦ 33
부모의 감정 언어가 아이의 세계를 만든다 ✦ 38

2장   부모가 되고 나서야 만나는 낯선 감정들

엄마가 느껴야 할 감정이 따로 있다고?   + 46
육아는 감정과 친구가 되는 과정이다   + 52
내 감정을 이해할수록 아이는 편안해진다   + 60

3장   부모의 감정이 아이의 정서를 만든다

'감정주파수'란?   + 69
아이와 감정주파수를 맞추는 방법   + 76
부모는 아이의 감정 공동 조절자다   + 85
아이는 부모의 믿음 속에서 자란다   + 93
아빠의 감정 표현이 아이에게 미치는 영향   + 110

2부 | 감정 표현이 서툰 아이, 어떻게 도와줄까?

내 아이의 감정 성향 체크리스트 ... +134

4장 아이의 감정은 왜 서툴고 격렬할까?

예민한 아이는 특별한 아이다 +139
아이가 폭발적으로 감정을 표현하는 이유 +162
아이는 감정 언어를 부모에게서 배운다 +169
풍부한 감정을 나만의 무기로 만드는 법 +173

5장 부정 감정은 아이 성장의 신호다

세상에 틀렸거나 잘못된 감정은 없다 +188
분노는 감정의 끝이 아니라 마음의 시작이다 +195
부정 감정을 성장의 자산으로 바꾸는 마인드셋 +218

6장 자존감을 키우는 긍정 감정의 힘

감정지능은 긍정 감정 경험에서 자란다 +229
부모의 말과 행동이 만드는 정서 안정감 +238
가정에서 실천하는 긍정 감정 루틴 +254

3부 | 감정을 조절하고 표현하는 실전 감정 코칭

7장 　감정 기반 사회성 길러주기

갈등은 관계를 단단하게 만든다　　　　　　　　✦ 263
타인의 감정을 읽고 이해하는 힘, 공감력　　　　✦ 281
가정 내 협력과 소속감은 자존감의 뿌리다　　　✦ 292
놀이를 통해 감정조절력을 기르는 방법　　　　　✦ 298

8장 　하루 세 번 10분, 아이의 감정을 키우는 일상 루틴

아침 10분: 감정으로 하루를 여는 시간　　　　　✦ 316
하교 10분: 마음을 여는 대화의 시간　　　　　　✦ 328
자기 전 10분: 분리불안을 줄이는 연결의 시간　　✦ 340

마치며
감정을 가르치는 건 '선택'이 아니라 '책임'이다　　✦ 348

감정조절력을 높이는 심리학 인사이트　　　　　✦ 354

> 시작하며

부모는 아이의 감정 일타 강사다

"게임에 져서 속상하지만 심호흡하고 계속할 거야. 스트레스를 받는다는 건 배우는 중이라는 거야."

엄마, 아빠와 함께 보드게임을 하다가 진 아이가 눈물이 그렁한 눈으로 또박또박 말했다. 우리 부부는 종종 생각지도 못한 아이의 성숙한 반응에 흠칫 놀랐다.

한번은 아이가 방과 후 수업에서 작은 구슬로 팔찌를 만들었는데, 완성을 눈앞에 두고 그만 팔찌를 놓쳐 구슬이 와르르 쏟아져 버린 일이 있었다고 한다. 집에 와서는 지나가는 말로 오늘 속상한 일이 있었다고만 했는데, 이후 선생님의 이야기를 들어보니 당시 상황은 꽤 심각했던 모양이었다. 누구보다도 열심히 많은 구슬을 꿰었던 터라 구슬이 쏟아진 뒤에 친구들의 시선이 집중되었는데, 울음을 터뜨릴 거라는 모두의 예상과 다르게 침착함을 유지하며 "다시 하면 돼" 하고 묵묵히 상황을 수습했다고 한다. 선생님은 이렇게 스스로 감정을 조절하고 다스리는 1학년 아이는 처음 봤다며 엄마인 내게 당시 상황을 전했다. 나중에 그때 느낀 감정에 대해 다시 물으니 아이가 답했다.

"맞아, 그때 많이 속상했어. 정말로. 하지만 실수는 누구나 하는 거고 이제 구슬은 더 잘 꿸 수 있게 되었으니까. 팔찌는 다시 만들면 되는 거잖아."

이제 겨우 초등학생이 되었는데 자신의 감정을 거리낌 없이 표현하고 건강하게 표현하는 경우가 점점 많아져서 참 기특하다. 주변에서는 "아직 어린데 아이가 참 의젓하네요.", "감정 표현에 어쩜 이리 능숙한가요?", "자기 감정을 저렇게 잘 조절하는 아이는 처음 봐요" 등 칭찬을 하며 날 때부터 순한 기질에 어른스러움을 타고난 아이였을 거라고 미루어 짐작한다. 과연 그럴까? 불과 몇 년 전까지만 해도 옆집에서 아이 울음소리 때문에 괴롭다고 편지가 날아올 만큼 육아는 험난했다. 매일 목이 터져라 우는 아이가 안타깝고, 또 그런 아이를 키우는 게 힘들어서 나도 함께 우는 날들의 연속이었다. 그런데 지금은 달라졌다. 아이도 나도 변했다. 끊임없이 감정에 대해 공부하며 수없이 대화를 건네는 엄마와 그런 엄마의 노력을 지지하며 버팀목이 되어준 아빠의 믿음으로 이전이라면 상상도 못했을 만큼 변한 모습이다.

사실 우리 아이는 여전히 어리고 감정 기복의 정점이라고 말하는 사춘기도 아직 경험하기 전이다. 그렇기에 윤우가 앞으로도 감정조절을 잘할 거라고 단정 짓기는 어렵다. 하지만 우리 부부의 목표는 윤우가 자신의 감정을 잘 인식하고, 표현하고, 조절하는 법을 익히면서 가족이 모두 성장하는 것이다. 나와 남편도 각자의 감정에 많은 관심을 기울이며 아이에게 더 건강하고 좋은 롤모델이 되기 위해 노력하고 있다.

우리는 감정을 배운 적이 없다

나는 심리학 박사인 아버지와 교육학 박사인 어머니 밑에서 자랐다. 부모님께서는 작은 결정이라도 언제나 "네 생각은 어때?"라고 어린 나의 의견을 묻고 귀 기울여 주셨다. 정신없이 바빴을 텐데도 바깥세상의 커리어보다 가정이 늘 우선이었던 부모님 밑에서 축복받은 유년 시절을 보냈다고 생각한다. 하지만 아무리 좋은 조건과 환경을 갖추었어도 우리 부모님 역시 옛날 분들이셨다. 그들은 어린아이가 느끼는 다양한 감정을 투명하게 드러내는 것을 예의 없는 행동이라 생각하고 인정하지 않으셨다.

"뚝 그쳐! 그렇게 울 거면 방에 들어가!"

특히 부정적인 감정 표현은 금기시되었다. 긍정적인 감정 표현에는 너무나 적극적으로 반응해 주셨지만 울거나 화를 내거나 짜증을 내는 건 드러내지 못 하게 하셨다. 그래서 난 괴롭거나 슬프거나 짜증이 나도 부모님 앞에서는 표현하지 않고 꾹 참았다. 부모님도 마찬가지였다. 가족 앞에서는 나쁜 감정은 속으로 삭이며, 늘 밝고 긍정적인 모습만을 유지하려고 애쓰셨다. 그 마음과 노력을 알기에 난 두 분을 따를 수밖에 없었다. 그렇게 '행복해지려면 부정적인 감정을 배제하고 무시해야 한다', '두 개의 상반된 감정은 공존할 수 없다'라는 인식이 내 머릿속에 자리 잡았다. 내 감정은 균형 있게 자라질 못했다.

한번 무너진 감정의 균형은 어른이 되어도 좀처럼 나아지지 않았다. 여전히 나는 내 감정에 귀 기울이는 법을 몰랐다. 스무 살부터 심리학을 공부했지만 정작 내 감정에 대해서만은 무지했고 야박했다. 부모님 탓을 하려는 건 아니다. 그땐 그게 당연했고, 두 분은 최선을 다했기 때문이다. 과거에는 감정과 감정조절의 중요성에 대해 알려진 게 없었다. 2000년대 이후, 그러니까 비교적 최근에야 이 둘의 중요성이 대두되었고, 매체에서 전문가들이 주제 삼기 시작하며 대중적인 관심으로 퍼진 것이다.

아이는 감정조절에 미숙하다. 경험이 부족하기도 하지만 감정조절을 관장하는 전두엽이 아직 발달하지 않아서이기도 하다. 전두엽은 태어난 시점부터 서서히 발달하기 시작해 20대 중반이 되어서야 완성된다. 이제 막 발달이 시작된 아이는 당연히 어른만큼 감정조절을 할 수 없다. 그렇기에 어른인 부모가 전두엽을 대신해 아이에게 감정을 가르치고 조절하는 법을 알려주고 연습시켜야 하는 것이다. 이 과정을 거친 아이는 성인이 되면 감정을 건강한 방식으로 표현하고 조절할 수 있게 된다.

그런데 여기서 문제가 생긴다. 아이에게 감정을 가르쳐야 할 부모가 정작 감정을 잘 배우지 못한 어른이라는 거다. 앞서 말했듯 부모 세대에는 감정의 중요성을 경시했기에 닥친 어쩔 수 없는 결과이기도 하다. 하지만 괜찮다. 지금부터라도 배우면 된다. 우리보다 감정적으로 더 풍요롭고 만족스러운 삶을 살아갈 아이들을 생각하며 배우고, 배운 것을 잘 가르치면 된다.

세상은 날로 더 복잡해지고 있다. 온갖 콘텐츠가 범람하는 디지털 환경에 익숙한 아이들은 끊임없이 타인의 삶을 관찰하고 나와 비교한다. 이 영향으로 번아웃, 무기력, 우울증 등의 정신적 문제를 겪는 연령이 점차 낮아지고 있다. 이런 문제의 이면에는 자신의 감정을 제대로 읽지 못하는 무지가 자리한다. 부모는 아이에게 공부만 잘하면 다 해결될 거라고 가르친다. 아이는 자연스럽게 느껴지는 감정을 처리할 방법을 몰라서 가장 쉬운 선택인 디지털 세상으로 숨어버리고, 부모는 그런 아이에게 나약해서 집중력이 떨어진다며 나무란다. 그리고 아이는 어느새 어른들이 찾을 수 없는 곳에 들어가 영영 나오지 않는다. 극단적으로 보일 수 있겠지만 요즘 청소년들에게 자주 보이는 패턴이다. 감정보다 성취가 우선이고, 나를 아는 것보다 사회적 인정이 먼저라고 가르치지만 사실 우리는 알고 있다. 아무리 많은 것을 이룬다 해도 자기 자신을 제대로 이해하지 못하면 만족스러운 삶을 살 수 없다는 것을 말이다.

나를 이해하는 첫걸음은 나의 감정을 읽는 것이다. 감정은 내가 누구인지 무엇을 원하는지 그리고 세상과 어떻게 연결될지를 알려주는 필수 지능이다. 감정지능은 국어, 수학, 영어를 공부하듯이 습득해야 하며, 특히 가정 내에서 가르쳐야 하는 특별한 영역이다.

감정지능의 토대는 '부모'이다

감정 교육은 부모와의 관계에서 시작한다. 부모는 아이의 가장 중요한 감정 일타강사이자 공동 조절자로서 아이에게 감정의 안전망을 제공해야 한다. 세상이 급변할수록 가정은 아이의 정서적 안전 기지 역할을 해야 한다는 것을 잊지 말자. 부모는 아이의 전두엽이 다 자랄 때까지 책임지고 그들이 감정을 잘 조절하고 다룰 수 있도록 가르쳐야 한다. 또한 자신의 감정지능을 활용해 아이와 감정주파수를 맞추며 함께 성장해야 한다.

처음에는 감정에 무지했던 우리 부부도 아이를 키우며 함께 성장했다. 짜증을 내고도 이유를 몰랐던 남편은 이제 자신의 감정을 인식하고 표현하는 데 어색함이 없다. 몸과 마음이 힘든데도 꾸역꾸역 괜찮은 척하다가 한 번씩 크게 폭발하던 나도 이제는 내 감정을 솔직하게 들여다보고 완급을 조절할 수 있게 되었다. 하루에도 수십 번씩 울며 떼쓰던 아이는 지금 자기 기분을 읽고 정확히 전달할 수 있는 어린이로 성장하고 있다.

화가 나는 것과 화를 내는 것은 다르다. 짜증이 나는 것과 짜증을 내는 것 또한 다르다. 우리가 느끼는 모든 감정은 건강하고 아름다운 신호지만, 그 감정이 칼날이 되어 타인을 향해서는 안 된다. 화와 짜증이 내가 세상에서 가장 사랑하는 아이에게 반복적으로 향하고 있다는 것을 인지했다면 더 이상 지체해서는 안 된다. 지금이 바로 아이가 삶에서 가장 중요한 감정지능을 쌓아나가도록 함께 노력해야 할 시점이다.

감정은 삶을 풍요롭게 만드는 언어이며, 부모가 아이에게 줄 수 있는 가장 큰 선물이다. 이 책이 감정을 배우지 못한 부모, 지금부터 감정을 배워나가야 할 아이들이 함께 성장하도록 돕는 첫 교과서가 되어주길 바란다.

2025년 8월
윤여진

"아이의 말보다 마음을 들어줄 때
아이는 한결 유연해지고
세상 앞에서 담대해집니다."

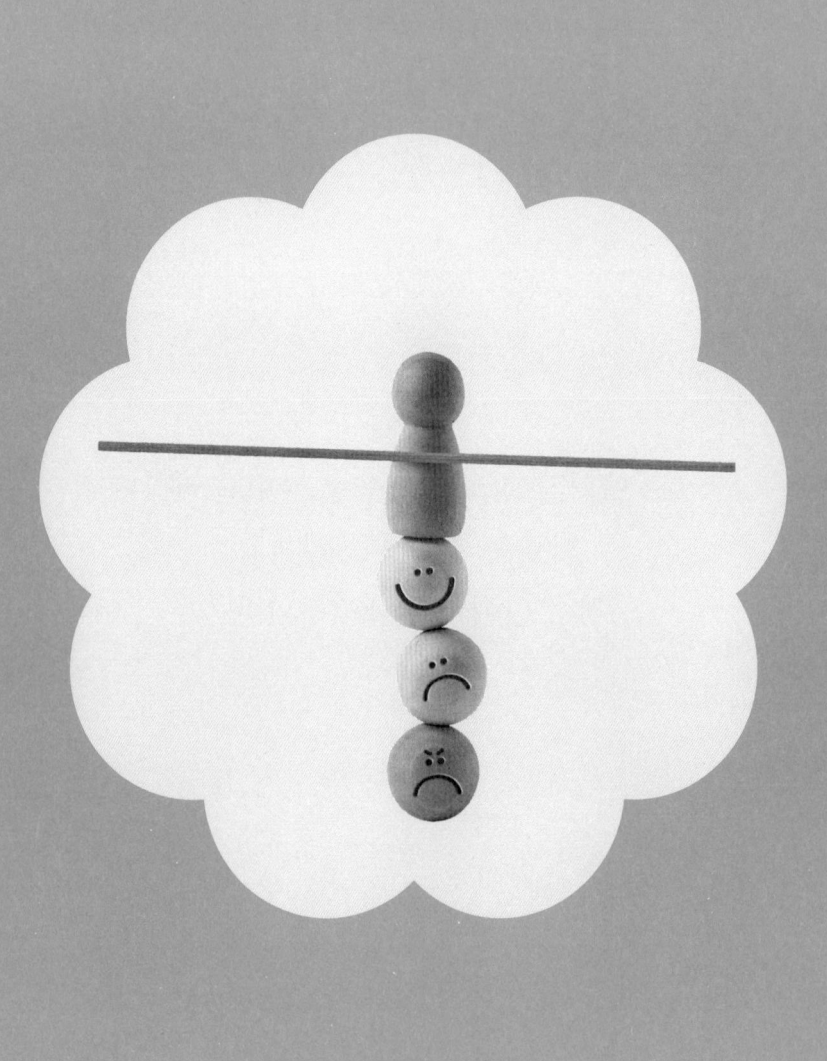

1부
감정은 아이의 평생 자산이다

지금, 감정조절력이 필요한 이유

AI 시대,
감정조절은 생존 전략이다

최근 몇 년간 AI의 발달 속도는 미래를 감히 상상하지 못할 정도로 빨라지고 있다. 많은 부모들이 AI 시대에도 살아남을 수 있는 기술과 지식 교육에 총력을 기울이는 이유일 것이다. 하지만 대부분의 영역에서는 이미 AI가 인간을 앞지르기 시작했다. 직업, 기술, 지식 기반의 경쟁에서 인간은 결국 AI에 밀릴 수밖에 없다.

그렇다면 AI 시대에 인간이 가져야 할 진짜 경쟁력은 무엇일까? 바로 사람만이 가질 수 있는 '비인지적 능력'을 갖추는 것이다. 예를 들어 감정, 공감, 관계 형성, 회복탄력성과 같은 능력인데, 이것이야말로 AI가 대체할 수 없는 인간 고유의 영역이다. 많은 미래학자들도 앞으로는 감정에 기반을 둔 정서적·사회적 능력들이 더욱 중요해질 것이라고 강조하고 있다. 그런데 아이러니하게도 아이들은 감정을 배우고 훈련할 기회를 점차 잃어가는 중이다.

요즘 아이들은 태어나면서부터 '알고리즘'과 함께 자란다. 2017년생인 윤우 역시 말을 배우기도 전에 손가락으로 화면을 넘기고, 유튜브 영상을 클릭하는 법부터 익혔다. 글을 읽지 못해도 스마트폰은 본능적으로 활용하는 것이 요즘 아이들이다. 문제는 이런 환경 속에서 자라는 아이들은 감정을 느끼고 표현하는 법보다 외부 자극으로부터 감정을 무디게 만드는 법을 먼저 배운다는 것이다. 예를 들어 아이가 울거나 떼를 쓰는 순간, 부모는 스마트폰 속 자극으로 그 감정을 '즉시 잠재우는 법'을 안내한다. 당황스러운 상황을 모면하려는 최선의 선택이겠지만 그러다 보면 아이는 감정을 '느끼고 조절하는 법'보다 '회피하고 누르는 법'에 더 익숙해진다.

요즘 아이들을 '알파 세대'라고 부른다. 스마트폰과 태블릿이 일상화된 시대에 태어나 인공지능, 알고리즘과 함께 자라난 첫 번째 세대라는 뜻이기도 하다. 이들은 지식을 외우기보다 검색을 생활화하고, 타인과 대화를 나누기보다 화면 속 댓글을 읽으며 세상을 배운다. 또한 생각하고 탐구하기보다 즉각적인 정보를 얻는 것에 익숙하고, 짧고 강한 자극에 길들여 있으며, 끊임없이 자신을 남과 비교한다. 이 틈에서 아이들은 점점 감정에 무뎌져 간다. 그렇기에 이들에게 감정을 인식하고, 해석하고, 회복하도록 돕는 감정조절력은 반드시 필요한 '생존력'이다. 디지털 기기에 깊숙이 노출된 세대이기 때문에 감정조절을 가르치는 방식이 이전과 같아서는 안 된다. 끊고 억제하는 방식이 아니라, 함께 연결되고 조율하는 방식이어야 한다.

윤우도 유튜브와 게임을 좋아하는 아주 평범한 알파 세대다. 우리 부부는 윤우가 태어난 순간부터 지금까지 디지털 미디어와 기기를 어떻게 사용할지에 대한 가정의 원칙을 정하고 그 원칙대로 일관되게 훈련해 왔다. 알파 세대에게 감정조절이란, 디지털 세상과 어떤 관계를 맺느냐로 정의된다고 해도 과언이 아니다. 특히나 대면 경험이 부족한 알파 세대에게는 가정 내 공동 조절 경험이 더욱 절실하다. 아이의 디지털 사용 습관과 감정조절의 토대를 잡는 일은 가정에서부터 시작되어야 한다.

디지털 시대의 거센 물결 속에서 살아가야 할 아이에게 채워줄 수 있는 가장 강력한 안전벨트는 부모와의 정서적 연결이다. 그리고 가족이 함께 감정을 다루는 지속적인 경험이다. 가정에서 이루어지는 모든 교육의 진짜 목적은 '어른이 된 아이가 홀로 세상을 살아갈 수 있는 힘을 길러주는 것'이다. 그러니 눈앞의 성과를 바라기보다 10년, 20년 후의 아이를 위해 지금 무엇을 연습시키고 있는지를 돌아봐야 한다. 가정 안에서의 작은 습관, 사소한 대화, 수많은 선택의 순간들은 그 어떤 AI도 대신할 수 없는 감정조절력, 나아가 감정지능을 기르는 시간이다.

인간은 누구나 주변 환경의 유혹에 쉽게 흔들린다. 결국 감정조절을 잘하는 사람은 타고난 사람이 아니라, 자신에게 이로운 방향으로 환경을 조정하고 통제하는 방법을 연습해 온 사람이다. 이제 금지와 억압만으로 아이를 지킬 수 있다는 착각에서 깨어나야 한다. 아이는 언젠가 부모의 품을 떠날 것이고, 지금은 상상조차 할 수 없는 미래의 세상에서 홀로 살아남아야 할 것이다.

감정지능이 성공과 행복을 좌우한다

많은 부모가 우리 아이가 그저 '건강하고 행복하기만'을 바란다고 말한다. 시간이 흐르고 아이가 자라면서 그 바람이 '공부를 잘했으면', '대기업에 취업했으면', '전문직이 되었으면' 등으로 변하는 건 이전의 마음이 사라졌기 때문이 아니다. 건강과 행복을 달성하기 위한 방법에 대한 믿음이 달라졌을 뿐이다.

부모는 아이가 어른이 되었을 때 자신이 만족하는 성공적인 삶을 살며 행복하길 바라기 때문에 힘들고 어려운 일도 마다하지 않는다. 수많은 과학 연구에서는 행복하고 성공적인 아이를 키우는 핵심은 '감정'이라고 말한다. 그런데 아이의 미래를 위한다는 명목으로 감정을 억압하고 통제하는 게 우리 현실이다.

"우리 아이는 자기주도학습이 안 돼요."
"잔소리를 안 하면 자기 할 일도 제대로 안 한다니까요."
"아이 성향이 게으르고 습관도 안 좋아요."

아이가 행복하기만을 바란다던 부모들은 천방지축인 아이의 모습을 받아들이지 못한다. 특히 장차 홀로 서야 할 아이가 무엇 하나 제대로 해내지 못할 때 밀려오는 불안을 떨칠 수가 없다. 하지만 우리가 기억해야 할 건 아이들은 아직 '자라고 있다'는 사실이다. 지금 모습 그대로 어른이 될까 부모가 불안해하면 할수록 아이의 불안감도 함께 높아진다.

많은 지식과 정보를 단기간에 주입하려고 총력을 기울이는 부모들을 보고 있으면 안타까운 마음이 든다. 잠시 숨을 고르고 생각해 보자. 많은 어른들이 원하는 삶을 살지 못하는 것이 지식과 정보가 부족해서일까? 명문대를 못 가서, 전문직이 아니라서 행복하지 않은 걸까? 우리 아이에게 주입하는 지식과 정보가 미래에 얼마나 유의미하게 쓰일 수 있을까?

어른들이 목표를 이루기 위한 온갖 방법과 꿀팁을 매일

보고 저장하고 있으면서도 끝내 이루지 못하는 이유는 지식과 정보가 부족해서가 아니다. 어른이 된 내가 꿈꾸던 성공을 이루지 못한 이유 또한 방법을 알지 못해서가 아니다. 다이어트를 예로 들어보자. 현대인이라면 누구든 한 번쯤 다이어트에 대한 의지를 불태웠을 것이다. 살을 빼는 방법을 모르는 사람은 없다. 큰 질병을 앓고 있는 게 아닌 이상 덜 먹고 더 움직이면 살은 빠진다. 심지어 수많은 운동 콘텐츠와 건강 기능 식품, 다이어트약과 병원이 사방에 있다. 그런데 대부분이 실천은 하지 않고 더 '쉬운 방법'을 찾아 나선다.

덜 먹고 더 움직인다는 단순한 원리를 알고 있음에도 다이어트에 실패하는 이유는 현재의 삶을 바꾸는 데 동반되는 다양한 '감정' 때문이다. 삶의 방향을 바꾸고 새로운 행동을 하는 데는 반드시 불편함과 어색함이 따른다. 이 불편하고 어색한 감정은 새로운 것에 도전하는 데 필수적인 감정이다. 배고픔을 참는 데 따르는 불쾌함, 운동을 하기 전에 느끼는 귀찮음, 변화에 대한 불안, 실패에 대한 두려움 같은 감정이 행동을 억제한다. 그렇게 하는 것이 건강과 삶의 질을 향상시킨다는 것을 '알고' 있음에도 감정 때문에 '실천'으로 이어지지 않는 것이다. 건강한 음식 대신 자극적인 음식을 찾고 운동 대신 스마트폰에 빠지는 것도 감정 때문이다. 자신의 감정에 대한 이해가 없기에 즉각적인 도파민을 만들어내는 것들에 의존하게 되는 것이다. 결국 다이어트에 번번이 실패하는 것은 게으르거나 의지가 박약해서가 아니라 감정조절에 실패했기 때문이다.

공부도 마찬가지다. 열심히 공부하는 것이 더 나은 미래를 만든다는 것을 모르는 사람은 없다. 꼭 학교 공부가 아니더라도, 어떤 지루한 과정을 견뎌야만 원하는 목표를 이룰 수 있다는 건 누가 알려주지 않아도 모두 알고 있다. 하지만 불안하거나 두렵거나 기대에 짓눌려 있거나 실패에 대한 부정적인 걱정이 가득하면 새로운 행동을 하는 것 자체가 싫어진다. 인간의 뇌는 생존을 위해 존재하고 그 어떤 신체 기관보다도 에너지 효율을 따지며 신체적, 정서적 건강을 위협한다고 느끼는 행동은 회피하는 경향이 있다. 그뿐만 아니라 자기주도학습이 안 되는 이유도, 공부 습관이 안 잡히는 이유도, 새로운 것에 도전을 안 하려는 이유도 모두 '감정'과 밀접한 관련이 있다.

감정은 단순한 느낌이 아니라 뇌가 상황을 해석하고 다음 행동을 예측하기 위해 생성하는 신호다. 지금 상황이 '안전한지', '해도 되는지', '멈춰야 하는지', '도망쳐야 하는지' 등을 판단하는 데 도움을 주는 신호등 역할을 한다. 생존이 가장 큰 목표인 인간은 이런 신호에 자신을 맡길 수밖에 없다. 즉 감정은 인간의 행동을 움직이는 힘이다.

그래서 감정조절과 자기조절은 함께 발달한다. 감정을 인식하고, 표현하고, 조절하고, 해소하는 과정에서 '자기'라는 정체성을 깨닫고 적절히 조절할 수 있게 된다. 감정지능을 기르는 궁극적인 목적은 감정이 만들어내는 내 안의 수많은 신호들을 해석해서 나에게 진정으로 이로운 행동을 선택하도록 하는 것이다.

하기 싫어도 일단 해내는 힘

"엄마, 나 오늘 일기 쓰기 싫어."

일주일에 세 번 일기를 쓰기로 약속한 윤우는 여전히 일기를 쓰기 전이면 울상을 짓는다. 윤우가 글을 쓸 줄 알게 된 지는 1년 정도 되었고, 자발적으로 일기를 쓴 지는 반년이 채 되지 않았다. 일기 쓰기의 장점을 알기에는 턱없이 짧은 시간이고, '글쓰기'라는 새로운 기술을 연습하는 건 불편하기 짝이 없는 일이다. 윤우가 일기 쓰기를 싫어하는 건 스스로와의 약속을 안 지키는 아이여서도, 자기주도학습이 안 되는 아이여서도 아니다. 그저 어렵고 어색하고 불편하기 때문이다.

"그럴 때는 어떻게 해야 할까?"
"그냥 하면 돼."
"그냥 하고 나면 기분이 어때?"
"일단 하면 괜찮아져. 그리고 오히려 다 하고 나면 기분이 좋아져."

윤우는 지난 몇 년간 나와의 대화를 통해 때로는 자신이 느끼는 감정대로 행동하지 않는 것이 이롭다는 걸 알고 있다. 새로운 일을 시작할 때 느껴지는 그 불편한 감정이 영원하지 않으며, 하고 나면 오히려 뿌듯함을 느낄 수 있다는 것도 경험을 통해 알고 있다.

우리 집은 매일 보드게임을 한다. 4년 전만 해도 게임에서 질 때마다 울고 소리를 지르던 윤우는 이제는 지더라도 제법 의연한 표정으로 조용히 다시 카드를 섞는다.

"왜 졌지? 다시 한번 살펴볼래. 엄마가 어떻게 이겼는지도 알려줘. 생각해 보고 다시 도전할 거야."

그런 윤우를 보면, 마치 게임에서 지고 느낀 부정적인 감정이 완전히 '사라진 것처럼' 느껴진다. 하지만 윤우는 여전히 게임에서 지면 속상하고, 화가 나고, 분하다고 말한다. 달라진 점은 그 감정을 억누르거나 폭발시키는 대신, 연습을 통해 건강한 방식으로 다룰 수 있게 되었다는 것이다. 이는 감정조절력의 성장이며, 회복탄력성과도 깊이 연결된다. 회복탄력성이 높다는 것은 단순히 낙천적이고 긍정적인 성격을 뜻하는 것이 아니다. 감정을 오래 끌지 않고, 그 감정을 인식하고 조절해 다음 행동을 위한 회복 에너지로 전환할 수 있는 능력을 의미한다. 감정이 폭발했을 때 조절할 줄 알고, 불편한 감정을 피하지 않으며, 감정의 방향을 전환할 줄 아는 아이는 나중에 어른이 되어서 어떤 고비를 마주했을 때 무너지지 않고 유연하게 흔들릴 수 있다.

결국 감정은 '삶을 잘 살아가게 만드는 힘'이다. 인간의 모든 도전과 공부는 감정에서 출발한다고 해도 과언이 아니다. 알고도 안 되는 이유, 실패하고도 다시 도전하지 못하는 이유, 하고 싶은데 움직이지 못하는 이유는 모두 '감정' 안에 있다. 그러니 감정조절을 잘하는 사람이 원하는 것을 이루면서 만족스러운 삶을 사는 것은 자연스러운 일이다. 부모로서 우리가 아이에게 해줄 수 있는 가장 중요한 교육은 자신의 감정을 해석하고 조절할 줄 아는 감정조절력을 길러주는 일이다. 이 감정조절력이야말로 아이의 진짜 성공을 결정지으며, 행복한 삶을 지속 가능하게 만든다.

감정조절력 향상을 위한 생활 습관

- ☐ 아이가 힘든 과제를 미루거나 거부할 때, 행동을 비난하기보다 그 감정의 이유를 먼저 물어보자.
- ☐ 아이가 실망하거나 좌절할 때, 감정을 억누르지 않고 정서적 회복을 도와줄 방법을 찾아보자.
- ☐ 아이의 감정을 말로 짚어주었는지 돌아보고, 감정을 해석해 주는 대화를 연습하자.

디지털 세대 아이들의 감정 특징

최근 넷플릭스에 공개된 영국의 드라마 〈소년의 시간 Adolescence〉은 24일 만에 1억 1,450만 누적 시청 수를 기록했다. 이 드라마는 중학교 남학생이 살인 피의자로 체포되어 재판받는 것으로 시작하는데, 그 범죄의 배경이 극단적인 가정폭력이나 방임이 아니라는 점에서 시청자들에게 큰 충격을 안겼다.

우리는 '범죄자'가 '범죄자'를 키운다고 믿었던 세대다. '부모가 정상이라면 아이도 큰 문제 없이 자랄 것'이라는 기대나 믿음이 있었다. 극단적인 범죄를 저지르는 사람은 병리학적으로 문제가 있거나 '사이코패스'이기 때문이라고 생각하기도 했다. 하지만 현실은 다르다. 최근에 일어나는 다양한 범죄를 보면 그 믿음은 허황된 것이라는 것을 알 수 있다. 부모가 사회적으로 큰 문제가 없고, 경제적 어려움이 없으며, 아이를 사랑한다고 말하는 가정에서도 끔찍한 범죄자가 나올 수 있다. 더 이상 겉으로 '정상'처럼 보이는 부모와 아이의 모습만으로 그들 내면의 건강을 보장할 수 없다.

부모가 서로 감정을 교류하지 않고, 감정을 억누르는 것을 '예의'와 '인내'로 착각하는 가정에서 자란 아이들은 가장 손쉽고 자극적인 감정 회피 도구를 찾는다. 감정을 조절하고 해소할 줄 모르는 아이들은 복잡한 감정을 해소할 방법을 알지 못해 자극적인 콘텐츠와 알고리즘에 의존할 수밖에 없다. 결국 아이에게는 "짜증 나", "몰라", "그냥 싫어"와 같은 단순한 표현만 남는다. 문제는 표현은 점점 단순해지지만, 내면은 점점 더 복잡하고 빠르게 조숙해진다는 것이다. 하지만 그 조숙함은 진짜 '성숙'이 아니라, 감정을 억누르고 회피한 결과로 만들어진 '위장된 어른스러움'이다. 단순한 표현의 파편 아래 머무는 복잡한 감정들은 더 이상 분해되거나 해석되지 않은 채 내면에 쌓인다.

"뭐가 힘들다고 그래."
"누구나 다 느끼는 건데 엄살떨지 마."
"다른 애들은 다 하는데 왜 너만 유난이야?"

부모가 무심코 던진 말에 상처받은 아이는 부모가 아니라 디지털 세상에서 자신을 이해해 줄 대상을 찾는다. 비슷한 감정을 공유하는 커뮤니티 속에서 '가짜 안정감'을 느끼며, 점차 현실과 디지털 세상 속에서 느끼는 모든 감정을 불편하게 여긴다. 또 이런 불편한 마음을 말로 표현하거나 조절하는 능력이 약해 분노, 자해, 무기력, 과몰입 같은 방식으로 억압된 감정을 '행동'으로 표현하게 된다. 이건 요즘 아이들이 유난히 나약하거나 취약해서가 아니다. 감정을 깊이 느낄 기회 자체를 빼앗긴 환경 속에서 살고 있기 때문이다. 타인의 즉각적인 반응과 결과를 소비하게끔 만들어진 디지털 콘텐츠는 자신의 감정을 인식할 틈을 주지 않는다. 반복적인 자극에 노출된 아이들은 점점 더 높은 자극을 원하고, 즐거움의 기준이 과격해진다. 단조로운 감정은 쉽게 지루해지고, 아이는 일상의 속도를 점차 따라가기 힘들어진다.

감정을 이해하고, 표현하고, 조절하는 일은 천천히 그리고 반복적으로 훈련해야 하는 과정이다. 하지만 디지털 환경은 그럴 만한 '틈' 자체를 주지 않는다. 이런 환경 속에서 아이를 키우는 요즘 부모들 또한 아이들의 성장을 기다릴 여유가 없다. 감정에 대해 제대로 배우지 못한 아이는 작은 감정에도 쉽게 압도되고, 감정을 정리하지 못한 채 행동으로 폭발시킨다. 어려서부터 과도한 경쟁 상황에 노출되다 보니 타인의 감정 표현을 직접 경험할 기회도 점차 사라지고 있어서 이 문제는 날로 심각해지고 있다. 이럴 때일수록 우리는 감정조절력의 중요성을 더욱 심각하게 받아들여야 한다.

감정을 나누고 배우는 상호작용은 어린아이 정서 발달의 핵심이다. 그러나 안타깝게도 많은 부모들은 이 중요한 과정을 놓치고 만다. 정작 부모도 자신의 감정을 잘 인식하지 못하고, 어떻게 표현해야 할지 몰라 혼란스러워하기 때문이다. 그러나 반드시 기억해야 할 것은, 아이는 부모의 감정 상태에 자신의 '감정주파수'를 맞춘다는 점이다. 부모의 감정주파수가 아이와 어긋날 때, 아이는 자신의 감정이 받아들여지지 않을까 두려워하며 감정을 억누르거나 왜곡하게 된다. 반대로 상호 주파수가 안정적으로 조율되었을 때 아이는 자신의 감정을 안전하게 드러낼 수 있고 감정조절력이 자연스럽게 자라난다.

이제는 인정해야 한다. 디지털 시대를 넘어 AI 시대를 살아갈 아이들에게 가장 필요한 건, 'AI 전문가'가 아니라 '감정을 이해하고 조율해 줄 수 있는 부모'다. 감정의 언어를 함께 익히고, 감정을 있는 그대로 나누며, 서로의 감정주파수를 맞춰가는 경험은 아이에게 감정조절력이라는 강력한 생존 무기를 선사한다. 이 능력은 그 어떤 인공지능과 기술도 대신할 수 없으며, 미래 세계에서 살아남기 위한 필수 능력이다.

감정조절력 향상을 위한 생활 습관

- ☐ 온 가족의 감정에 대한 열린 대화를 생활화하자.
- ☐ 아이의 격한 감정적 표현의 기저에 있는 내면의 메시지를 궁금해하자.
- ☐ 아이의 감정 표현을 나무라기 전에 내 감정주파수부터 점검해보자.

부모의 감정 언어가 아이의 세계를 만든다

아이가 부정적인 감정을 드러낼 때, 많은 부모는 무심코 "괜찮아"라는 말을 건넨다. 짧지만 자주 쓰이는 이 말에는 사실 부모 자신의 불안과 무력감, 조급함과 위로의 욕구가 뒤섞여 있는 경우가 많다. '그 정도는 대수롭지 않아'라는 평가, '나도 그런 경험이 있어'라는 공감, '그만 울어'라는 지시, 무엇보다도 아이의 불편한 감정을 빨리 사라지게 해주고 싶지만 그 고통을 해결해 줄 수 없다는 무력감을 감추고 싶은 마음이 "괜찮아"라는 말 한마디에 담겨 있는 것이다. 이 말은 아이를 위로하고 싶은 진심에서 비롯된 것이지만, 정작 아이에게는 자신의 감정이 무시되거나 억눌리는 경험으로 남을 수 있다.

그렇기에 우리는 아이의 관점에서, "괜찮아"라는 말을 생각해 볼 필요가 있다.

눈물이 차오르고, 속이 울렁거릴 만큼 불편한 감정이 올라오는 순간, 누군가가 다가와 "괜찮아"라고 말한다면 정말 괜찮아질까? 어른이라면 이 말이 위로의 말이라는 걸 알고, 그 의도를 짐작할 줄도 안다. 하지만 동시에 '내가 감정을 과하게 느끼고 있다는 건가?', '이 감정을 빨리 끝내라는 걸까?', '이 정도로 힘든 내가 이상한 건가?'라는 생각들이 연이어 떠오를 것이다. 특히 가까운 사람에게서 들었을 경우 오히려 상처를 받기도 한다. 내 감정을 받아주기는커녕 덮어버리려는 말처럼 들리기 때문이다.

감정 언어가 미숙한 아이들에게는 이 말이 어떻게 다가올까? '네 감정은 중요하지 않아', '네 감정은 틀렸어'라는 의미로 느껴질 수 있다. 아이의 감정은 너무나 크고 실재적인데, 가장 믿고 의지하는 부모가 '괜찮다'라고 하면 혼란스러움을 느끼는 것과 동시에 '이 감정을 계속 느끼면 사랑받지 못할지도 몰라' 하는 불안마저 생겨날 수 있다.

"괜찮아"보다 효과적인 5가지 감정 대화법

그렇다면 아이의 마음을 어루만지는 말에는 어떤 것이 있을까? 부모와 아이의 관계를 강화하면서 아이의 감정조절력을 키워주는 5가지 대화법을 알아보자.

감정대화법 1 내 감정에 이름 짓기

아이의 감정을 있는 그대로 인정해 주면서 적절한 감정의 이름을 탐색하자. 아이가 아직 많이 어리다면 부모가 다양한 감정의 이름을 제시하며 안내하는 것도 좋다. 슬픔, 속상함, 아쉬움, 억울함, 질투 등 감정에 이름을 붙이는 작업은 감정을 더 깊이 이해하는 첫걸음이다. 감정에 이름을 붙이는 순간, 막연하고 불편했던 내면의 감정을 명확하게 인식할 수 있게 된다.

감정대화법 2 감정을 이해하는 질문 하기

아이가 감정을 느끼는 상황에 관해 관심과 호기심을 갖자. 아이가 겉으로 표현하는 감정은 내면에서 느끼는 감정의 매우 작은 부분이다. 대부분의 감정은 내면의 욕구와 필요가 충족되지 않았을 때 생겨나며, 복잡한 맥락 속에서 발현된다.

하지만 현실 자각이 어려운 아이들은 스스로 그 근원을 찾아내기 어렵다. 예를 들어, 아이가 매일 비슷한 시간에 유난히 짜증을 낸다면 분명히 그 시간에 반복되는 불편한 요인이 있는 것이다. 겉으로 보기엔 단순한 '짜증'일지 몰라도, 실제 아이가 느끼고 있는 감정은 '속상함'이나 '아쉬움' 또는 '슬픔'일 수 있다. 그러니 아이가 드러내는 표현이 전부라고 생각하지 말고 관심을 갖고 다양한 질문을 해보자. 아직 말을 잘 못하는 아이라면 부모 스스로 질문을 던지며 맥락을 탐색하는 태도를 가져야 한다.

감정대화법 3 감정의 주도권은 아이에게 주기

충분히 공감하되 감정의 주도권은 아이에게 넘겨두자. 요즘 '마음 읽어주기'와 '공감 표현'의 중요성이 널리 퍼지면서, 부모가 매우 '성실한 해설자'가 되어버리는 경우가 종종 있다. 아이보다 부모가 더 많은 말을 하고, 때로는 아이의 감정을 부모의 해석과 경험으로 단정 짓기도 한다. 이런 태도는 아이에게 감정의 옳고 그름을 판단하는 '기준'처럼 느껴질 수 있다. 말이 서툰 아이에게 감정의 이름을 붙여주고, 감정의 뿌리를 함께 탐색해 주는 일은 분명 도움이 된다. 하지만 그 모든 설명이 너무 길어지면 어느 순간부터는 잔소리처럼 들릴 수 있다.

"슬퍼서 그런 거구나?"라고 시작한 말이 어느새 "그렇게까지 슬퍼할 일은 아니야"로 끝나버리기도 한다. 공감은 해설이 아니라 '머물러 주는 것'이다. 아이가 자신의 감정을 스스로 느끼고 표현할 수 있도록 기다려주는 것이야말로 가장 깊은 공감의 표현이다. 말보다는 침묵이, 설명보다는 여백으로 머무를 때 더 깊은 위로가 될 수 있다는 걸 잊지 말자.

감정대화법 4 무조건적 허용 대신 기준 세우기

확실한 경계를 설정하고 바른 행동을 안내하자. 아이의 감정을 인정해 주면 버릇없어진다고 생각하는 이들도 있지만, 이는 감정 교육에 대한 오해에서 비롯된 주장이다. 감정을 있는 그대로 인정하고 감정의 이름을 알려주는 것은, 그 감정으로 인한 어떤 행동도 허용하겠다는 의미가 아니다. 감정에는 옳고 그름이 없지만, 행동에는 기준이 있다. 감정은 인간이 느끼는 자연스러운 신호이며, 가치 중립적이다.

반면, 행동은 사회적 규범 안에서 조절되어야 한다. 화가 난다는 이유로 물건을 던지거나 사람을 때리는 행동이 허용될 수는 없다. 화가 나도 폭력을 쓰지 않을 수 있고, 짜증이 나도 타인에게 민폐를 끼치지 않는 방식으로 표현할 수 있다.

감정조절력은 아이의 감정을 인정하면서 동시에 바람직한 행동을 반복적으로 알려줄 때 길러진다. 감정을 억누르는 것이 아니라, 그 감정 속에서도 자신을 조절하고, 관계를 지키는 힘을 기르는 것이 감정 교육이다. 이때 아이가 사회 속에서 건강하게 살아갈 수 있도록 경계와 지시, 훈련이 함께 이루어져야 한다.

감정대화법 5 부모의 감정 솔직하게 공유하기

부모의 감정을 솔직하게 표현하고 다양한 경험을 공유하자. 많은 부모들이 여전히 아이 앞에서 이성적이고 침착한 모습을 유지해야 한다는 '압박감'을 느낀다. 감정을 드러내면 권위가 무너질까 걱정하고, 분노나 슬픔 같은 감정을 표현하는 것이 아이에게 불안감을 줄까 두려워하기도 한다. 하지만 부모가 감정을 전혀 내보이지 않는 것은 바람직하지 않다. 더군다나 오랜 시간을 함께하는 아이에게 감정을 숨기려고 하다 보면 어느 순간 의지와 상관없이 폭발하고 만다. 아이는 부모의 감정을 있는 그대로 마주하고, 그 감정이 어떻게 다뤄지는지를 통해 감정조절을 배운다. 예를 들면, 부모가 화났을 때 어떻게 숨을 고르고 마음을 진정시키는지, 슬플 때 어떤 방식으로 위로를 구하고 회복하는지를 보며 그 감정 기술을 모방하고 체화하는 것이다.

　감정과 감정조절은 본능이 아니라 '기술'이다. 느끼는 것은 자연스럽지만, 그것을 어떻게 표현하고 다루느냐는 훈련의 결과다. 부모가 자신의 감정을 솔직하게 표현하고 건강한 방식으로 다루는 모습을 보여주는 것만으로도 아이에겐 강력한 학습이 된다. 예를 들어 "오늘은 회사에서 좀 힘든 일이 있어서 마음이 울적했어. 그래서 말을 짧게 했던 것 같아. 미안해"와 같은 말 한마디가 아이에게는 '감정인식-표현-회복'의 과정을 모두 보여주는 하나의 교과서가 된다. 부모가 실수하거나 감정이 격해지는 순간조차도 아이에게는 중요한 배움의 기회가 될 수 있다. 부모가 자신의 감정을 책임지고 다루는 모습을 통해, 아이는 '감정을 숨기거나 억누르는 게 아니라, 표현하고 회복하는 것'임을 알게 되고 안정감을 얻는다. 그리고 그 속에서 '나도 연습하면 잘할 수 있다'라는 정서적 자기효능감이 자라난다.

　부모는 감정이 없는 완벽한 존재나 AI가 아니다. 감정이 있다는 건 약점이 아니라, 아이에게 줄 수 있는 가장 강력한 자산이다. 슬기롭게 느끼고, 정직하게 표현하고, 따뜻하게 회복해 나가는 모습을 함께 나눈다면 아이의 감정 교육은 반 이상 성공한 셈이다.

2장

부모가 되고 나서야 만나는 낯선 감정들

엄마가 느껴야 할 감정이 따로 있다고?

아이를 낳고 엄마가 되자 내가 알던 세상은 완전히 달라졌다. 그야말로 '천지가 개벽했다'라고밖에 표현할 수 없었다. 지금까지 알고 믿어온 모든 것이 무너지는 기분이었다. '육아'라는 세계는 낯선 동네가 아니라 전혀 다른 대륙처럼 느껴졌다. 엄마가 되면 자연스럽게 생긴다던 '모성애'는 나에게 찾아오지 않았고, '공평하게' 육아하겠다고 다짐했던 남편은 아이가 울어도 잠에서 깨지 못했다.

엄마가 되어도 이전과 크게 달라지지 않을 거라 믿었던 나는 곧 절망에 빠졌다. 아이를 사랑해야만 할 것 같은 압박감에 자주 분노했고, 때때로 아이 생각에 불안해져 아무 일도 손에 잡히지 않았다. 며칠째 잠을 제대로 자지 못해 피곤한 상태에서도 새벽이면 아이의 숨소리를 확인했고, 아이의 작은 행동에 걱정으로 초조해지다가도, 밤에 몇 번씩 깨서 우는 아이의 울음소리에 도망치고 싶었다. 감정이 소용돌이치는 대혼돈의 시기였다. 이 혼란을 더욱 가중한 것은 주변 사람들의 말이었다. '엄마로서 느껴야 할 감정'을 강요받는 느낌이었다.

"엄마 되니까 행복하지?"
"아이 얼굴만 봐도 기쁠걸."
"지금이 제일 좋을 때지."
"이 시간도 눈 깜짝할 새 지나가니까 지금을 즐겨."

이런 말들을 들을 때마다 어찌할 바를 몰랐다. 행복하지도, 기쁘지도, 심지어 좋지도 않았다. 지치고, 피곤하고, 힘겨웠으며 그저 하루빨리 이 시간이 지나가길 바랄 뿐이었다. 하지만 사람들은 마치 감정에도 정답이 있는 것처럼 말했다. 나는 그 '정답'에서 멀어질수록 점점 더 외로워졌다.

아이가 사랑스럽지 않았던 건 아니다. 아이와 눈을 맞추거나 작고 따뜻한 손가락을 잡을 때면 이전에 경험하지 못한 감동과 만족을 느끼기도 했다. 그러나 그런 긍정적인 감정은 잠시, 혼란스럽고 괴롭고 힘든 감정들이 나를 지배했다.

사실 이런 경험은 처음이 아니었다. 대학에 진학할 때도, 취업을 준비할 때도, 박사 과정을 시작할 때도 타인으로부터 감정을 강요당했다. 한국 사회는 다양한 상황에 대해 사회적으로 '합의된 감정'을 정해두고, 그 외의 감정을 느끼는 사람은 이상하거나 틀린 사람처럼 여긴다. 그런 문화 속에서 나 역시 내 감정을 숨기고 부정하며 살아왔다. 임신, 출산, 육아는 그 감정적 혼란이 극대화된 시기였다. 아이가 태어나고 처음 느낀 감정은 '실망감'과 '안도감'이었다. 아이에게 첫눈에 반하지 않은 나 자신에게 실망했고, 출산을 통해 다시 내 몸을 되찾았다는 사실에 안도했다. 그러나 곧 죄책감이 몰려왔다. '이런 감정을 느끼는 나는 나쁜 엄마인가?'라는 생각에 사로잡혔다.

그동안 감정을 조절하기 위해 해오던 일들—밤새 술을 마시거나, 실컷 운동하거나, 조용히 책을 읽거나, 남편과 대화하는 일—은 모두 불가능해졌다. 다시 처음부터 감정을 다루는 법을 배워야 했다. 억압하기만 했던 감정들을 정면으로 마주하고, 돌파할 방법을 찾지 않으면 버틸 수 없을 것 같았다.

당시 나에게 가장 큰 영향을 미친 것은 SNS 속 다른 엄마들의 모습이었다. 나는 그들에게 질투를 느꼈다. 대학원을 다니는 내내 '질투'에 대해 깊이 연구할 만큼 이 감정에 관심이 많았고, 이전까지는 질투를 비교적 건강하게 다루고 있다고 믿었다. 하지만 출산 후 다른 엄마들을 향한 질투심은 너무도 강렬했고, 감당하기 힘들었다.

    나는 한국 사회가 만들어낸 '엄마'라는 이미지에 분노했다. SNS에서는 '엄마라서 행복하다', '아이 손을 잡는 것만으로도 눈물이 난다.', '세상을 다 가진 기분이다' 같은 말들이 넘쳐났다. 그 말들이 나를 더 괴롭게 했다. 나는 왜 우리 아이를 보며 그런 마음이 들지 않는지, 왜 엄마가 되어 행복하지 않은지 고민했고, 아이가 울면 짜증이 먼저 나는 내 모습이 한심하게 느껴졌다. 임신 기간부터 점점 가라앉던 기분은 출산 후 끝없이 추락했다. 달라진 삶에 적응하기도 어려웠는데, SNS 속 엄마들과 나를 끊임없이 비교하며 '모성애 없는 낙오자'라고 스스로를 몰아세웠다.

    '나한테는 본능도 사랑도 없나 봐. 나는 엄마도 아니야.'

    국어사전에서 '모성애'를 검색해 보면 '자식에 대한 본능적 사랑'이라고 정의되어 있다. 이 문장은 내 마음을 송곳처럼 찔렸다. 자식을 보면 '본능적'으로 무조건 '사랑'을 느껴야 하는데, 그 본능이 내게는 없다는 사실이 두려웠다. 과연 내가 엄마 노릇을 제대로 해낼 수 있을까 불안했다. 점차 이전의 '나'를 잃어가며 나는 문제의 본질이 '내 감정'에 있다는 사실을 깨달았다. 내가 어떤 감정을 느끼는지 제대로 이해하거나 표현하지 못하니 조절도 불가능했고, 결국 나 자신은 물론 배우자, 아이와의 관계까지 나빠졌다.

사실 나는 누군가와 가까워지는 데 시간이 오래 걸리는 사람이다. 첫눈에 반한 적도 없고, 상대방에 대해 깊이 알기 전까지는 '사랑'이라는 감정을 쉽게 내어주지 않는다. 관계에서 '언어'가 가장 중요하다고 믿는 나는, 대화를 통해 신뢰를 쌓고 그 신뢰를 사랑으로 이어가는 방식을 선호한다. 그런 내가 말을 하지 못하고, 만난 지 며칠밖에 되지 않은 갓난아이에게 사랑을 느끼지 못한 것은 어쩌면 당연한 일이었다.

감정의 중요성을 깨닫고 나서야, 나는 아이와 제대로 관계를 맺기 시작했다. 함께하는 시간이 길어질수록 우리 사이는 점점 가까워졌고, 더욱 깊어졌다. 말이 통하자 아이를 더 잘 이해하게 되었고, 이전에는 느껴보지 못한 '특별한 사랑'의 감정을 경험하게 되었다. 그렇게 되기까지 몇 년의 시간이 필요했다. 그 과정에서 수없이 실망하고 좌절했으며, 때로는 자괴감과 자책감에 휩싸이기도 했다.

    그때의 나로 돌아갈 수 있다면, 이렇게 말해주고 싶다. 사람마다 관계를 맺고 사랑하는 방식은 다르며, 그 다름은 결코 틀림이 아니라고. 그리고 모든 관계에서는 서로의 감정을 인식하고 이해하는 것이 무엇보다 중요하다고 말이다.

감정조절력 향상을 위한 생활 습관

- ☐ 내가 느끼는 감정을 있는 그대로 써보고 공감해 주자.
- ☐ 하루 5~10분 아무것도 하지 않는 '나만의 시간'을 가져보자.
- ☐ 잠들기 전에 오늘 내가 느꼈던 가장 강렬한 감정을 한 단어로 표현해 보자.

육아는 감정과
친구가 되는 과정이다

"저도 처음엔 이렇지 않았어요. 제가 점점 괴물이 되어가는 것 같아요."

세상의 많은 엄마가 아이에게 짜증과 화를 낸 뒤에 느끼는 감정은 '자책감'이다. 칭얼거리는 아이에게 소리를 지르며 끓어오르는 분노를 주체하지 못하다가도, 금세 '나는 이것밖에 안 되는 엄마인가?' 하는 좌절감에 무기력해진다. 수년간 이 감정에 허우적댔던 나였으니 누구보다 그 마음을 잘 안다.

출산 전의 나는 이성적으로 판단하고 행동하는 지성인이라고 생각하며 살았다. 그런데 엄마가 된 후에는 매일 내 눈으로 나의 밑바닥을 마주하게 됐다. 시도 때도 없이 속이 답답하고 화가 부글부글 끓었다. 말도 안 통하는 아이에게 소리를 지르고, 짜증을 참지 못해 눈물이 뚝뚝 흘렀다. 그런 내 모습이 너무 경멸스러워서 쥐구멍에라도 숨고 싶었다.

하루아침에 삶이 바뀐 건 그래도 견딜 만했다. 하지만 아이와 종일 씨름하는 나와 달리 평온해 보이는 남편의 모습이 눈에 들어오자, 또다시 화가 치밀었다. 나는 엉엉 우는 아이에게 짜증을 쏟아내고 무기력한 상태가 되어버렸지만, 남편은 나만큼 감정의 기복이 없는 것처럼 보였다. 남편도 '아빠'로서 최선을 다했지만, 그 최선은 내게 턱없이 부족하게 느껴졌다. 그래서 나는 애꿎은 남편에게 자주 쏘아붙였다.

'고슴도치도 제 새끼는 함함하다'라는 말이 있다. 남들이 보기엔 뾰족한 가시투성이 고슴도치라도, 자기 새끼의 가시는 부드럽고 반질반질하게 느껴진다는 의미다. 그런데 나는 내 새끼의 가시를 어루만져 주기는커녕, 오히려 내 가시를 곤두세웠다. 내 뜻대로 되는 게 하나도 없는 세상이 원망스러워 매일 가시가 돋았다. 아이가 귀엽기보다는, 그 가시에 찔려 상처투성이가 된 나 자신이 더 가엾게 느껴졌다. 그리고 그 가시로 다시 아이를 찌르고 있다는 사실에 또 자책했다. '원래의 나'를 잃어버린 것이 절망스러웠다. 예전의 나로 돌아갈 수 있을지도 불분명했고, 이런 나를 스스로 받아들이기가 너무나 힘들고 괴로웠다.

나는 성격심리학을 가르치는 아버지 밑에서 자랐고, 스무 살부터 심리학을 전공했다. 그런데도 '원래의 나'가 어떤 사람인지 한마디로 정의하기는 참 어려웠다. 학창 시절엔 선생님과 부모님의 말씀을 잘 따르는 모범생이었고, 목표한 바는 반드시 이루는 성취 지향적인 면모도 있었다. 내 뜻대로 되지 않으면 견디기 힘들어하는 완벽주의자이기도 했다. 나는 내가 무엇을 원하는지 잘 알고 있다고 믿었고, 남의 눈치를 보지 않는 사람이라 생각했다.

20대 중반에 우울증을 겪으면서도 수년간 '나'라는 존재를 진지하게 들여다보며 살아왔다고 자부했다. 그래서 나는 아이를 낳고 기를 준비가 충분히 된, 성숙한 엄마라고 믿었다. 아니, 그렇게 믿고 싶었던 것 같다.

하지만 엄마가 된 후 마주한 내 모습은 낯설었다. 예전의 나와 너무도 달라졌다고 생각하니 더 절망적이었다. 그러나 수십 년을 피하고 부정해왔던 못난 감정들과 정면으로 마주하고 나서야, 나는 비로소 진짜 '나'를 만나게 되었다.

나와 비슷한 생각을 가진 부모라면, 한 번쯤 고민해 볼 만한 질문들이 있다.

- 아이를 낳기 전, 나는 내 감정에 얼마나 솔직했는가?
- 아이를 낳기 전, 내 감정을 얼마나 잘 알고 있었는가?
- 아이를 낳기 전, 내 감정을 조절하는 건강한 전략이 있었는가?

우리는 엄마가 되었기 때문에, 혹은 예민한 아이를 키우고 있기 때문에 괴물이 된 게 아니다. 내 감정과 '친구'가 되지 못한 채로 부모가 되었고, 새로운 역할의 혼돈 속에서 내 감정과 더 멀어졌기 때문이다. 친구란 서로를 잘 알고 이해하는 관계다. 우리는 감정과 친구가 될 기회를 충분히 갖지 못한 시대에 자랐다. 감정과 이성을 이분법적으로 나누고, '이성'을 선택하는 것이 더 우월하다고 배웠다. 특히 '화', '분노', '짜증', '좌절' 같은 부정적인 감정은 억압하고 통제해야 할 대상으로 여겨졌다. 그런 감정을 인정하고 표현하면, 부정적인 흐름에 잠식될 것이라는 믿음이 있었기 때문이다.

부정적 감정을 일으키는 원인을 피하거나 외면하는 데 익숙한 사람은, 부모가 되면 곧잘 궁지에 몰리게 된다. 부모의 역할은 이전과는 비교할 수 없을 정도로 다르고, 처음 겪는 상황에서 최대한의 임기응변을 발휘해 아이를 생존시켜야 한다. 그 과정에서 다양한 감정이 쏟아지는데, 그 감정들을 '틀렸다'라고 여기면, 고통스러워진다.

감정에는 옳고 그름이 없다. 감정은 나와 외부 세계의 상호작용을 통해 생겨나며, 나를 보호하고 더 나은 방향으로 이끄는 정서적 정보이자 신호다. 뇌과학은 이성과 감정을 이분법적으로 나누는 방식이 더 이상 유효하지 않다는 사실을 밝혀내고 있다. 감정은 판단, 기억, 동기부여의 핵심 요소이며, 단순한 반응이 아니라 행동의 원천이 되는 '원료'다.

아이를 키우는 일은 예측이 불가능하고 반복되는 스트레스가 수반되는 극한의 상황이다. 이럴 때 감정은 생존과 관계 유지를 위한 강력한 도구다. 아이의 울음소리, 낯선 발달 과정, 쌓여가는 육체적 피로와 감정 기복은 이전엔 경험하지 못한 자극이다. 하지만 감정은 반드시 도움이 된다. 감정은 위험을 감지하고, 우선순위를 결정하며, 관계를 조율한다. 결국 감정은 부모라는 새로운 역할 속에서 생존하려는 '나'를 보호하고, 아이의 생존력까지 높이는 핵심 신호다.

그러니 더 이상 좌절하지 말자. 우리가 괴물이 된 것이 아니라 엄마가 되었기에 더 많은 감정을 마주하게 된 것뿐이다. 엄마가 되기 전에 수많은 감정을 인지하고, 표현하고, 조절하는 기술들을 배우지 못했기 때문에 힘든 것이다. 감정과 친구가 되는 일은 결국 나를 이해하고, 나와 아이의 관계를 회복할 수 있는 가장 현실적이고 강력한 출발점이다.

아이의 눈높이에서 감정을 설명하라

"엄마는 올해 엄마 나이로 __살이야!"

내가 아이에게 자주 하는 말이다. 아이의 나이만큼 나도 엄마가 된 지 그만큼 되었음을, 아이와 나 자신 모두에게 상기시키기 위해서다. 가끔은 아이 앞에서 엉엉 소리 내어 울음을 터뜨리기도 한다. 참다못해 소리를 지르거나, 엉뚱한 곳에서 받은 스트레스를 아이에게 짜증으로 쏟아낼 때도 있다. 왜냐하면 나 역시 '미숙한 인간'이기 때문이다.

하지만 처음 엄마가 되었을 때와 비교하면 많이 발전했다. 지금은 나의 행동 이면을 살펴보려 애쓰기 때문이다. 폭풍 같은 순간이 지나가고 나면 어른으로서, 엄마로서 미숙했던 내 모습을 아이에게 사과하고, 함께 더 나은 방법을 고민한다.

돌이켜 보면, 아이를 향한 짜증과 분노의 이면엔 늘 두려움과 불안, 초조함이 숨어 있었다. 엄마라는 역할에 대한 사회적 기대를 충족하지 못했다는 자기 실망, 내가 해내지 못하는 걸 끊임없이 요구하는 세상에 대한 원망도 담겨 있었다. 무엇보다 매일 새로운 과제가 쏟아지는 통제 불가능한 현실 속에서 한 치 앞도 예측할 수 없다는 답답함과 무력감이 나를 짓눌렀다.

그 한가운데엔 넘쳐나는 감정을 어떻게 표현하고, 조절하고, 해소해야 할지 몰라 허우적대던 '0살 엄마'인 내가 있었다. 0살 엄마였던 내가 오늘에 이르기까지의 모든 시간은 내 감정과 조금씩 친해지면서 아이에게 감정을 가르치는 시간이었다. 나도, 아이도 결국은 '인간'이다. 완벽한 사람이 되려 하거나, 완벽한 관계를 맺으려 해선 안 된다. 내가 아이보다 생물학적으로 오래 살았다고 해서 모든 정답을 알아야 할 필요는 없다는 사실은 큰 위로가 된다.

육아는 감정을 억누르는 과정이 아니라 '친구'가 되어가는 여정이다. 감정을 억누를수록 육아 스트레스는 더 심해지고, 아이와의 관계에도 부정적인 영향을 준다. '좋은 부모'란 자신의 감정을 있는 그대로 받아들이고 그 감정을 건강하게 표현할 수 있는 사람이다. 그러기 위해 우리가 가장 먼저 해야 할 일은 바로 나와 아이의 감정과 친구가 되는 것이다.

감정조절력 향상을 위한 생활 습관

- [ ] 오늘 가장 많이 느낀 감정을 한 문장으로 적어보자.
- [ ] 그 감정을 느끼게 한 사건을 떠올려보고, 내 반응을 솔직히 적어보자.
- [ ] 그 감정 속에 숨겨진 '진짜 감정'을 한 가지 더 찾아보자. (예: 짜증 → 피로감, 억울함 등)

내 감정을 이해할수록
아이는 편안해진다

"집에만 있는 네가 뭐가 그렇게 힘들어?"

배우자와의 갈등은 대개 서로의 감정을 무시하는 데서 시작된다. 상대의 감정을 부정하고, 오직 자신의 처지만 내세우면 싸움은 격해질 수밖에 없다. 우리 부부도 여느 초보 부모처럼 하루가 멀다 하고 싸웠다. 정말 고되고 힘든 나날이었다. 그런데도 우리가 지금처럼 잘 지낼 수 있는 이유는, 서로의 감정을 '있는 그대로' 인정했기 때문이다.

"애 보는 게 뭐가 힘들어?", "돈 버는 게 얼마나 힘들다고?" 이런 식의 말은 하지 않았다. 대단한 위로나 공감은 못하더라도 "네가 그렇게 느낀다면 그런 거겠지"라는 태도를 보이려 했다. 서로의 감정을 재단하지 않고 받아들이려 했던 노력이 부부 관계를 지켜준 핵심이었다.

하지만 아이와의 관계는 훨씬 더 복잡했다. 무엇보다 나와 아이의 감정을 '분리'하는 일이 가장 어려웠다. 아이의 감정이 곧 내 감정 같았고, 내 감정은 고스란히 아이에게 전해졌다. 아이가 울면 나도 울고 싶었고, 아이가 고래고래 소리를 지르면 나도 머리끝까지 화가 났다. 그렇게 경계 없이 얽힌 감정이 오히려 '좋은 엄마'가 된 것 같은 착각을 일으키기도 했다.

사실 아이를 낳은 직후에는 이런 일체감이 자연스럽다. 아이와 나는 열 달을 함께했고, 태어난 이후에도 생존에 관한 거의 모든 것을 나에게 의지하기 때문이다. 신생아 시기에는 울음이나 표정, 움직임 같은 비언어적 신호로 아이의 상태를 파악해야 하기에 부모로서는 하나처럼 느껴지는 게 당연하다.

문제는 그 이후다. 아이의 감정을 곧 내 감정으로, 아이의 짜증을 나의 실패로 받아들이기 시작하면, 부모는 무의식적으로 아이의 감정을 '통제'하고 싶어진다.

"대체 왜 안 먹겠다는 건데? 이렇게 안 먹으면 어떻게 크려고?"

우리 아이는 태어날 때부터 음식에 관심이 없었다. 이유식 시절부터 한 숟가락 먹이는 게 전쟁이었고, 유아식 때도 마찬가지였다. 그렇게 몇 년을 지내다 보니, 식사 시간은 나에게 부정적인 감정을 유발하는 '기폭제'가 되어버렸다. 식탁에 아이를 앉히는 순간부터 조바심이 들기 시작했고, 아이는 입을 꾹 다문 채 온몸으로 거부했다. 정성껏 만든 음식을 거부당할 때면, 마치 나 자체를 부정당한 것 같은 기분이 들었다.

생각해 보면 내가 화났던 진짜 이유는 '아이의 식사 거부'가 아니었다. 열심히 공부하고, 장을 보고, 요리해서 "짜잔!" 하고 음식을 내었을 때 맛있게 먹어주길 바랐던 기대감이 무너졌기 때문이다. 그러니까, 내 노력을 인정받지 못했다는 감정 때문이었다.

하지만 아이가 음식을 거부하는 건 내 감정과는 아무 상관이 없는 아이만의 감정이다. 그런데 나는 그걸 마치 내 실패처럼 여기고 아이의 감정을 억지로 바꾸려 들었다.

"지금 네가 그런 기분을 느낄 때야?"
"그만 좀 울어. 울 일도 아닌 일에 왜 자꾸 울어?"
"이렇게까지 해줬는데 뭐가 문제야."
"대체 어쩌라고!"

아이의 감정을 억압하는 말들은 넘쳐나는 내 감정을 어찌하지 못해서 반사적으로 튀어나오는 반응이었다. 나는 아이의 감정을 통제할 수 있다고 착각했다. 아이를 잘 키우기 위해 이토록 노력하는데 그 정도의 권리는 있다는 오만한 생각이 들기도 했다. '아이가 늘 기쁘고 행복했으면 좋겠다'라는 왜곡된 기대 속에, 내가 원하지 않는 감정들은 없애주고 싶었다. 그리고 그런 감정을 억누르는 것이 '좋은 엄마'의 몫이라고 믿었다. 하지만 아이는 나와는 완전히 다른, 독립적인 인격체다.

식사 시간마다 싸운 끝에, 나는 한 가지를 깨달았다. 아이의 입맛과 음식에 대한 감정은 철저히 아이의 것이라는 사실이다. 아무리 좋은 재료로 정성껏 준비한 음식이라 해도, 그것을 받아들이는 건 아이의 몫이었다. 아이의 거부는 나를 향한 공격이 아니라, 자신의 입맛과 기분의 표현이었다. 그걸 깨닫고 나서 식사에 대한 접근을 완전히 바꿨다. '대체 왜?'라며 감정에 의문을 품는 대신 '그럴 수 있지'라며 감정을 그대로 받아들였다. "맛만 좋은데 왜 안 먹어!" 대신 "이 음식이 입에 안 맞을 수 있지", "지금은 먹고 싶은 기분이 아니구나"라는 식이었다.

물론 내 기대를 내려놓고 아이의 마음을 있는 그대로 받아들이는 건 무척 어려운 일이었다. 더구나 아이가 잘 먹지 않으면 생길 수 있는 문제들에 대한 걱정도 끝없이 부풀었다. 그저 아이의 감정을 받아들이기만 하는 것은 '좋은 엄마'가 아니라는 불안도 있었다. 하지만 아이의 감정을 인정하자 아이의 시선에서 음식을 바라볼 수 있게 되었다. 내가 정해놓은 감정을 강요하기보다, 아이의 감정과 속도에 맞춰 음식을 소개하고 노출하면서 음식에 대한 긍정적인 정서를 쌓아가도록 했다.

그 결과, 식탁 앞에만 앉아도 솟구치던 부정적인 감정이 점차 사라졌다. 아이도 점점 다양한 음식을 시도하고 관심을 보이기 시작했다. 그 속도가 내 기대에 딱 맞지는 않았지만, 기다려주기로 마음먹었다. 그 덕에 아이도 자신의 감정을 존중받는다고 느끼며 조금씩 변해가기 시작했다.

감정의 진짜 주인은 '나'라는 사실

나와 아이의 감정을 분리하지 않으면, 결국 둘 다 지치게 된다. 아이의 감정을 나의 감정으로, 나의 감정을 아이의 것으로 착각하면 관계는 얽히고 감정은 왜곡된다. 감정의 주인은 언제나 '나 자신'이어야 한다. 아무리 어린 아이라도 마찬가지다. 모든 인간은 자신의 감정에 대해 책임질 권리를 가진다. 부모는 아이가 아직 자신의 감정을 제대로 알지 못하더라도 감정을 '읽고 받아들이는 법'을 배우도록 돕는 존재다. 하지만 그렇다고 해서 아이가 느끼는 감정을 제한하거나 책임질 수는 없다.

부모는 아이에게 늘 기쁘고 편안한 감정만 느끼게 해주는 존재가 아니다. 오히려 다양한 감정을 자연스럽게 경험하고, 그 감정을 건강한 신호로 받아들일 수 있도록 도와줘야 한다. 또한 '모든 감정을 느끼고 이해하도록 돕는 일'과 '훈육하고 교육하는 일'은 반대되는 개념이 아님을 기억해야 한다. 모든 감정은 존중받아야 하지만, 사회의 구성원으로 건강하게 살기 위한 행동은 훈육받아야 마땅하다. 부모는 이 차이를 이해하고 실천할 줄 아는 사람이어야 한다. 그러니 아이를 훈육하거나 거절해야 할 상황에서 죄책감을 느낄 필요는 없다. 듣기 싫은 말을 들은 아이의 부정적인 감정 또한 책임지거나 통제해서는 안 된다. 아이를 가르치는 것은 부모의 의무이지만, 감정을 오롯이 느끼는 것은 아이의 권리이기 때문이다. 공감은 관계를 잇고, 통제는 관계를 끊는다는 사실을 기억하자.

감정은 나를 지키고, 타인을 이해하는 언어다. 부모가 된다는 것은 나와 아이의 감정에 '각자의 주인'이 있음을 배우고 인정하는 과정이다. 내 감정에 책임질 수 있을 때 비로소 아이에게도 감정을 건강하게 다루는 법을 가르칠 수 있다. 나는 육아를 하며 '감정의 경계선'이라는 것을 배웠다. 아이와 다정한 거리를 유지한 채 각자의 감정을 함께 느끼고 공감하는 법을 익혀왔다. 감정은 개인의 것이고, 각자가 책임져야 한다는 '감정의 소유권'을 체득한 것이다.

"내 감정은 내가 느낀다."
"아이의 감정은 아이가 느낀다."

이 단순한 문장은 서로의 감정이 독립적임을 선언하는 말이다. 내 감정을 객관적으로 바라보고, 아이의 감정을 바꾸려 하지 않을 때 우리는 서로를 더 정확히 이해할 수 있다. 감정을 함께 느끼는 것이 아니라 각자의 자리에서 느끼고 이해할 때 진짜 정서적 연결이 시작된다.

감정조절력 향상을 위한 생활 습관

- ☐ 오늘 하루, 내 감정과 아이의 감정을 따로 적어보자.
- ☐ 내가 느낀 감정이 아이의 감정에 어떤 영향을 주었는지 돌아보자.
- ☐ 아이의 감정을 억지로 바꾸려 하진 않았는지 되돌아보자.

3장

부모의 감정이
아이의 정서를 만든다

'감정주파수'란?

영화 〈정글북〉에는 모글리라는 소년이 등장한다. 인간이지만 정글에서 자라 늑대처럼 뛰고, 곰처럼 장난치며 자연의 법칙에 따라 살아간다. 동물들 사이에서 자란 모글리는 생존 방식뿐 아니라 언어와 감정까지 그대로 체득한다. 정글의 규칙과 감정은 곧 모글리의 세계였다.

인간은 누구에게 길러지느냐에 따라 감정을 표현하고 해석하는 방식이 달라진다. 감정은 본능이 아니라 경험과 상황을 통해 학습되고 구성되기 때문이다. 많은 부모는 아이에게 '인간답게' 사는 법을 가르치려 애쓴다. 처음에는 대근육과 소근육 발달에 집중하고, 아이가 자람에 따라 식탁에 앉아 밥을 먹고, 인사를 하고, 장난감을 정리하고, 잠을 자고, 말을 하고 글을 쓰는 법까지 알려준다. 발달 시기에 맞춰 교육해야 한다는 불안감 속에서 부모는 쉴 틈 없이 움직인다.

겉으로 드러나는 행동이나 성취를 위한 교육에는 힘쓰면서, 아이의 내면에서 일어나는 감정과 그 감정을 조절하는 법은 뒷전으로 밀려나는 경우가 많다. 아이의 감정은 어릴 때는 크게 드러나지 않지만, 시간이 지나 그 감정들이 쌓여 결국 폭발하는 시기를 맞이하면 부모는 그제야 감정 교육의 중요성을 깨닫는다. 하지만 그때는 이미 감정적 교류가 없었던 부모에게 아이가 마음의 거리를 둔 이후일 수도 있다.

인간은 말을 배우기 훨씬 전부터 '느낌'으로 세상을 해석한다. 우리가 흔히 '눈치'라고 부르는 이 감각은, 인간이 사회적 동물로 진화하며 획득한 정교한 생존 전략이다. 갓난아기는 부모의 눈빛, 얼굴 근육의 미세한 떨림, 목소리의 진동, 숨소리의 간격 같은 비언어적 신호로 감정을 읽는다. 그리고 그 안에서 자신이 '안전한지 아닌지'를 판단한다.

이렇게 감각으로 받아들인 '느낌'을 세분화된 '감정'으로 인식하고 이해할 수 있도록 돕는 것이 부모의 역할이다. 언어보다 먼저 존재하는 느낌을 자신에게 이로운 감정으로 전환하고 활용하는 법을 배울 수 있도록 도와야 한다.

감정은 공간을 타고 흐르며, 말보다 먼저 '분위기'로 전달된다. 아이들은 어른보다 훨씬 예민한 안테나로 감정을 포착한다. 말보다 기운을 먼저 감지하고, 설명보다 표정의 결을 먼저 느낀다. 감정은 언어보다 먼저 존재한다. 말로 설명되기 전, 이미 공간에 퍼져 있는 정서적 분위기로 아이에게 다가간다. 부모가 무심코 흘린 불안이나 짜증은 미세한 기류처럼 퍼져 아이에게 고스란히 닿는다. 그러므로 감정을 가르치고 싶다면, 먼저 자신의 감정부터 들여다봐야 한다. 감정 교육의 시작은 '가르치는 것'이 아니라, 감정이 흐르는 환경을 만드는 것에서 시작된다. 아이는 말보다 먼저, 감정주파수를 느끼고 배우기 때문이다.

감정은 말보다 먼저, 공기처럼 퍼진다

감정은 공기처럼 스며든다. 마치 주파수처럼 작용한다. 눈에 보이진 않지만, 정서라는 진동으로 주변을 울리며 퍼져나간다. 아이들은 그 미세한 파장을 고스란히 느끼고 흡수한다. 라디오를 특정 주파수에 맞춰야 소리를 들을 수 있는 것처럼, 아이도 부모가 내뿜는 감정의 진동에 민감하게 반응한다.

이 감정의 진동, '감정주파수'는 말보다 먼저 전달되는 정서적 에너지로, 표정과 말투, 분위기 같은 비언어적 신호를 통해 공간에 퍼지고 주변 사람의 정서 상태와 안전감에 직접적인 영향을 준다. 아이는 부모의 감정을 피부로 느끼며, 그 리듬에 맞춰 자신의 감정을 조율하거나 억누르며 세상을 배운다. 부모의 감정주파수가 아이가 세상을 해석하는 정서적 기준점이 되는 셈이다.

심리학에서는 이를 '정서적 동조 emotional attunement'라고 부른다. 말이나 지시가 아닌, 부모가 아이의 감정 상태에 민감하게 반응하며 함께 느끼고 조율해 주는 과정이다. 감정주파수란 곧 '느낌의 주고받음', '눈에 보이지 않는 심리적 공기'이며, 감정을 주고받는 관계의 기본 파장이다. 갓난아기 때부터 아이는 따로 배우지 않아도 부모의 감정을 그대로 흡수하며 자란다. 감정은 말보다 먼저, 교육보다 깊이, 관계보다 오래 기억된다. 아이는 부모의 감정으로 세상을 배운다.

우리 부부가 사소한 의견 차이로 티격태격하면 아이는 금세 냉랭한 분위기를 눈치챈다. 아무리 작은 소리로 말하고, 억지 미소를 지어도 소용이 없다.

"이제 안아주고, 뽀뽀하고, 화해해."

격한 말이 오가지 않아도 아이는 누구보다 먼저 부모의 감정주파수를 감지하고 관계를 회복시키려 한다. 말보다 먼저 감정을 느끼고, 그 감정 속에서 '지금, 이 상황에 필요한 것'을 본능적으로 알아챈다. 부모의 감정주파수는 아이의 몸과 마음에 고스란히 새겨진다.

"괜찮아"라고 말해도 엄마 얼굴이 불안하면, 아이는 '괜찮지 않다'라는 감정을 받아들인다. 아빠가 짜증 섞인 말투로 "사랑해"라고 말하면, 아이는 '사랑'이라는 단어를 짜증과 함께 받아들인다. 감정은 단어뿐 아니라 표정, 말투, 행동, 전체 분위기로 전달되기 때문이다. 그래서 부모가 먼저 자신의 감정을 건강하게 조절할 수 있어야 한다.

물론, 부모도 인간이다. 언제나 안정적인 감정을 유지하긴 어렵고 아무리 노력해도 때때로 감정조절에 실패한다. 하지만 중요한 건, 아이에게 감정을 건강하게 인식하고 표현하고 조절하고 해소해 나가는 과정을 보여주고 함께하는 것이다.

아이 앞에서 '참는 게 최선'이라고 생각할 수도 있지만, 부정적인 감정을 억누르다 보면 결국엔 왜곡된 방식으로 터져버린다. 밖에서 받은 스트레스를 집에서 쏟아내거나, 말과 행동이 어긋나거나, 표정과 말이 엇갈린다. 이럴 때 아이도 감정을 왜곡해서 받아들이게 된다. 감정은 눈에 보이지 않지만, 에너지로 존재한다. 우리는 이 에너지를 무의식적으로 끊임없이 주고받는다. 아침부터 기분이 상한 부모 옆에 있으면 아이는 불편함을 느낀다. 반대로, 부모가 평온한 얼굴로 눈을 맞춰주면 아이도 안정된다. 감정이 어떻게 진동하느냐에 따라 정서는 조율되거나 엇나간다.

그러니 부모가 먼저 자신의 감정을 인식하고, 그 감정에 맞는 행동을 하려는 노력을 해야 한다. '잘 참았다'고 생각해도 감정은 결국 새어 나온다는 사실을 잊지 말자. 감정은 인간관계의 '뿌리'다. 특히 부모-자녀처럼 깊고 오랜 관계일수록 감정은 더욱 중요하다.

감정은 말보다 빠르게 전달되고, 어떤 논리보다 깊게 침투하며, 어떤 교훈보다 오래 남는다. 부모가 감정을 어떻게 다루느냐는 아이의 감정주파수를 형성하는 밑거름이 된다. 우리는 지금, 아이가 자라고 있는 정서적 공기를 점검해 봐야 한다.

감정은 끊임없이 인식하고 돌보아야 하는 내면의 언어다. 부모가 이 언어를 건강하게 사용할 때, 아이도 감정을 편안하게 느끼고 표현할 수 있다. '부모의 감정이 아이의 세상을 만든다'라는 말은 결코 과장이 아니다. 아이는 오늘도 내일도 부모의 감정을 느끼며 자라고 있다.

감정조절력 향상을 위한 생활 습관

- ☐ 오늘 하루 아이와 함께 있을 때 어떤 표정을 가장 많이 지었는지 생각해 보자.
- ☐ 오늘 내 감정을 억누른 순간을 떠올려 보고, 건강한 표현법을 생각해 보자.
- ☐ 매일 아이에게 나의 감정을 언어로 표현하는 연습을 해보자.

아이와 감정주파수를 맞추는 방법

　　모든 아이는 각자의 고유한 감정주파수를 지니고 있다. 어떤 아이는 감정을 거침없이 표현하고, 어떤 아이는 조용히 삭이며 감정을 안으로 품는다. 분노를 겉으로 드러내는 아이도 있고, 슬픔을 속으로 삼키는 아이도 있다. 이처럼 감정 표현 방식은 하나의 정해진 패턴이 아니라, 아이마다 다른 기질과 환경, 경험에 따라 형성된 고유한 스펙트럼 위에 존재한다. 그렇기에 효과적인 감정 교육은 아이의 감정 특성과 표현 양식을 이해하는 것에서 시작되어야 한다. 그 이해가 아이의 감정을 다루는 첫 단추가 된다.

　　아이의 타고난 기질을 관찰하는 것만큼 중요한 건, 아이가 감정에 어떻게 반응하는지를 섬세하게 읽는 일이다. 감정 표현과 조절 방식에는 아이의 고유한 정서 패턴이 담겨 있다. 감정 언어의 발달 수준을 살펴보면 아이가 감정을 얼마나 인식하고 있는지 알 수 있다. "기분이 안 좋아"와 같은 모호한 표현만 반복한다면, 더 구체적인 감정 어휘를 알려줄 필요가 있다. 그림책이나 감정 카드, 혹은 일상 속 대화를 통해 '속상해', '불안해', '실망했어'와 같은 단어들을 접하도록 도와주는 것이다. 감정 언어는 감정조절력의 기초 자산이다.

또한 아이가 본능적으로 보이는 감정 표현과 반응 속에서 단서를 찾아야 한다. 어떤 아이는 화가 나면 소리를 지르고, 어떤 아이는 방 안에 숨어버린다. 이럴 때는 "그러면 안 돼!"라고 반응하기보다, 감정을 다루는 새로운 방법을 함께 찾고, 제안하고, 연습하는 편이 훨씬 효과적이다. 예를 들어 감정을 격하게 표출하는 아이에게는 걷거나 뛰기, 목소리를 내되 남에게 피해를 주지 않는 방식, 신체 활동 등 에너지를 안전하게 발산할 수 있는 대안이 필요하다. 물론 처음부터 잘 되지는 않는다. 익숙한 반응이 더 편하고 자연스럽기 때문이다. 하지만 감정조절력은 단기간에 형성되지 않는다. 반복적인 연습과 시간이 쌓일수록 아이는 점차 단단한 감정조절력을 갖게 된다.

환경 변화에 따른 감정 반응도 중요한 정보다. 낯선 사람 앞에서 위축되거나 복잡한 공간에서 예민해지는 아이들이 있다. 반대로 규칙과 일정이 명확한 환경에서 오히려 안정감을 느낀다면 이러한 차이를 이해하고 아이에게 맞는 환경을 조성하여 과도한 자극을 줄여줄 수 있다. 감정조절력은 저절로 생기는 능력이 아니다. 큰 노력과 에너지를 들여야만 길러지는 기술이다. 아이의 에너지가 온통 '생존'에만 집중돼 있다면, 감정조절력을 키울 여유를 가질 수 없다.

감정은 사회적 관계 속에서 일어나는 현상이자 주변 사람과 환경과의 끊임없는 상호작용이다. 아이가 성장하면서 감정은 계속해서 변화하고, 표현 방식도 시기마다 달라진다. 특히 뇌 발달이 급속하게 이루어지는 청소년기에는 오늘과 내일의 감정이 완전히 다를 수도 있다. 그렇기에 부모는 아이를 늘 새롭게 바라보고, 열린 마음으로 관찰하며, 아이가 보내는 신호에 귀 기울여야 한다. 가장 중요한 건 아이를 '문제'나 '고쳐야 할 대상'으로 보지 않고, 감정의 세계를 함께 탐색하는 독립적인 존재로 대하는 것이다. 부모는 아이보다 먼저 세상을 살아본 안내자로서, 아이가 자기 감정을 알아가고 조절할 수 있도록 곁에서 조율하고 지지해야 한다.

마지막으로, 부모는 자신의 감정주파수를 객관적으로 인

식할 수 있어야 한다. 아이는 누구보다 부모의 정서에 민감하게 반응한다. 부모가 스트레스를 받는 상황에서 감정을 어떻게 표현하는지, 어떤 언어를 사용하는지, 어떤 방식으로 조절하는지를 그대로 보고 배운다. 부모의 감정조절력은 아이에게 직접적 영향을 미친다. 그러니 나를 돌아보는 일은 곧 아이를 이해하는 출발점이다. 아이의 감정 특성을 이해한다는 건 단순히 분석하거나 평가하기 위한 작업이 아니다. 아이의 고유한 감정주파수를 존중하고, 그 리듬에 귀 기울여 함께 조율해 가는 일이다.

 이러한 기반 위에 쌓인 감정조절력은 아이의 내면을 단단하게 만들고, 앞으로의 삶을 지탱해 줄 든든한 자산이 된다. 아이는 매일 성장하는 존재이며, 오늘의 모습이 20년 후의 모습과 같지 않다는 사실을 절대 잊지 말자. 지금 보이는 모습은 타고난 기질과 현재까지 축적된 감정조절 전략의 총합일 뿐이다. 그러니 감정지능이 높은 어른으로 성장할 아이를 믿고, 아이의 속도에 맞춰 바르고 정확하게 감정을 안내하고 교육하면 된다.

감정은 본능이 아니라 배우는 것이다

　아이가 세상에 태어날 때부터 '분노', '두려움', '기쁨' 같은 세분된 감정을 알고 있는 것은 아니다. 다만 심장이 빨라지거나, 손에 땀이 나거나, 뺨이 붉어지는 등의 생리적 반응, 즉 '정동affect'을 느끼며 기초적인 정서를 구분할 수 있게 된다. 이러한 본능적인 정동 반응에 언어, 경험, 사회적 피드백이 더해져 '분노', '두려움', '설렘'과 같은 구체적 감정을 학습하게 된다. 즉, 감정은 정동에서 시작되지만, 관계 속에서 해석되고 이름 붙이는 과정을 통해 익혀지는 심리적 기술이다.

　예를 들어, 아이가 넘어졌을 때 부모가 놀란 얼굴로 다가가면 아이도 금세 울음을 터뜨린다. 반면 부모가 아무 반응을 하지 않으면 아이는 툭툭 털고 다시 논다. 신체적 고통보다 부모의 표정과 행동을 통해 '울어야 하는 상황'에 대한 감정을 배우는 것이다.

　결국 감정은 '느끼는 것+해석하는 것+이름 붙이는 것'의 합이다. 아이에게 감정은 본능을 넘어, 주변의 반응을 거쳐 해석되고 이름 붙여지는 관계적 경험이다. 특히, 부모의 표정과 말투, 행동은 아이가 특정 상황이 불안한지, 괜찮은지, 기쁜지 등을 판단하는 기준이 된다. 즉, 부모는 아이의 감정을 단순히 관찰하는 존재가 아니라 감정 형성의 공동 설계자다. 서로의 감정주파수를 조율하며 감정 언어를 함께 만들어가는 정서적 동반자인 셈이다.

하지만 부모가 자신의 감정을 제대로 알지 못하면 아이 역시 정서적 방향성을 잃는다. 아이에게 감정조절력을 길러주기 위한 첫걸음은 내 감정의 흐름을 정확히 인식하고 주파수를 조율하는 일이다. 내 감정이 건강한 말과 행동으로 표현되고 있는지 점검하지 않으면, 미숙한 아이의 감정에 휘둘리기 쉽다. 그러면 둘 다 방향을 잃고 감정의 혼란 속에 빠지는 악순환을 겪게 된다. 자신의 감정주파수를 안정적으로 조율한 부모만이 아이의 감정에 맞춰 속도를 조절하고, 눈빛을 맞추고, 따뜻한 정서 신호를 보낼 수 있다. 이런 경험을 통해 아이는 '감정은 안전하다'라는 신뢰를 쌓아간다.

물론, 감정을 인식하고 조율하는 일은 결코 쉽지 않다. 감정은 형태가 없고, 때로는 나조차 내 감정의 실체를 파악하지 못할 때가 많기 때문이다. 그래서 중요한 건 '흔들리지 않는 것'이 아니라, '흔들리더라도 다시 돌아오는 과정을 아이에게 보여주는 것'이다.

"지금 엄마가 조금 속상해서 5분만 혼자 있고 싶어. ○○

이에게 화난 게 아니고 네가 미워서도 아니야. 엄마도 감정을 가라앉힐 시간이 필요해."

이처럼 감정을 정직하게 드러내고 조절하는 모습 자체가 감정 교육이 된다. 육아를 하다 보면 답답하고 화가 나는 순간이 많다. 부모도 사람인데, 어찌 매일 기분이 좋고 즐겁기만 할 수 있겠는가. 그럴수록 아이에게 내 감정을 솔직하게 설명하고, 어떻게 조절하는지를 보여주려는 노력이 필요하다. 아이는 부모가 수없이 감정을 조절하는 모습을 보면서 건강한 감정조절력을 체득한다.

"기분이 안 좋은 것 같은데 안아줄까?"
"엄마, 지금은 안고 싶지 않아. 잠깐 혼자 있다가 기분 풀리면 얘기할게."
"알겠어. 얘기해 줘서 고마워. 엄마는 저쪽에 있을게. 필요하면 불러."

어느덧 초등학생이 된 윤우는 자신의 감정을 말로 표현하고, 감정조절에 필요한 행동을 스스로 선택할 수 있게 되었다. 예전에는 자신이 어떤 감정을 느끼는지도 모른 채 엉엉 울기만 했다면, 이제는 감정의 흐름을 인식하고, 표현하고, 조절할 줄 아는 아이로 자라나고 있다. 이건 부모와 아이가 오랜 시간 감정주파수를 조율하며 정서적 안정감을 쌓은 결과다. 이 과정을 통해 아이는 '감정은 조절할 수 있으며 안전한 것'이라는 믿음을 갖게 된다. 이 믿음을 바탕으로 자신의 감정을 표현하고 타인의 감정을 헤아릴 줄 아는 아이로 성장해 간다.

육아는 매일이 혼돈이다. 아이와 말도 안 통하고, 이유도 없이 엉엉 울고, 하루에도 몇 번씩 감정이 출렁인다. 하지만 그럴 때, 아이의 눈으로 나를 본다면 어떨까? 우리는 아이를 보며 '왜 저래?' 하고 답답해하지만, 아이도 분명히 생각할 것이다.

'우리 엄마, 아빠는 왜 저래?'

감정을 배워가는 아이에게 부모는 가장 좋은 선생님이자 살아 있는 교과서다. 태어나 처음 겪는 감정의 소용돌이 속에서 아이는 자주 혼란에 빠진다. 그럴 때 아이는 부모의 얼굴, 말투, 행동을 통해 자기 감정을 조율한다. 감정주파수를 맞춘다는 건, 아이의 감정에 끌려다니라는 말이 아니다. 아이 스스로 자신의 감정을 이해하고 다룰 수 있도록 도와주고, 그 안에서 안전하다고 느끼게 해주라는 당부다. 부모가 감정을 회피하지 않고 함께 느끼고 다룰 수 있다는 메시지를 전하는 순간 아이도 자신의 감정을 두려워하지 않게 된다. 그리고 그 순간이 모여 아이는 세상에서 가장 중요한 힘을 얻게 된다. 자기 감정을 두려워하지 않는 힘, 바로 그게 감정조절이다.

감정조절력 향상을 위한 생활 습관

- ☐ 아이가 감정을 표현하려고 시도하면 개입하지 말고 기다려주자.
- ☐ 아이와 하루 5분, 말없이 조용히 안거나 함께 있는 시간을 갖자. (눈 맞춤, 손잡기, 등 토닥이기 등 감정의 '비언어적' 연결 중심)
- ☐ 아이가 감정을 말로 표현했을 때 구체적인 말로 감정 어휘를 확장해 주자.

부모는 아이의
감정 공동 조절자다

"별일 아닌 걸로 울지 마."
"그만 뚝! 울지 말고 말로 해."
"이런 걸로 뭘 그렇게 화를 내고 그러니?"

아이의 감정이 터지는 순간, 부모는 작아진다. 어떻게든 그 감정의 소용돌이에서 꺼내주고 싶기 때문이다. 하지만 아무리 어르고 달래도 진정되지 않으면 결국 아이보다 더 크게 폭발하는 건 부모다. 이럴 때 꼭 기억해야 할 사실이 있다. '아이의 감정은 오롯이 아이의 것'이라는 점이다.

아무리 좋은 말로도, 논리적인 훈계로도 그 감정을 끄는 것은 불가능하다. 우리가 해야 할 일은 감정의 통제가 아니라, '공동 조절co-regulation'이다.

감정과 충동을 조절하는 뇌의 '전두엽', 특히 전전두피질은 유아기엔 아직 미성숙한 상태다. 이 부분은 날 때부터 20대 중반까지 서서히 발달한다. 감정을 잘 조절하려면 자율신경계의 안정도 필요한데, 어린아이는 이 시스템조차 쉽게 불균형해지기 때문에 감정이 몰아치는 순간 스스로 진정하기 어렵다. 게다가 감정을 인식하고 해석하는 데 필요한 언어적 경험과 정서적 지도도 충분하지 않다. 결국 아이는 감정이 솟구치는 순간 그 감정을 조절할 경험도, 도구도, 전략도 없다. 그래서 부모가 '공동 조절자'로서 아이 옆에 함께 있어주는 것이 중요하다.

공동 조절은 아이의 감정을 없애거나 억누르는 게 아니다. 진정한 공동 조절은 아이의 감정에 이름을 붙이고, 왜 그런 감정이 들었는지 이해하도록 도와주며, 그 감정을 다루는 방법을 함께 찾아가는 과정이다. 이 과정에서 아이는 부모의 말뿐만 아니라 표정, 눈빛, 목소리, 호흡 등의 비언어적 신호를 감지하며 감정을 조율한다. 부모가 자신의 감정을 안정시키고 평온한 상태로 머무르는 것만으로도 아이의 자율신경계는 그 신호를 받아들여 진정된다. 즉, 부모의 감정 상태 자체가 아이에게 조절의 기준점이 되는 것이다.

피아노 연주자가 메트로놈에 박자를 맞추듯, 아이도 부모의 안정적인 숨소리, 말투, 표정, 태도를 통해 감정주파수를 안정화한다. 이런 조율 경험이 반복될수록 아이는 자기 감정을 무서워하지 않고 다룰 힘을 얻는다.

"무슨 일이 있어도 엄마는 ○○이 곁에 있을 거야."

아이가 감정을 느낄 때 공동 조절자인 부모가 곁에 있어 주는 것만으로도 '나는 혼자가 아니구나'라는 메시지를 몸으로 느낀다.

윤우가 네 살이던 어느 날, 식당에서 유아용 의자에 앉기 싫다며 소리를 질렀다. 당시 윤우는 자주 의자 위에서 장난을 쳤고, 일반 의자에 앉으면 앞으로 고꾸라질 위험이 컸다. 조용히 해야 하는 쇼핑몰 한가운데에서 당황스럽고 곤란한 상황이었지만, 나는 윤우를 조용히 데리고 화장실로 향했다.

"의자가 불편해서 속상하고 화난 거, 엄마도 이해해. 그런 감정을 느끼는 건 괜찮아. 다만 여긴 사람이 많은 곳이라 소리를 지르면 곤란해. 그래서 여기로 온 거야. 여기에는 엄마랑 윤우 둘만 있으니까 울고 싶으면 실컷 울어도 돼. 엄마가 옆에 있을게. 하지만 유아용 의자에는 앉아야 해. 안전이 중요하니까."

감정을 쏟아낼 수 있는 안전한 시간과 공간을 허락받은 윤우는 실컷 울고 난 뒤 점차 안정을 되찾았다. 다시 내 손을 잡고 나가 유아용 의자에 앉아 식사도 무사히 마무리했다. 물론 나도 마음속으론 빨리 울음을 그치라고 채근하고 싶었다. '별일도 아닌 걸로 고집을 부린다'라는 생각에 언성을 높이고 싶은 충동도 들었다. 무엇보다 아이의 안전을 위한 조치였는데 나 혼자 나쁜 사람처럼 느껴지는 게 억울했다. 그때 나는 중요한 것을 배웠다. '안전'이 나에겐 당연한 기준이지만, 아이에게는 충분히 이해되지 않을 수 있다는 것이다. 아이는 그 상황이 불편할 수 있고, 그 감정은 그 자체로 충분히 타당하다는 걸 받아들이기로 했다. 부모로서 응당 해야 하는 일이라고 해도 그 과정에서 아이가 느끼는 불편함도 존재할 수 있음을 인정한 것이다.

그날 이후 나는 아이의 감정을 제지하거나 억압하기보다 감정을 흘려보낼 공간을 먼저 만들어주려 노력했다. 바른 행동을 알려주되 그 가르침에 대한 아이의 저항이 있을 수 있다는 것을 염두에 두었다. 윤우는 그렇게 자신의 감정을 존중받는 경험을 반복하며, 점차 규칙과 감정이 공존할 수 있다는 사실을 배우기 시작했다. 어떤 상황에서 울고 싶거나 화가 날 수 있지만, 그 감정을 표현해도 괜찮다는 믿음이 생긴 것이다.

"다른 애들은 다 하는데 왜 너만 못해!"

나도 윤우를 키우면서 잘한 것만은 아니다. 볼멘소리가 입 밖으로 쏟아져 나온 적도 많다. 실수도, 실패도 숱하게 했다. 하지만 아이의 감정을 부정하거나 무시하지 않으려고 노력했다. 아이의 감정을 억압할수록 아이는 자신의 감정을 '나쁜 것'이라 오해하기 때문이다. 그러면 아이는 자기 감정을 받아들이지 못한 채 자라 평생 감정과 싸우며 살아가야 한다.

그렇다면 공동 조절자로서 부모가 기억해야 할 것은 무엇일까? 수많은 시행착오 끝에 깨달은 원칙 3가지를 소개하고자 한다.

감정조절 원칙 1 아이의 감정은 틀린 것이 아니다.
· 감정에는 옳고 그름이 없다.

· 아이는 감정을 조절하는 법을 배우는 중일 뿐이다.

감정조절 원칙 2 아이의 감정은 지나간다.
· 감정은 흘러가게 두면 흘러가고 억누르면 쌓인다.
· 아이가 감정을 흘려보낼 안전한 공간이 필요하다.

감정조절 원칙 3 감정을 조절해야 할 대상은 '아이'가 아니라 '나'다.
· 아이의 감정조절력은 아직 미성숙하므로 부모의 정서적 안정이 조율의 출발점이 된다.
· 내가 중심을 잡고 평온함을 유지할수록 아이도 감정의 파도 속에서 방향을 잡는다.

공동 조절자의 역할은 결코 쉬운 일은 아니다. 감정을 잘 다루는 사람은 타고나서가 아니라, 대부분 어린 시절 안정적으로 감정주파수를 맞춰 준 누군가가 곁에 있었기 때문이다. 내가 그런 경험을 충분히 누리지 못했다고 해서, 내 아이 역시 같은 경험을 반복해야 할 이유는 없다. 감정은 나이와 상관없이 언제든 배울 수 있는 기술이며, 감정조절력은 연습을 통해 길러지는 마음의 근육이다. 타고난 기질보다 중요한 건 일상에서 감정을 어떻게 다루는지에 대한 반복 경험이다. 아이에게 감정조절을 가르치기 전에, 내 감정부터 조율하자. 그 자체가 아이에겐 최고의 감정 수업이다.

"윤우야, 너를 보고만 있어도 감동적이야."

나는 매일 아침, 아이에게 뽀뽀를 퍼부으며 "사랑해", "고마워", "감동적이야"라는 말을 아낌없이 건넨다. 남편은 매일 보는 아이가 어떻게 늘 감동일 수 있냐고 신기해하지만, 사실 나도 어릴 때부터 부모님께 '감동적이다'라는 말을 자주 들으며 자랐다. '존재만으로 감동스럽다'라고 말해주는 부모 밑에서 자란 나는, 내 존재가 누군가에게 기쁨과 감동이 될 수 있다는 감각을 알게 되었다. 그 기억 덕분에 지금의 나는 내 아이에게 "네 존재 자체가 감동이야"라고 말할 수 있는 것이다.

연구에 따르면 감정을 정확하게 언어로 표현하는 것만으로도 자율신경계가 안정되고, 뇌의 편도체 반응이 진정된다고 한다. "화났어", "서운했어", "설레", "감동적이야"처럼 구체적인 감정 언어를 자주 사용할수록 뇌에는 상황을 해석하고 다룰 수 있는 힘이 생긴다. 특히, 아이에게 감정 언어를 자주 들려주는 부모일수록 아이의 뇌는 감정과 상황을 더 빠르게 연결하고, 그 감정을 다루는 자기만의 회로를 만들어간다. 감정을 언어로 표현하는 법을 배우는 것이 곧 감정조절력을 키우는 시작이 된다.

감정조절력 향상을 위한 생활 습관

☐ 아이의 감정이 격해지면 3번 길게 심호흡해 보자.

☐ 아이가 울거나 화를 내면 "지금 많이 속상했구나 / 화가 났구나 / 슬프구나 / 실망스럽구나" 등의 구체적인 표현으로 감정을 다시 한번 짚어주자.

☐ "이런 감정을 느낄 땐 어떻게 해야 할까?" 감정 뒤에 오는 행동을 함께 고민해 보자.

아이는 부모의
믿음 속에서 자란다

"우리 애는 그렇게 두면 절대 안 돼요."
"애한테 맡기면 자기 마음대로만 하지 않을까요?"
"부모가 아이를 가르쳐야 하는 게 맞죠."

이런 생각은 아이에 대한 불신과 학습에 대한 왜곡된 기대에서 비롯된다. 한두 번 말하면 곧바로 습관이 잡힐 거라는 비현실적인 기대, 억압하거나 통제하지 않으면 아이가 올바른 방향으로 자라지 못할 거라는 불안이 섞여 있다. 하지만 아이는 아직 어른이 아니다. 미숙하기에 배우며 자라는 존재이고, 그래서 교육이 의미가 있다. 교육은 지금의 모습이 그대로 이어지지 않고 성장하도록 돕는 과정이다. 모든 아이는 그 과정에서 충분한 시간과 기회를 누릴 권리가 있다. 성장은 단발적인 지시나 처벌이 아닌 반복적인 안내와 꾸준한 연습, 그리고 시행착오를 통해 이루어진다. 아직 덜 배웠다는 이유로 단정 짓지 말고, 성장의 여지를 믿고 기다려주는 것이 진짜 교육이다.

아이는 부모가 믿는 만큼 성장한다. 진부하게 들릴 수도 있지만, 이는 수많은 연구로 입증된 과학적 사실이다. 부모가 불안과 불신으로 아이를 통제할수록 아이는 자신의 삶을 주도적으로 살아가는 힘을 기르기 어려워진다. 감정조절, 자기조절, 건강한 의사결정은 어른이 되면 저절로 생겨나는 능력이 아니다. 부모에게 보호받는 시기에 충분히 연습해야 어른이 되어서도 사용할 수 있다.

부모와 아이는 경쟁하거나 대립하는 관계가 아니다. 우리는 한 팀이다. 이 관계의 핵심은 '신뢰'다. 부모가 정한 규칙(예: 미디어 시청 시간, 학습, 독서 등)을 존중받길 원한다면, 부모 역시 아이가 소중히 여기는 세계(예: 게임, 또래 문화 등)를 먼저 존중하는 태도를 보여야 한다.

아마도 요즘 부모들이 아이와 가장 많은 갈등을 겪으며 신뢰를 구축하기 어려운 영역이 디지털 미디어 습관일 것이다. 미디어를 무작정 금지하거나 억압하면 아이 마음엔 반발심이 생긴다. 겉으로는 순응하는 것처럼 보여도, 속으론 디지털 세계로 더 깊이 빠져들 위험이 커진다. 중요한 것은 아이와 함께 규칙을 만들고 그 이유를 충분히 설명하며 동의의 과정을 거치는 것이다. 이러한 경험을 통해 아이는 디지털 세계를 도피처가 아닌 일상의 일부로 건강하게 받아들이고, 자신만의 기준과 책임을 세우기 시작한다.

우리 집 미디어 시청 5가지 원칙

특히 요즘 부모들은 어린 자녀에게 미디어를 어디까지, 얼마나 허락해야 할지 고민하는 경우가 많다. 평소 미디어 교육에 대해 질문하는 사람들이 많았기에, 여기에서 우리 집의 '미디어 시청 원칙'을 소개하려고 한다.

미디어 원칙 1 미디어는 약속된 시간 동안만 본다

얼핏 단순해 보이는 이 원칙은 사실 수많은 시행착오와 반복적인 연습이 필요하다. 윤우가 아주 어렸을 때는 일방적인 규칙에 가까웠고, 지키는 것도 무척이나 어려워했다. 하지

만 수년간 대화와 설명을 통해 지금은 스스로 약속하고, 그 약속을 지키려고 노력한다.

윤우가 처음 디지털 미디어를 접할 때부터 어떤 이유로, 몇 분 동안 볼지 미리 이야기해줬다. 말이 정확히 통하지 않던 시절부터 '미디어 시간이 따로 있다'라는 개념을 심어주기 위해 노력했다. 시간 개념이 없는 영유아 시절에는 커다란 타이머를 사서 거실 테이블에 올려두었다. 끄기로 약속한 시간 10분 전, 5분 전에는 꼭 미리 알려줬다. 식사 중이나 차 안에서 미디어를 볼 때는, 식사 시간 혹은 이동 시간이 얼마나 걸릴지 미리 말해주고 종료 시간 전에 다시 상기시켰다.

여기에서 중요한 점은 처음부터 잘 안 되는 게 당연하다는 사실을 인정하는 것이다. 아무리 오랜 시간 훈련을 했어도 유독 힘들어하는 날이 있다는 것도 이해해야 한다. 다른 집 아이들이 아무런 저항 없이 미디어를 끄는 모습을 보고 속상한 마음이 든 적이 있다면, 그 아이가 그렇게 되기까지 가정에서 얼마나 많은 노력을 했을지 생각해 보길 바란다. 어린아이일수록 시간 약속의 개념을 이해하지 못하고, 미디어를 꺼야 하는 이유를 이해시키기도 어렵기에 보이는 것보다 훨씬 많은 노력이 필요하다.

윤우가 초등학생이 된 지금은 텔레비전 바로 아래에 디

지털시계를 두었다. "지금부터 50분 동안 보면 7시 50분이야. 그때 끌게." 텔레비전을 켜면서 스스로 시간을 계산해 선언하는 것은 묻지 않아도 하는 습관이 되었다. 약속된 시청 시간을 계산해 언제 미디어를 끌지 미리 선언하고, 꺼야 할 시간 10분 전부터 다시 알린다. 약속 시간보다 10분 정도 더 볼 수 있다는 것을 염두에 두긴 한다. 하지만 처음 약속했던 시간이 되면 어떤 이유로, 얼마나 더 볼 것인지를 명확히 말해야 한다. 끄기를 어려워하는 날이면 옆에 앉아 충분한 대화를 나눈다. 끄고 싶지 않은 마음을 공감해 주되, 아이의 불편한 감정을 나무라지 않는다. 여유 시간 10분을 넘겨 더 보고 싶으면 "내일은 주말이라 조금 늦게 일어나도 되니까 10분만 더 볼게."와 같이 반드시 그 이유를 설명하도록 했다. 물론, 충분히 설득력 있는 이유라 하더라도 20~30분 이상은 허용하지 않는다.

이런 과정을 통해 미디어를 스스로 통제하고 명확한 목적과 용도로 미디어를 사용하는 습관이 길러진다. 지금은 부모에게 하는 말들이지만, 장차 스스로와 약속하고 조율하는 과정을 연습하는 것이다.

스스로 끄기 어렵다고 하면 아이의 손을 잡고 함께 종료 버튼을 눌러준다. 아이가 끄기 어렵다는 이유로 실랑이하거나 싸우지 않는다. 강제로 버튼을 눌러 종료하지도 않는다. 미디어를 끄고 나면 할 수 있는 재밌는 일들을 떠올리게 하고, 품에 꼭 안고 장난을 치거나 '엄마랑 놀아줘' 하고 자연스럽게 설득하기도 한다. 결국 스스로 마음을 먹고 미디어를 종료할 수 있도록 돕는 것이다. 시청 시간을 약속하고, 스스로 켜고 끄는 과정을 연습하면서 디지털 미디어에 끌려다니는 사람이 아닌, 지배하는 사람이라는 정체성을 갖길 바라는 마음에서다.

미디어 원칙 2 아이에게 적용되는 원칙은 어른에게도 적용된다

아이가 디지털 기기와 건강한 관계를 맺느냐 아니냐의 핵심은 '부모의 모습'이다. 부모가 미디어에 중독되어 있으면서 아이에게만 절제를 요구하는 건 모순이며, 효과도 없다.

"엄마가 지금 일해야 해서 30분간 노트북을 쓸게."
"아빠 지금 장 볼 건데 윤우도 같이 볼래?"

우리 집에서는 윤우가 미디어를 보는 시간 외에는 모든 디지털 기기를 꺼둔다. 목적 없이 미디어를 켜놓는 건 가족 간 대화와 집중력을 방해하기 때문에 철저히 지키는 원칙이

다. 우리 부부도 윤우가 미디어를 볼 수 있는 시간에만 보고, 그 외에는 필요한 활동(업무, 검색, 쇼핑 등)을 위해서만 사용한다. 아이가 옆에 있을 때 기기를 사용해야 하면 목적과 사용 시간을 설명한다. 습관적으로 미디어에 의존하는 모습은 최대한 보이지 않으려고 한다. 그냥 TV를 틀어놓거나, SNS를 보면서 아이와 활동을 하는 일도 없다.

최근 윤우를 '핸드폰 경찰'로 임명했다. 어느 날 우리 부부가 대화하는 틈에 윤우가 내 스마트폰으로 몰래 유튜브를 보고 있는 모습을 발견했다. 약속을 어긴 아이를 나무라고 싶은 마음이 들었지만, 그보다 먼저 사과를 건넸다.

"핸드폰이 있으면 보고 싶지? 엄마도 핸드폰이 옆에 있으면 열어보고 싶거든. 지금 미디어 시간이 아닌데 핸드폰을 아무 데나 둔 엄마 잘못이 제일 커. 미안해, 윤우야."

아이들은 아직 발달 중이기에 무작정 혼내고 나무라는 것은 효과가 없다. 대신 왜 그랬는지를 이해시키고 더 나은 결과를 위해 어떤 행동을 연습해야 하는지를 안내하는 편이 효과적이다. 부정적인 감정은 학습을 방해하고, 억압으로 이루어진 행동 수정은 오래가지 못한다. 교육과 학습에는 충분한 시간과 반복적인 연습, 꾸준한 인내가 필요하다는 걸 잊지 말자.

공감으로 접근하자 윤우는 눈물을 보였다. 왜 이런 일이 일어났는지, 어떻게 하면 해결할 수 있을지 온 가족이 이런저런 논의를 하다가 하나의 해결책을 제안했다.

"윤우가 우리 집 핸드폰 경찰을 해볼까? 미디어 금지 시간에 엄마, 아빠만 핸드폰을 가진 건 불공평하지. 8시에 윤우가 핸드폰을 모두 수거해서 보관하는 거야. 어때?"

윤우는 금세 표정이 밝아졌다. 그날로 윤우는 핸드폰 경찰이 되어 우리 집 핸드폰을 수거하고 현관 앞에 보관한다. 아이에게 스마트폰을 허용하기 전에 가정에서 건강한 디지털 문화를 정착시켜 두면 아이도 자연스럽게 따라간다. 어른도 미디어와 건강한 관계를 맺으려면 노력해야 함을 몸소 보여주고, 함께 연습하는 것이다. 최근에는 밤 10시에 알람이 울리면, 모든 디지털 기기는 거실 충전대로 이동시킨다는 규칙도 추가했다.

물론, '어른이니까 이 정도는 괜찮지'라는 생각이 들 수도 있다. 하지만 어릴 적 디지털 기기 없이 자란 우리조차도 스마트폰을 내려놓는 일이 쉽지 않다. 이미 충동조절 능력이 갖춰진 어른에게도 어려운 일이 아직 뇌가 미성숙한 아이에게는 오죽할까 싶다. 그러니 '어른인 나도 이렇게 힘든데, 아이는 얼마나 힘들까?' 하는 너그러운 마음으로 모두가 함께 문화를 만들어가야 한다.

미디어 원칙 3 '기기 밖의 세상이 더 재밌다'는 것을 직접 경험하게 한다

디지털 속 세상은 자극적이고 흥미롭다. 가만히 보기만 해도 재밌는 콘텐츠를 끊임없이 제공한다. 하지만 인간은 근본적으로 '오프라인'에서 진정한 행복과 깊은 만족감을 느끼도록 설계된 존재다. 그 감정을 온전히 느끼려면 더 많은 시간과 깊은 몰입, 사람과의 연결이 필요하다. 그래서 아이들에게 현실에서만 느낄 수 있는 행복들을 자주 경험하도록 도와주는 게 중요하다.

우리 집에서는 신체를 움직이고 관계를 맺는 놀이를 소중히 여긴다. 윤우는 초등학교 입학 전까지 매일 산으로 나들이를 가고, 오후 내내 자유 놀이를 하는 기관에 다녔다. 그 시간 동안 자극 없는 무료함 속에서도 스스로 재미를 찾아가는 힘을 길렀다. 정해진 틀이 없는 놀이는 아이의 상상력과 창의

력을 길러주고 자신을 탐색하는 기회가 된다. 현실의 놀이는 즉각적으로 재미를 주는 디지털 콘텐츠보다 과정은 느리지만 만족도와 행복도는 더 높다.

윤우가 다섯 살이 되었을 무렵부터 시작한 '보드게임'은 우리 가족의 중요한 활동이다. 보드게임은 단순한 놀이를 넘어 대화하고, 규칙을 배우고, 순서를 기다리고, 실패와 성공을 경험하는 과정이다. 상대방의 감정을 읽고 반응하는 사회적 기술도 익힐 수 있다.

'독서'는 디지털 미디어에 대응하는 가장 강력한 대안이다. 책을 읽으면서 아이는 자신만의 속도로 이야기를 탐험하고 상상력을 발휘하며 다양한 감정을 안전하게 경험할 수 있다. 지금은 스스로 책 읽기를 즐기는 윤우지만, 여전히 자기 전에는 꼭 한 권을 읽어 준다. 어려서부터 지금까지 이어온 '소통의 시간'이다. 책을 매개로 학교생활이나 속마음에 관한 이야기를 한다. 자전거 타기, 산책, 자연 탐험과 같은 '신체 활동'도 중요하다. 디지털 세계가 가상의 모험을 제공한다면, 현실 세계는 자연과의 교감을 제공한다. 자전거를 타면서 바람을 느끼고, 할머니, 할아버지와 텃밭을 가꾸고, 엄마, 아빠와 곤충을 관찰하면서 계절의 변화를 온몸으로 느낄 때 아이는 무엇과도 바꿀 수 없는 행복감을 차곡차곡 쌓아간다.

결국 아이의 미디어 의존도를 줄이려면, 그보다 더 재밌고 즐거운 세상이 기기 밖에 있다는 것을 매일 느끼게 해줘야 한다. 현실 세계에서 아이는 부모, 친구 그리고 자신과 단단한 관계를 맺으며 일상에서 감정을 다루는 방법과 실패하고 회복하는 법을 배울 수 있다. 사실 아이들이 미디어에 속절없이 빠지는 이유는 현실의 삶이 버겁고 힘들기 때문이다. 영유아 시절에는 재밌고 즐겁기만 했는데 초등학생, 중학생이 되면서 압박감이 커지고 해야 할 일은 계속 늘어난다. 자유롭게 움직이고 재미를 탐색하고 친구들과 노는 시간은 줄어들고 공부와 숙제, 시험 등의 스트레스를 과도하게 받는다. 이런 상황에서 디지털 미디어는 아이들의 유일한 도피처다. 많은 교육자와 심리학자들이 입을 모아 놀이와 여가의 중요성을 강조하지만, 부모들의 불안은 그런 기조와 반대로 향한다. 아이들의 오프라인 세상을 억압할수록, 아이들은 온라인 세상 속으로 도망가려 한다는 걸 기억해야 한다.

미디어 원칙 4 디지털 미디어에 대한 어떤 대화도 환영한다

여기에서 중요한 건 '대화'는 일방적인 지시나 통제와는 다르다는 점이다. 강압적으로 차단하는 것이 아니라 함께 이야기를 하고, 아이가 스스로 선택할 수 있는 힘을 기르는 것

이 중요하다. 결국 아이는 홀로 살아남아야 한다. 무서운 속도로 발전하는 세상에서 생존하려면 자기 내면과 대화하는 법, 스스로 생각하고 판단하는 힘을 길러야 한다.

부모가 무조건 '안 돼'라고 말하면, 아이는 금지의 대상을 더 매력적으로 느낀다. 그뿐만 아니라 금지했던 권위자가 사라지면 어떤 시각으로 균형을 잡아야 할지 방향을 잃게 된다. 그래서 새로운 콘텐츠에 관해서 내용은 어떤지, 지금 나이에 적절한지, 언어는 건전한지, 폭력적이거나 유해하진 않은지 온 가족이 대화를 나눠야 한다.

이 대화를 통해 오가는 질문들은 아이의 내면에 울려 퍼진다. 부모의 역할은 아이가 지금 당장 내가 원하는 행동을 하도록 통제하는 것이 아니라 아이가 어른이 되었을 때 자신을 보호할 수 있는 다양한 기준과 도구를 갖출 수 있도록 돕는 것이다. 어떤 콘텐츠인지도 모르고 무조건 "안 된다"라고 하는 것은 아이에게 설득력이 없다. 오히려 부모와 아이 사이에 보이지 않는 벽을 세운다. 부모가 억압하고 통제할수록 아이는 미디어로 도망친다는 사실을 반드시 기억하자.

물론, 아이를 보호하기 위한 '절대적으로 금지해야 할 콘텐츠'에 대한 기준은 분명히 있어야 한다. 부모는 아이의 나이와 발달 수준에 맞춰 규칙을 세우고, 그에 따라 콘텐츠를 제한할 책임이 있다. 이때 아이가 반발심을 갖더라도 그 제한이 아이의 안전을 위한 것임을 분명히 알려줘야 한다. 이 과정에서도 아이를 꾸짖거나 혼내기보다 아이가 이해할 수 있는 언어로 차분히 설명해 주는 것이 좋다. 여기서 주의할 점은, 부모의 눈에 낯설거나 마음에 들지 않는다고 해서 반드시 해로운 것은 아니라는 점이다. 인간은 본능적으로 낯선 것에 거부감을 느끼기 쉽다. 하지만 세대마다, 문화마다 선호하는 콘텐츠는 달라질 수밖에 없다. 그러니 무조건 "안 돼! 그거 보지 마!"라고 말하기보다는 이렇게 질문해 보자.

"이건 어떤 내용이야?"
"왜 이걸 보는 게 재미있어?"
"엄마(아빠)한테 설명해 줄 수 있어?"

이런 대화를 통해 아이의 관점에서 콘텐츠를 함께 보면서 점검해 봐야 한다. 선정적이거나 폭력적인 요소, 공격적인 표현이나 이미지 등이 있는지 기준을 정하고 온 가족이 합의된 규칙을 만들어야 한다. 절대적인 기준은 아이를 보호하는 데, 상대적인 기준은 아이를 이해하는 데 필요하다. 그러므로 이 두 가지 기준은 서로 충돌하는 것이 아니라 균형을 이뤄야 한다.

　한번은 윤우가 무서운 얼굴의 사람들이 등장해 총격이 난무하는 애니메이션을 본 적이 있다. 우리는 우선 제지하지 않고 끝까지 함께 봤다. 다 보고 난 뒤 윤우에게 어땠냐고 묻자, "조금 이상하긴 했어. 무섭기도 하고 꿈에 나올 것 같기도 하고. 그런데 재밌었어. 봐도 되는 건지 나도 모르겠는데 우리 가족 회의 할까?"라고 제안했다. 윤우의 이런 반응은 미디어 대화를 통해 오랫동안 신뢰를 쌓은 덕이다. 특히 미디어 회의에는 남편이 꼭 참여하며 중요한 발언권을 갖는다. 보통 남성들이 좋아하는 게임이나 유튜브 콘텐츠가 나에게는 낯설게 느껴지기 때문이다. 이런 식으로 서로의 시각을 균형 있게 조율하는 과정도 필요하다.

　우리는 회의를 통해 그 애니메이션의 제작 배경, 의도, 내용 등을 함께 분석했다. 그 결과 윤우가 보기에는 아직 이르다는 판단을 내렸다. 주요 이유는 잔인한 장면이 자주 등장해 수면을 방해할 수 있고, 어린이가 이해하기 어려운 정치적 메시지가 내포되어 있었기 때문이다. 가장 중요한 건, 이 결론에 이르기까지 윤우가 회의의 중심이 되어 의견을 제시했다는 점이다. 충분히 자기 생각을 나눴고, 스스로도 이 애니메이션이 자신의 연령대에는 맞지 않는다고 판단했기에 결정을 자연스럽게 받아들일 수 있었다. 부모가 일방적으로 판단하고 통제하는 것이 아니라, 아이가 스스로 의견을 내고 참여할 때 아이의 미디어 감수성은 훨씬 건강하게 자란다.

또 유튜브에서 배운 유행어나 친구들 사이에서 사용하는 비속어에 대해서도 자주 이야기한다. 어떤 뜻인지, 어떤 상황에서 사용하는 표현인지, 그리고 그 말속에 담긴 의도는 무엇인지 함께 이야기하며 서로의 의견을 나눈다. 핵심은 결국 아이 스스로 판단하고 결정할 수 있도록 돕는 데 있다. 아무리 "하지 마", "안 돼"라고 일방적으로 억압해도, 아이는 부모보다 훨씬 많은 시간을 또래 친구들과 보낸다. 그 속에서 집단에 동조하고 싶은 욕구가 강하게 발동한다. 특히 대화 없이 통제만 한다면 아이는 부모 앞에서 입을 닫고, 되레 엉뚱한 곳에서 폭발하게 된다.

부모의 눈을 피해 멈추는 것은 진짜 멈춤이 아니다. 부모는 아이가 스스로 기준을 만들고, 거기에 맞는 행동을 하도록 도와야 한다. 아이가 홀로 서야 하는 시기가 오면, 외부 규칙보다 내면의 기준이 훨씬 더 중요해진다. 그래서 가정은 어떤 주제든 자유롭게 말할 수 있는 공간이 되어야 한다. 또 부모는 아이가 마주하는 디지털 환경과 또래 세계에 대해 이해하려는 노력을 해야 한다.

언젠가 부모의 말이 통하지 않는 순간도 반드시 온다. 그러니 지금, 우리는 '지시하는 어른'이 아니라 '같은 팀'임을 확고히 해야 한다. 가정이 아이에게 감정과 생각을 자유롭게 표현할 수 있는 안전한 기반이 되어줄 때 아이는 외부 자극에 휘둘리지 않고 자기 안에서 중심을 잡아갈 수 있다.

미디어 원칙 5 감정을 억압하는 수단으로 디지털 미디어를 사용하지 않는다

우리 부부는 윤우가 떼를 쓰거나 울 때 유튜브 영상을 틀어주거나, 공부를 하기 싫어할 때 패드를 보상으로 건네는 행동은 철저하게 지양했다. 디지털 미디어는 필요에 따라 활용할 수 있는 유용한 도구지만, 감정이 격해진 상태에서 접하면 끌려다닐 수밖에 없다. 아이의 감정은 충분히 알아주고, 들어주고, 보듬어주면 일시적으로 머물다 반드시 흘러간다. 하지만 그 감정의 본질을 들여다보지 않고 무조건 눌러 없애려고 하면 그 잔재가 마음의 구석에 남아 오랫동안 머물게 된다. 이렇게 쌓이고 굳은 감정찌꺼기들은 마음의 병이 되거나 원인을 알 수 없는 감정 폭발로 이어지기도 한다. 미디어를 감정조절의 도구로 사용하는 순간, 아이에게는 감정조절력을 기를 기회 자체가 사라진다. 아이가 부정적인 감정을 드러낼

때 디지털 기기를 손에 쥐여주는 것은 장기적으로 보면 역효과를 일으킨다. 우리는 이미 많은 사례를 통해 겉으로 드러나지 않은 감정일수록 더 위험하다는 것을 알고 있다.

윤우는 디지털 기기와 미디어를 직접 사용하며 자신만의 기준을 세워가는 중이다. 우리 가족은 자주 대화하고 회의하면서 이전 세대가 겪어본 적 없는 완전히 새로운 디지털 세상을 어떻게 살아갈지를 함께 고민하고, 우리 나름의 기준과 규칙을 만들어간다. 물론 그 중심에는 어른인 우리보다 디지털 환경의 영향을 훨씬 더 크게 받는 윤우가 있다.

디지털 기기나 미디어는 선과 악으로 나눌 수 있는 존재가 아니다. 특히 미래를 살아가야 할 아이들에게는 이미 삶의 일부다. 그렇기에 부모는 건강하고 비판적인 시각을 갖고 아이가 그것을 유용한 도구로 활용할 수 있도록 도와야 한다. 알파 세대의 감정조절력과 감정지능을 키운다는 건 디지털 세상과 어떤 관계를 맺을지, 어떻게 주체적으로 상호작용할지를 배우게 하는 것이다. 금지와 통제가 아닌 탐색과 대화를 통한 사용이 진짜 감정 교육의 출발점이다.

아빠의 감정 표현이 아이에게 미치는 영향

지금의 아빠 세대는 '감정 표현 = 약함'이라는 틀 속에서 자랐다. 남자는 울어서도 안 되고, 화를 내서도 안 되며, 기쁨도 크게 드러내지 않아야 한다는 믿음 속에서 '남자다움'이라는 틀에 자신을 눌러왔다. 남자는 가정을 지켜야 할 기둥이고, 평생 딱 세 번만 운다는 다소 폭력적인 담론이 보편적인 시대였다. 이는 남성들을 억압하려는 의도라기보다 감정에 대한 과학적 이해가 부족했던 탓이라고 생각한다.

그런데 최근 뇌과학과 심리학은 남성과 여성이 감정을 느끼는 방식이 생물학적으로 거의 같다고 말한다. 성별과 관계없이 뇌 구조, 감정처리 회로, 신경전달물질은 동일하게 작동한다. 사실 감정은 성별보다 개인차에 영향을 훨씬 많이 받는다. 결국 우리가 믿어온 '남자는 감정에 무딘 존재'라는 인식은 후천적 학습과 편견의 산물일 뿐이다. 감정은 억누르면 억누를수록 감정처리 회로가 약해진다. 반대로 감정을 반복해서 인식하고 표현하면, 감정조절력도 근육처럼 발달할 수 있다.

"괜찮아?"
"괜찮아."

남편과 연애하던 초반, 이런 대화가 반복될 때마다 나는 벽에 부딪히는 느낌이었다. 남편은 보통의 한국 남성처럼 감정을 억제하며 자라온 사람이었다. 사람들은 그를 '착한 사람'이라고 표현했지만, 그 '착함'은 때론 자기 감정을 숨기고 참고 포기한 결과로 얻은 평판이었다. 문제는 그 감정들이 언젠가는 폭발해 관계를 해칠 수도 있다는 점이다. 그래서 나는 남편에게 감정을 드러내도 괜찮다는 걸 알려주고 싶었다. 감정을 터뜨리는 대신, 건강하게 표현하고 조절하는 방법이 있다는 걸 보여주고 싶었다.

"지금 배고파서 짜증 나는 것 같은데? 밥부터 먹자."
"차가 막혀서 답답하지? 어떻게 도와줄까?"
"어제 잠을 못 자서 예민할 수도 있겠네."
"일이 원하는 대로 안 돼서 힘들었겠다. 오늘은 좀 쉬자."

이런 말들이 누적되자 남편은 서서히 자신의 감정을 자각하고 표현하기 시작했다. 예전엔 늘 "괜찮아"라고만 하던 그가 이제는 다르게 대답한다.

"일단 밥부터 먹고 나면 나아질 것 같아."
"차 막힐 땐 운전 진짜 싫어."
"지금은 산책이 필요한 것 같아."
"지금 감정이 복잡해서 생각 정리가 안 되니까 나중에 다시 이야기하자."

그가 감정을 인식하고 표현하고 조절하고 해소하는 기술을 하나하나 배우고 있다는 증거다. 감정조절력은 타고나는 성격이 아니라 훈련 가능한 기술이다. 감정을 억눌렀던 사람도, 감정 표현을 배운 적 없는 사람도 연습하면 누구나 나아질 수 있다. 남편의 변화는 아이에게도 이어진다. 감정을 솔직하게 드러내는 아빠를 보며 아이 역시 자신의 감정을 부끄러워하지 않고 건강하게 표현하는 법을 배운다. 그리고 무엇보다, 가족이 서로 감정을 알아주는 관계라는 믿음이 정서적 안정의 뿌리가 된다.

아빠의 감정 교육이 어려운 이유

요즘 육아에 있어 부모의 역할이 평등해졌다고들 하지만, 현실은 이상과 다른 경우가 많다. 통계청 자료에 따르면 육아휴직을 쓰는 남성이 조금씩 늘고 있으나, 여전히 여성이 주 양육자인 경우가 대다수다. 아이를 낳은 후 경력 단절을 겪는 이도 대부분 여성이다. 즉, 여전히 많은 아빠가 육아에서 한 걸음 물러선 채 '참여'하는 수준에 머무르고 있다는 뜻이다.

하지만 다양한 연구는 아이의 발달에 있어 아빠가 미치는 영향이 결코 적지 않다고 말한다. '아버지 효과 father effect'란, 아빠의 양육 참여가 아이의 인지·사회·정서 발달에 주는 독특하고도 강력한 영향력을 뜻한다. 특히 감정적으로 개방적이고 반응적인 아빠를 둔 아이는 사회성이나 감정조절력에서 뛰어난 성장을 보인다. 또한 아빠 특유의 역동적이고 도전적인 놀이 스타일은 아이의 스트레스 조절력과 위험 상황에서의 판단력까지 키워준다.

예전에는 가족에게 경제적 안정을 제공하는 것만으로도 '좋은 아빠'라는 인정을 받았다. 하지만 지금의 아빠에게는 훨씬 더 복합적인 역할이 요구된다. 가족의 경제적 책임자일 뿐 아니라 아내에겐 든든한 파트너, 아이에게는 안정적인 감정 공동 조절자이자 감정 선생님이 되어야 한다. 문제는 많은 남성이 이런 다층적인 역할을 배울 기회를 갖지 못했다는 데 있다. 특히 감정 표현이나 아이와의 정서적 소통은, 본인의 아버지로부터 배우지 못했거나 경험해 보지 못한 경우가 많다. 그래서 아빠들도 아이들과 함께 부지런히 배워야 한다. 아빠가 먼저 배우려는 태도를 보이는 순간 아이도 마음을 연다.

윤우가 아빠와 비디오 게임을 할 때면, 자주 씩씩거리는 소리가 들렸다. 윤우가 아니라 남편의 한숨과 분노 섞인 탄식 소리였다. 게임이 뜻대로 풀리지 않으면 남편은 분노에 차서 어찌할 바를 몰라 했다. 그런 순간들이 쌓이면서 남편도, 나도 하나의 사실을 깨달았다.

"아, 감정을 건강하게 표현하는 연습을 안 했구나."

어려서부터 다양한 방식으로 감정조절을 연습해 온 윤우는 달랐다. 게임을 하다가 화가 나면 심호흡을 하고, 짜증이 날 땐 "짜증 나"라고 말하고, 감정이 격해지면 잠시 게임을 멈췄다. '괜찮다'를 반복하다가 결국 폭발하는 남편과는 전혀 다른 모습이었다. 하지만 윤우가 자라면서 남편 역시 변화했다. 그 또한 점차 자신의 감정을 인식하고 건강하게 표현하는 법을 배우기 시작한 것이다.

"아빠가 지금 연속으로 져서 좀 짜증나. 이번 판은 쉬어야겠다."
"저 상대 팀이 너무 기분 나쁘게 플레이하네! 화난다. 침대 위에서 방방 뛰고 오자!!"
"지난주보다 못한 것 같아서 속상하네. 전략 회의하고 다시 해볼까?"

많은 부모가 게임은 무조건 '나쁜 것'이라 생각하지만, 나는 그렇게 보지 않는다. 공부만 하는 것도, 게임만 하는 것도 좋지 않다. 게임도, 공부도, 운동도 '균형'이 필요할 뿐이다. 아이들은 살아가며 지식 외에도 배워야 할 게 많다. 감정조절력, 메타인지, 회복탄력성 같은 능력들 말이다. 이런 것들은 책상 앞에 앉아 공부만 한다고 길러지는 것이 아니라 반복되는 경험과 실천을 통해 쌓인다.

윤우가 자라면서 감정 표현에 익숙해진 것처럼, 남편의 변화 또한 반복적인 감정 연습의 결과다. 많은 아빠들이 감정 표현을 어려워하는 이유는 '감정 전환'이 익숙하지 않기 때문이다. 어릴 적부터 감정을 표현하지 못한 채 자란 데다, 성인이 되어서는 논리와 효율이 우선인 사회에 적응하며 감정을 억제하는 방식에 익숙해졌다. 하지만 가정에서는 정서적 연결이 훨씬 더 중요하다. 직장에서 단련된 감정 억제 습관이 오히려 집에서는 장애물이 되기도 한다. 이런 대치되는 상황들 속에서 감정을 전환하는 것이 어려운 것이다.

아빠가 감정을 숨기지 않고 인식하며 조절하려는 모습을 아이에게 보여주는 것만으로도 훌륭한 감정 교육이 된다. 감정은 다뤄도 괜찮은 것이며, 누구나 배워갈 수 있다는 메시지를 전하는 것, 바로 그것이 아빠의 변화가 아이에게 주는 가장 강력한 정서 교육이며, 감정지능을 키우는 최고의 본보기다.

아빠 감정 표현의 효과

남편의 감정 표현이 달라지자 우리 부부 관계뿐 아니라 아이에게도 놀라운 변화가 일어났다. 실제 연구들에서도 아버지의 정서적 참여가 높을수록 아이의 사회성, 감정조절력, 정서 안정감이 향상된다는 결과가 반복해서 보고된다. 윤우 역시 아빠의 감정 표현 변화를 자연스럽게 받아들이며, 아빠와 더 깊은 정서적 유대감을 형성해 갔다.

엄마와는 다른 아빠의 말투, 억양, 반응 방식은 아이에게 새로운 감정 표현의 모델이 된다. 아이는 아빠를 통해 감정은 성별과 무관하며 다양한 방식으로 표현될 수 있다는 사실을 자연스럽게 배우게 된다. 특히 강하고 단단해 보이는 아빠가 화를 폭발시키는 대신 차분하게 감정을 설명하거나, 슬픔을 눈물로 표현할 때 아이는 감정을 숨기지 않아도 된다는 중요한 메시지를 체화한다.

많은 아빠들 안에는 감정을 억누르며 자란 '작은 아이'가 숨어 있다. 감정을 드러내면 혼날까 봐, 약해 보일까 봐 두려웠던 어린 시절의 기억이 몸에 배어 있는 것이다. 하지만 이제는 감정을 표현하는 것이야말로 가족을 지키는 새로운 방식이라는 인식의 전환이 필요하다.

실제로 감정 표현이 자연스러운 아빠 밑에서 자란 아이들은 친구 관계가 더 원만하고, 스트레스 상황에서도 안정적으로 반응하며, 자존감과 사회성 역시 높다는 연구 결과도 있다. 이는 감정 표현이 위험하거나 부끄러운 일이 아니라는 정서적 경험이 쌓였기 때문이다. 특히 아들은 아빠의 감정 표현을 더 직접적으로 모방하고, 딸 역시 감정 표현이 자연스러운 아빠를 통해 정서적 안정감을 익힌다.

어릴 때부터 감정 교육을 꾸준히 받아온 윤우는 자신의 감정을 말로 설명하고 조절하는 데 익숙하다. 그런 윤우의 모습에 남편은 종종 감탄했다. 그러던 어느 날 남편이 윤우에게 말했다.

"아빠는 어릴 때 이런 걸 배우지 못했지만, 지금은 너랑 같이 배우고 있어."

그렇게 두 사람 사이의 정서적 연결은 점점 더 깊어졌다. 아빠의 변화는 가족 전체의 감정주파수에 영향을 미친다. 아빠가 솔직해지면 가족도 솔직해지고, 가정은 더욱 안정되고 건강한 정서적 안전 기지로 바뀐다. 가족의 이런 감정 문화는 아이의 감정지능을 형성하는 주춧돌이 된다.

아빠를 위한 감정조절 4단계 전략

다음은 내가 남편에게 일러준 4가지 감정조절 전략이다.

아빠 전략 1 아이를 만나기 전 '감정 준비 운동'을 하자

아이를 만나기 전에는 감정의 전환을 위한 '감정 준비 운동'이 필요하다. 감정은 눈에 보이지 않지만, 아이는 부모의 감정 상태를 예민하게 감지한다. 특히 어린아이일수록 부모의 말투, 표정, 몸의 긴장감 같은 비언어적 신호를 통해 감정 정보를 읽고, 이에 따라 자율신경계가 활성화한다. 부모가 안정된 정서 상태일 때 아이의 스트레스 수치와 행동 문제도 눈에 띄게 줄어든다는 연구 결과도 있다. 그러므로 '아이를 만나는 그 순간'을 준비하는 것은 매우 중요하다.

하지만 많은 아빠들이 직장에서의 피로, 스트레스, 불만을 정리하지 못한 채 집에 들어선다. 감정은 해소되지 않으면 행동으로 드러나기 마련이다. 이런 상태에서 아이를 만나면 사소한 행동에도 쉽게 짜증이 나고 예민하게 반응할 수 있다.

문제는 아이가 아니라 조율되지 않은 '내 감정'이다.

　이때 중요한 건 자신의 감정 상태를 인식하는 연습이다. "지금 나는 어떤 기분인가?", "무엇 때문에 이런 기분이 들었는가?"라는 질문을 자신에게 던지는 것이 핵심이다. 처음엔 '모르겠는데', '괜찮은데'라는 생각만 맴돌 수 있고, 자기 감정조차 어색하고 불분명하게 느껴질 수 있다. 하지만 이는 능력 부족이 아니라 연습 부족 때문이다. 감정을 충분히 느끼고 있음에도 '별일 아니야', '이 정도는 말 안 해도 돼'라고 지나치기 쉽다. 나의 감정을 외면하거나 억누를수록, 결국 그것이 아이를 향한 짜증이나 분노로 변형되어 나타날 수 있다. 감정은 흘러가지 않으면 쌓이고, 쌓인 감정은 종종 전혀 상관없는 자극 때문에 폭발한다. 그러니 아이를 만나기 전에 단 30초라도 의식적으로 내 감정을 먼저 마주하고 전환할 준비 시간을 갖는 연습을 하도록 하자.

　이제 다음 4단계를 매일 반복하며, '감정 준비 운동'을 하나의 루틴으로 만들어보자. 차 안, 엘리베이터 안, 현관문 앞, 어디에서든 충분히 실천 가능하다.

[감정 준비 운동 4단계]

1단계	감정인식 질문하기	• '지금 나는 어떤 감정 상태인가?' • '오늘 하루 중 가장 인상 깊었던 감정은 무엇이었지?'
2단계	감정의 원인 되짚기	• '이 감정은 어떤 사건에서 비롯된 걸까?' • '이 감정은 누구 때문인가?'
3단계	감정의 방향 설정하기	• '나는 어떤 감정으로 아이를 만나고 싶은가?' • '나는 아이에게 어떤 아빠로 기억되고 싶은가?'
4단계	감정 갈무리 루틴 선택하기 (택 1~2개)	• 숨을 3번 천천히 깊게 들이쉬고 내쉰다. • 좋아하는 음악 한 곡을 듣는다. • 감정을 짧은 문장으로 메모한다. • 사탕, 껌, 따뜻한 음료 등 감각을 자극해 긴장을 누그러뜨린다.

아빠 전략 2 아이와 만난 후 '감정 스트레칭'을 하자

감정은 근육과도 같다. 오랫동안 억눌러 두면 단단히 굳고, 작은 자극에도 고통이 느껴진다. 사회적 역할 속에서 무의식적으로 쌓인 감정은 표현되지 않으면 경직되기 마련이

다. 이럴 때 필요한 것이 바로 '감정 스트레칭'이다. 스트레칭이 굳은 몸의 긴장을 풀어주듯 감정 스트레칭은 하루 동안 쌓인 감정을 아이 앞에서 자연스럽게 말로 풀어내는 과정이다.

감정을 언어로 표현하는 것은 단순한 설명을 넘어선 심리적 조절 행위다. 실제로 감정을 말로 표현할 때, 감정조절을 담당하는 전전두엽이 활성화되어 충동적 행동을 줄이는 데 도움이 된다. 동시에, 감정을 설명하는 부모의 모습을 보는 아이는 감정이 '예측 가능한 것'이라고 느끼며 심리적으로 안정된다.

특히 아이는 '이유 없는 화'를 가장 두려워한다. 어른 입장에서는 충분히 이유 있는 감정일지라도, 설명되지 않은 감정은 아이에게 갑작스럽고 위협적인 공격처럼 느껴질 수 있다. 그래서 아빠가 먼저 자신의 감정을 말로 설명해 주는 것이 무엇보다 중요하다. 꼭 긍정적인 감정만 말할 필요는 없다.

"기분 좋아."
"조금 짜증 나."
"피곤해서 그런가 봐."

이 모든 말이 감정 스트레칭이 될 수 있다. 핵심은 감정을 폭발시키지 않고 해석하고 공유하는 방식으로 전달하는 것이다. 아빠가 자신의 감정을 적절하게 표현할수록 아이는 '감정은 느껴도 괜찮지만, 다루는 방식이 중요하구나'라는 내적 기준을 자연스럽게 형성한다. 이것이 바로 아이가 스스로 감정을 정리하고 표현하는 '감정근육'을 기르는 출발점이 된다. 아빠가 먼저 감정을 열었기에 아이도 마음의 문을 열 수 있게 된다.

　감정 소통은 쌍방향이라는 것을 잊지 말자. 남편이 달라질 수 있었던 것은 윤우의 감정조절 과정을 직접 목격했기 때문이었다. "아이도 배울 수 있는데, 나라고 못하겠어?" 남편은 종종 이렇게 말하곤 했다. 과거에는 부정적인 감정을 해소하려면 누군가에게 터뜨릴 수밖에 없다고 생각했지만, 감정을 말로 표현하고 건강하게 조절하는 윤우의 모습을 보면서 진짜 감정 조절의 힘을 깨달았다고 한다.

　하루 3분이면 충분하다. 감정을 말로 풀어내는 연습은 전두엽을 활성화하고, 아이에게는 '감정이 설명될 수 있다는 것'을 알려주는 좋은 훈련이 된다.

[감정 스트레칭 4단계]

1단계	감정 상태 솔직하게 표현하기	• "아빠는 오늘 피곤하고 조금 짜증이 나." • "오늘은 기분이 꽤 좋은 날이야. 뭔가 가벼운 느낌이 들어."
2단계	감정의 이유 설명하기	• "회의가 길어져서 머리가 좀 복잡했어." • "오전에 좋은 소식을 들었거든. 그래서 계속 기분이 좋아."
3단계	아이의 감정 물어보기	• "너는 오늘 어땠어? 기분 좋은 일 있었어?" • "학교에서 속상한 일은 없었어?"
4단계	쌍방향 감정 소통 하기	• 아이의 대답에 반응을 주며 감정을 다시 되짚어 준다. (예: "그랬구나, 그래서 기분이 나빴구나.") • 감정이 드러나는 단어를 자연스럽게 반복해 주며 감정 어휘를 함께 확장해 나간다. (예: "맞아! 친구들이랑 새로운 놀이를 하면 진짜 신나고 설레지!")

아빠 전략 3 아이와 함께하는 '감정 몰입 시간'을 즐긴다

아이와 함께하는 그 순간, 주의와 시선, 마음을 온전히 아이에게 집중하는 '감정 몰입 시간'은 단단한 관계의 기반이 된다. 부모가 아이의 정서 상태에 민감하게 반응하고 연결될

때 형성되는 깊은 애착의 뿌리다. 정서적 연결은 오랜 시간을 함께해야만 생기는 것이 아니다. 하루 종일 같이 있어도 감정적으로 연결되지 않으면, 아이는 오히려 외로움을 느낄 수 있다. 반대로 단 10분이라도 진심 어린 주의와 반응이 담긴 시간을 보낸다면 아이는 정서적 안정을 느끼며 자연스럽게 자기존중감과 감정조절력이 길러진다.

특히 아빠는 아이와 함께하는 시간이 상대적으로 짧기 때문에, 이 짧은 순간의 '몰입'이 아이에게 미치는 영향은 훨씬 크다. '아빠가 지금, 이 순간, 나에게만 집중하고 있어'라는 감각은 아이에게 자신의 존재 가치를 깊이 느끼게 해주는 강력한 신호다. 이때 중요한 것은 단순히 '같은 공간에, 몸만 함께 있는 시간'이 아니라, '주의를 집중한 정서적 시간'이다. 아이의 눈을 바라보고, 말에 반응해 주며, 아이가 표현하는 감정에 관심을 기울이고 함께 웃으며 공감하는 순간들 속에서 아이는 '나는 사랑받고 있다', '나는 존중받고 있다'는 확신을 쌓아간다. 이는 자존감, 공감능력, 사회성과 같은 핵심 정서 역량의 토대가 되어준다.

주의할 점은, 이러한 감정 몰입 시간을 방해하는 요소들을 의식적으로 차단하는 것이다. 스마트폰, 뉴스, 업무 메시지, 부모 자신의 걱정과 피로는 아이와의 정서적 연결을 방해하는 주요 장애물이다. 감정 몰입 시간은 하루 중 아주 짧은 순간일지라도, 부모가 진심으로 마음을 열고 아이에게 다가가려는 의지가 있을 때 비로소 실현된다.

감정 몰입 시간은 하루 10분이면 충분하다. 놀이 시간이나 대화 시간마다 아래의 4단계를 실천해 보자. 깊은 애착은 '오랜 시간'보다 '깊은 집중'에서 형성된다.

[감정 몰입 시간 4단계]

1단계	시선과 몸의 방향을 아이에게 맞추기	• 눈을 맞추고, 아이의 말에 온몸으로 반응한다. • 아이가 이야기할 때 중간에 끼어들지 않는다.
2단계	아이의 감정에 즉각 반응하기	• 아이가 기뻐하면 함께 미소 짓고, 슬퍼하면 표정과 말로 공감해준다. • "아, 그래서 속상했구나" "정말 재미있었겠다!"처럼 감정을 되짚어준다.
3단계	짧고 진한 활동 루틴 만들기 (10~15분)	• 아이가 좋아하는 놀이를 한 가지 선택해 전적으로 몰입한다. • 놀이 중간에 감정에 관해 대화한다.

4단계	마무리 감정 확인하기	• "오늘 아빠랑 노니까 어땠어?" "재밌었던 순간은 뭐였어?" • 아이의 반응을 경청하며 다시 한번 감정을 되짚어 준다.

아빠 전략 4 아이의 성장을 위한 '감정 방해 차단 구역' 만들기

아이와의 연결을 자주 방해하는 건 스마트폰과 업무다. 같은 공간에 있어도 아빠의 시선이 자신에게 머물지 않는다고 느끼는 순간, 아이는 깊은 외로움을 느낀다. 특히 아빠가 디지털 기기에 몰입해 있을 때, 아이는 복잡한 감정을 갖게 된다. 기기를 미워하면서도 동시에 갈망하게 되는 것이다. '아빠가 나보다 더 좋아하는 거라면, 그건 특별한 게 분명해'라는 왜곡된 인식이 생기기도 한다. 어린아이일수록 감정 표현에 서툴기 때문에 부모의 시선이 엇나가면 불안과 혼란을 느낀다. 부모가 의도하지 않았지만, 아이는 '지금 나보다 더 중요한 게 있나 보다'라고 해석한다.

우리 부부는 아이와 함께 있는 시간만큼은 스마트폰 사용을 최소화해 왔다. 윤우가 미디어를 볼 때를 제외하고는 SNS를 켜거나 유튜브를 틀지 않는다. 일이 있을 땐 서로 양해를 구하고, 아예 늦게 귀가하는 방식을 택했다. 집은 가족을

위한 공간이고, 지금 이 시기의 중심은 '아이'라는 사실을 잊지 않으려 한다.

어쩔 수 없이 스마트폰이나 컴퓨터를 사용해야 할 때는 그 이유를 분명히 설명한다. "윤우야, 아빠가 회사에서 급한 요청이 와서 메일을 보내야 해. 10분 후에 다시 같이 놀자." 이렇게 말해주면 아이는 자신이 무시당한 게 아니라는 확신을 갖고, 다시 부모에게 주목받을 시점을 예측할 수 있다. 아이는 부모의 시선이 다른 데로 향할 때 쉽게 불안해지지만, 다시 관심이 돌아올 시간을 알면 안정적으로 기다릴 수 있다.

여기서 중요한 건 약속을 반드시 지키는 것이다. 10분이라고 했다면, 정확히 10분 후에 돌아오는 것. 아이는 일관된 약속 이행을 통해 부모를 신뢰하게 되고, 약속의 의미를 자연스럽게 배운다. 감정 몰입은 미디어 차단 없이는 불가능하다. 부모가 스마트폰을 내려놓는 것만으로도 아이는 '나는 중요한 존재야'라는 정서적 메시지를 받는다. 이 경험은 자존감, 애착, 감정 표현 능력의 기반이 되고, 감정조절력을 키우는 토양이 된다.

[감정 방해 차단 구역 만들기 4단계]

1단계	스마트폰을 시야 밖으로 치우기	• 아이와의 시간에는 스마트폰을 책장 위나 다른 방에 둔다. • 아예 꺼두는 것도 좋다.
2단계	부득이한 미디어 사용 시 아이에게 '맥락+예고' 제공하기	• "아빠가 10분만 메일 쓰고 다시 올게." • 미디어 사용 이유를 설명해 주면, 아이는 버림받았다는 느낌을 덜 받는다.
3단계	시간 약속은 반드시 지키기	• 타이머나 알람 시계를 활용해 '엄마가 약속 지켰다'라는 메시지를 행동으로 보여준다. • 애초 계획보다 시간이 길어질 때는 중간에 다시 한번 예고를 해준다.
4단계	아이와 다시 연결되는 '감정 재접속' 멘트 만들기	• "기다려줘서 고마워. 이제는 너한테 집중할게." • 미디어를 내려놓은 직후 아이와 눈을 맞추고, 말을 걸어주는 것이 감정 회복의 신호가 된다.

함께 저녁을 먹고, 목욕을 시키고, 잠들기 전 나누는 짧은 대화 속 감정 표현 하나하나가 정서적 유대감을 쌓는다. 감정은 특별한 순간에만 꺼내는 게 아니다. 일상의 틈마다 자연스

럽게 스며들어야 한다. 가정 안의 감정 소통 문화는 하루아침에 만들어지지 않는다. 작고 사소한 실천이 반복될 때, 그것은 결국 우리 가족만의 '정서 언어'가 된다.

감정 표현이 서툰 아빠라면 거창한 목표보다 일상 속 작은 성공 경험부터 쌓는 게 먼저다. 아이의 눈을 바라보며 기분을 물어보는 일, 내 기분을 한마디로 표현해 보는 일, 약속한 시간을 지키는 것만으로도 충분하다.

감정은 아이에게 일방적으로 가르칠 수 있는 게 아니다. 아이를 통해 배우고, 함께 자라는 것이 진짜 부모의 성장이다. 부모가 자신의 감정을 인식하고 건강하게 표현할 때, 아이는 그 모습을 자연스럽게 받아들인다. 감정은 누구나 배워야 하는 삶의 기술이고, 감정조절력은 아이의 행복과 사회적 성공을 떠받치는 심리적 기초 체력이며, 아이를 위한 감정 교육은 결국 나를 위한 감정 훈련이기도 하다. 아빠의 작은 변화 하나가 아이의 평생을 바꿀 수 있다.

[감정이 어려운 아빠를 위한 감정 밀착 육아 4단계]

1단계	**감정 준비 운동** 자신의 감정 상태를 인식하기	• '나는 지금 어떤 감정 상태인가?' • '이 감정은 무슨 일 때문에 생긴 걸까?'
2단계	**감정 스트레칭** 감정을 말로 풀어내는 연습하기	• "아빠는 오늘 피곤해서 살짝 짜증이 나." • "오늘은 기분이 좋아. 마음이 가벼운 느낌이 들어."
3단계	**감정 몰입 시간** 눈을 맞추고 아이의 마음에 다가가기	• "오늘 아빠랑 놀면서 가장 재밌는 게 뭐였어?" • "○○이가 그래서 속상했구나. 아빠라도 속상했을 것 같아."
4단계	**감정 방해 차단 구역** 최대한 스마트폰을 멀리하고 온전히 집중하기	• "아빠가 10분만 메일 쓰고 바로 돌아올게." • "기다려줘서 고마워. 지금부터는 ○○(이)만 볼 거야."

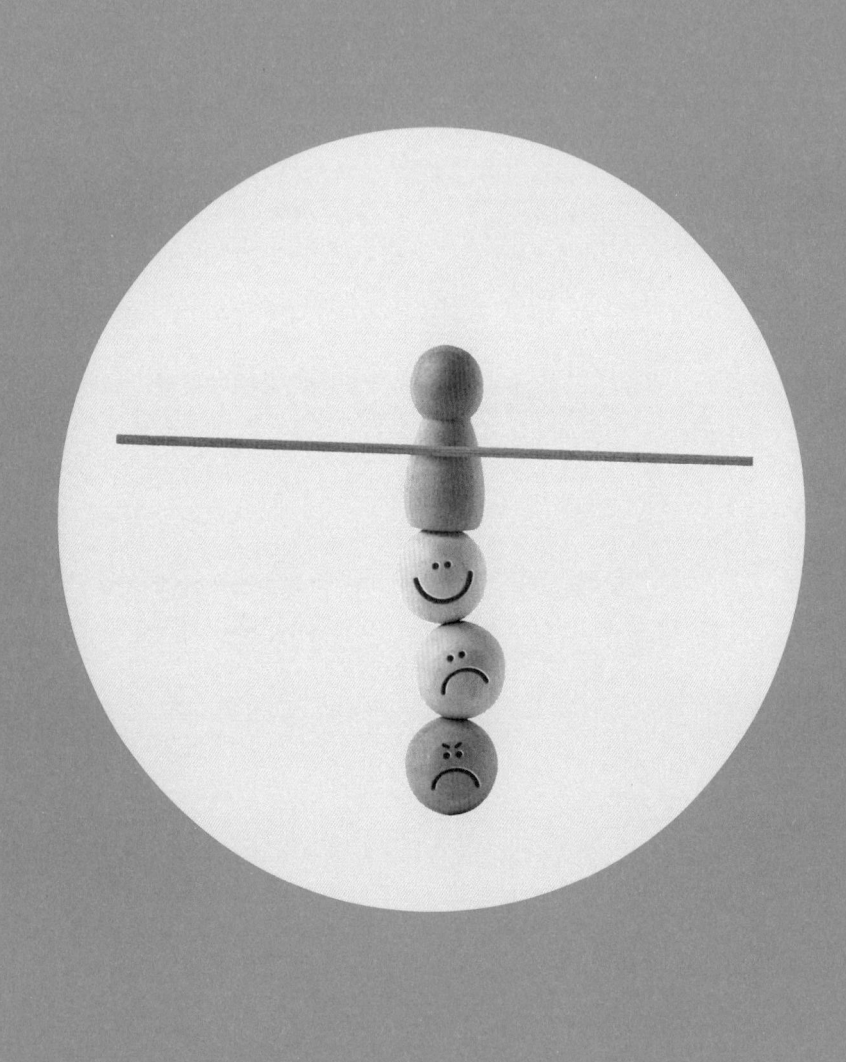

2부

감정 표현이 서툰 아이, 어떻게 도와줄까?

내 아이의 감정 성향 체크리스트

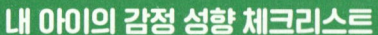

　이 체크리스트는 아이를 이해하기 위한 관찰 도구이지, 문제를 진단하거나 평가하기 위한 기준이 아니다. 아이의 감정주파수를 파악하고, 그에 맞는 섬세한 안내를 하기 위한 출발점이다. 무엇보다 중요한 것은, 아이를 '이해의 마음'으로 바라보는 자세다. 예를 들어, '주의가 산만하다'라는 항목을 보고 불필요하게 걱정하거나 불안을 키울 필요는 없다. 이는 아이의 나이나 환경에 따라 자연스럽게 나타날 수 있는 특성이며, 성장과 함께 충분히 변화할 수 있기 때문이다. 미래에까지 영향을 미칠 '문제 행동'으로 보기보다는 '안내하고 도와주어야 할 현재의 모습'으로 이해하자.

　또한 이 체크리스트를 하루나 이틀 만에 끝내려고 해서는 안 된다. 일상에서 천천히 관찰할 때 아이의 감정적 강점과 취약점을 발견할 수 있다. 그리고 반드시 기억해야 할 점은, 아이의 감정 특성은 고정된 것이 아니라 성장과 경험을 통해 유연하게 변화한다는 사실이다. 이 과정을 통해 부모 자신의 감정 반응도 함께 점검해 보는 것이 중요하다. 아이의 감정지능을 키우는 첫걸음은 부모가 자신의 감정주파수를 인식하는 것에서 시작된다. 이 체크리스트는 아이를 '틀에 가두기' 위한 것이 아니라 아이와 함께 성장하고 조율하기 위해 만들어진 도구다. 아이를 고치려 들지 않고 함께 배우고 성장해 가는 것, 그것이 바로 진정한 감정 교육이다.

1	기질 관찰하기
☐	활동 수준: 얼마나 활발한가?
☐	규칙성: 수면, 식사, 배변 등 생체리듬이 일정한가?
☐	접근성/회피성: 새로운 환경이나 사람에 얼마나 쉽게 다가가는가?
☐	적응성: 새로운 상황에 얼마나 잘 적응하는가?
☐	감정 반응 강도: 감정 표현이 강렬한 편인가?
☐	기본 기분: 전반적으로 긍정적인가, 부정적인가?
☐	주의 집중력과 산만함: 집중력을 얼마나 잘 유지하는가?
☐	감각 민감도: 빛, 소리, 촉감 등에 민감한가?

2	감정 반응 패턴 관찰하기
☐	어떤 상황에서 감정이 강하게 나타나는가?
☐	주로 표현하는 감정은 어떤 종류인가?
☐	감정 표현 방식은 말, 행동, 침묵 중 어떤 경향이 강한가?
☐	부정적인 감정을 느꼈을 때 어떤 조절 전략을 사용하는가?
☐	친구나 가족의 감정에 어떻게 반응하는가?
☐	자신의 감정을 정확하게 인식하고 있는가?
☐	감정을 설명할 때 사용하는 어휘 수준은 어떤가?

3	감정조절 전략 분석하기
☐	화났을 때: 어떻게 반응하고 진정하는가?
☐	슬플 때: 어떻게 표현하고 다루는가?
☐	불안할 때: 안정감을 찾기 위해 무엇을 하는가?
☐	실망했을 때: 어떻게 회복하는가?
☐	기쁘거나 신났을 때: 어떻게 마음을 드러내는가?
☐	감정이 격해졌을 때 스스로 조절할 수 있다는 자신감이 있는가?
☐	어려운 감정을 겪을 때 도움을 요청할 수 있는가?

4	환경 변화에 따른 감정 변화 관찰하기
☐	어떤 환경에서 편안해하고, 어떤 상황에서 불안해하는가?
☐	특정 사람들과 있을 때 감정이 어떻게 변하는가?
☐	변화에 얼마나 민감하게 반응하는가?

5	부모의 감정주파수 점검하기
☐	내가 평소 가장 자주 느끼는 감정은 무엇인가?
☐	억누르거나 과하게 표현하는 감정은 무엇인가?
☐	아이의 어떤 행동에 가장 민감하게 반응하는가?
☐	아이 앞에서 자주 사용하는 감정 표현은 무엇인가?
☐	아이와 함께 있을 때 주로 어떤 감정을 느끼는가?
☐	화나 짜증이 날 때 어떻게 표현하고 조절하는가?
☐	스트레스를 받을 때 어떻게 반응하는가?

4장

아이의 감정은 왜 서툴고 격렬할까?

예민한 아이는 특별한 아이다

"우리 아이는 너무 예민해요."

부모들이 자주 하는 하소연 중 하나다. 부모가 예민한 성향이면 아이도 나처럼 힘들어질까 봐 걱정하고, 부모가 예민하지 않다면 아이의 행동이 이해되지 않아 답답하다. 특히 '무던함'을 미덕으로 배워온 한국 부모들에겐, 아이의 예민함이 꼭 '고쳐야 할 문제'처럼 느껴지기도 한다.

그런데 신경학적으로 보면, 예민함은 감각 정보를 처리하는 신경계가 더 활발하게 작동하는 상태다. 예민한 아이들은 소리, 빛, 촉감, 냄새 같은 감각 자극에 민감하게 반응하며,

주변 사람의 감정 변화에도 아주 예리하게 반응한다. 이는 단순한 성격 문제가 아니라, 신경학적인 특성이다. 전체 인구의 15~20퍼센트는 타고난 예민한 사람highly sensitive person이며, 진화적으로도 의미 있는 비율이라고 한다. 하지만 스스로를 '예민하다'고 여기는 사람은 훨씬 더 많다. 2022년 한국의 한 성인 정신건강 조사에 따르면, 성인의 약 33퍼센트가 감정적 민감성에 어려움을 겪는다고 응답했다. 감정 기복이 크거나, 환경 변화에 민감하거나, 스트레스에 쉽게 영향을 받는 이들 또한 스스로 혹은 타인에 의해 '예민하다'라는 평가를 받는다. 즉, 감정에 민감하게 반응하는 아이는 특별한 예외가 아니라, 생각보다 흔하다. 부모들이 '예민하다'라고 느끼는 아이는 이보다 훨씬 많다.

 윤우는 태어난 날부터 정말 많이 울었다. 신생아 시기엔 잠만 자다가 백일쯤 되면 성격이 드러난다는 수많은 엄마의 증언을 비웃기라도 하듯, 윤우는 태어나자마자 병원이 떠나가라 울어댔다. 모자동실을 하는 내내, 남편과 나는 오직 윤우의 울음소리만 들었다. 두세 시간씩 울어야 겨우 잠들던 아이는 초등학교 입학 직전까지도 밤마다 서너 번씩 깨곤 했다. 네 살 무렵까지는 잠에서 깰 때마다 목청껏 울어대서 참으로 곤혹스러웠다. '대체 왜 우는 건데?', '어떻게 해달라는 건데?'

라는 의미 없는 추궁만 반복했던 날들이었다.

모든 순간이 아이에게는 고비였다. 새로운 음식은 뱉어 내기 일쑤였고, 옷이나 신발을 입히거나 신기는 것도 어려웠다. 돌 기념 촬영하는 날에 비법이 있다고 의기양양해하던 스튜디오 직원마저도 윤우에게 모자를 씌우지 못했다. 아이가 말을 못 하는 그 긴 시간 동안, 나 역시 영문도 모른 채 같이 운 날이 많았다.

세 살 때 처음 어린이집을 보냈다가 너무 심하게 울어서 원장님의 권유로 다시 가정 보육을 했고, 네 살이 되어 다시 기관을 보냈을 때도 몇 달간은 아침마다 전쟁이었다. 그런 윤우를 키우는 동안 우리 부부는 모든 아이가 다 그런 줄 알았다. 기관에서 다른 집 아이들을 보면서 느낀 배신감과 허탈함은 이루 말할 수 없다. '뽑기에 잘못 걸렸다'라는 생각이 들 정도로 서러웠다.

그러다 곧 '내가 윤우를 잘 키우지 못해서 그런 건 아닐까?' 하는 자책에 빠졌다. 윤우를 낳고 힘들어했던 날들이 떠오르며, 엄마가 된 것을 후회한 마음을 들킨 것만 같았다. 오랜 시간 심리학을 공부했음에도 '애착이 잘되지 않으면 많이 운다'라는 식의 '카더라'만 들어도 심장이 덜컥 내려앉았다.

새로운 환경과 사람에 대해 예민하지 않은 나에게 윤우를 키우는 일은 큰 도전이었다. 아이의 발달과 심리, 감정을 공부하지 않았다면, 아마 더 깊은 좌절에 빠졌을지도 모른다. 그럼에도 나를 칭찬할 수 있는 점이 하나 있다면 윤우에게 '예민한 아이'라는 라벨을 붙이지 않았다는 것이다. 누군가 윤우가 예민하냐고 물어오면, "많이 울죠", "자기주장이 강해요", "원하는 게 명확한 편이에요"와 같이 구체적인 행동 특성으로 설명하려 노력했다. 윤우는 그냥 '윤우'일 뿐이었다. 엄마로서 내 역할은 그 '윤우'를 있는 그대로 이해하고, 잘 키워 내는 것이었다.

윤우는 잘 울기도 했지만, 잘 웃기도 했다. 낯선 사람이나 장소를 경계했지만 익숙한 관계 안에서는 한없이 따뜻하고 다정한 아이였다. 새로운 도전을 두려워했지만, 익숙해지고 나면 누구보다 즐겁게 몰입했고, 마음을 준 대상은 오래도록 소중히 여겼다. 그래서 나는 '예민하다'라는 단어 하나로 아이를 규정하기보다 윤우라는 존재 자체를 객관적으로 이해하기 위해 무던히 노력했다. 아이가 자신이 타고난 기질이나 성향을 '이상한 것'이나 '문제 있는 것'으로 받아들이지 않기를 바랐다. 모든 인간은 서로 다르고, 그 다름은 결코 틀림이 아니라는 것을 아이가 자연스럽게 배웠으면 했다.

아이러니하게도, 나와 전혀 다른 성향의 아이를 키우면서 오히려 내가 치유받는 경험을 했다. 윤우를 통해 알게 된 가장 큰 진실은, 이 세상에 예민하지 않은 사람은 없다는 사실이었다. 나는 오랫동안 나 자신을 '예민하지 않은 사람'이라 정의하며 살아왔다. 하지만, '예민하다'라는 말이 주는 부정적인 뉘앙스를 피하고 싶어서 생긴 방어적인 태도였다는 걸 육아하며 비로소 깨달았다. 예민함을 성격 결함처럼 여기고, '괜찮은 사람'으로 보이기 위해 '나는 예민하지 않아'라고 되뇌어 온 것이다. 하지만 윤우를 통해 나 역시도 많은 영역에서 예민한 사람이라는 것을 인정하게 되었다. 육아는 나로 하여금 '예민함'이라는 감정의 스펙트럼을 더 섬세하게 구분하고 인식하게 했다. 어떤 자극에 특히 민감하게 반응하는지, 어떤 상황에서는 비교적 단단한지를 편견 없이 구별할 줄 아는 능력이 생긴 것이다.

아이와 말이 통하기 시작하면서 삶은 훨씬 수월해졌다. 이전까지는 도무지 이해할 수 없던 행동들의 이면에 '이유'가 있다는 걸 알게 되니, 나의 답답함이나 좌절감도 한결 누그러졌다. 물론 그 변화는 하루아침에 일어난 것이 아니다. 윤우의 타고난 기질을 존중하면서도 긍정적인 생각과 행동을 하나씩 쌓아 올리기까지, 그 뒤에는 우리 가족 모두의 눈물 나는 노력이 숨어 있었다.

"왜 그렇게 예민해?"
"별것도 아닌데 울지 좀 마."
"유난 좀 떨지 마."
"다른 애들은 다 하는데 왜 너만 못해?"

　보통 '예민하다'라는 기질을 가진 아이들은 어릴 적부터 "왜 이렇게 유난이야?", "그 정도로 왜 그래?" 같은 말들을 자주 듣는다. 하지만 윤우는 그런 말을 거의 듣지 않고 자랐다. 내 감정을 주체하지 못해서 화를 내고 짜증을 냈을지언정, 아이의 타고난 성향이나 기질은 탓하지 않으려 노력했기 때문이다. 그래서 자신의 예민함에 대해 방어하거나 부정적으로 여기지 않는다. 자신과 엄마, 아빠의 성격이 다르고, 세상에는 똑같은 사람이 없다는 것을 알고 있다. 타고난 기질을 숨기려 애쓰지도 않고, 남들에게 맞추기 위해 자신을 억누르지도 않는다. 오히려 자신을 더 깊이 이해하고, 감정을 긍정적으로 표현하는 법을 배웠기에 지금의 윤우는 '예민하지 않고, 감정조절을 잘하는 아이'처럼 보인다. 아이를 키우며 내가 배운 가장 중요한 교훈은 '예민함'은 감정조절을 방해하는 단점이 아니라, 감정을 더 섬세하고 정교하게 조절할 수 있는 가능성의 기질이라는 사실이다.

"아이가 부끄러움이 참 많은가 봐요."
"그게 우리 윤우 매력 포인트예요!"

얼마 전 새로운 곳에 갔을 때 윤우를 보고 한 어르신이 한 말에 저렇게 받아치며 웃어드렸다. 윤우도 내 손을 잡으며 함께 웃었다.

"굉장히 예민한 거 같아요."
"감정이 섬세해서 참 다정해요."

누군가 무심결에 말을 던지면 아이의 강점을 더 크게 말해준다. 다른 사람의 말을 크게 부풀려 아이를 다그치지도, 내 마음의 불안을 담아 잔소리하지 않는다. 윤우의 부끄러움이나 예민함이 큰 강점이라는 것을 알고 있기 때문이다.

예민한 아이들이 가진 특별한 능력

예민한 아이들에게는 그렇지 않은 아이들이 갖지 못한 강점이 많다.

첫째, 뛰어난 관찰력을 갖고 있다. 주변 환경의 변화를 빠르게 감지하고 알아차린다. 둘째, 깊은 공감 능력이 있다. 타인의 감정을 섬세하게 읽고 반응하기에 주변 사람들의 기분을 잘 살피고 공감할 줄 안다. 셋째, 깊이 있는 사고력을 키울 수 있다. 정보를 제대로 처리하고 복잡한 상황을 분석하는 능력도 뛰어나다. 예민하지 않은 사람이라면 그냥 지나쳤을 정보도 정확히 파악한다. 넷째, 창의력이 높은 편이다. 여러 문제에서 연결고리를 잘 발견하고 독창적인 해결책을 제시할 줄 안다.

물론 이런 강점들이 잘 발현되려면 예민함을 부정적으로 바라보거나 억압하지 않아야 한다. 한 연구에 따르면, 어린 시절 자신의 예민함을 '이상한 것'이나 '약점'으로 여겼던 사람들은 성인이 되어서도 낮은 자존감과 심리적 어려움을 겪는 경향이 있다고 한다. 반면 예민함을 강점으로 인식하고 자랐던 사람들은 창의적인 분야에서 성공하고 친밀한 인간관계를 형성했으며, 자신의 특성을 강점으로 활용한 경우가 많았다. 결국 문제는 예민함 그 자체가 아닌 예민함에 대한 '부모의 인식'이다. 부모의 인식은 곧 아이를 평생 따라다니는 자기 자신에 대한 인식이 된다. 자신이 바꿀 수 없는 것에 대한 부정적인 인식이 생기면 이를 가리는 데 급급해 긍정적인 에너지를 낭비하고 만다.

예를 들어, 작은 키가 콤플렉스인 사람은 '키가 작다 = 매력적이지 못하다'라고 생각하고 이를 커버하기 위해 온 신경을 쓰게 된다. 그러다 보면 자신이 가진 좋은 점들을 미처 발견하지도 못할뿐더러 그런 것들을 더 갈고닦을 여력이 없어진다. 하지만 작은 키를 나의 특성 중 하나라고 생각하면 다른 매력을 키울 수 있을 뿐 아니라 작은 키를 이용해 더 좋은 이미지를 만들 방법들을 발견할 수 있다. 물론 부모가 아무리 노력해도 아이는 살면서 주변에서 많은 이야기를 듣게 될 것이다. 하지만 자신에 대한 정체성을 형성해 나가는 미성년자 시절에는 그 누구의 말보다 부모의 말이 가장 의미 있게 작용한다. 무조건 나를 지지하는 사람 한두 명만 있어도 녹록지 않은 세상을 헤쳐나갈 힘이 자연스럽게 생긴다.

"윤우는 어떤 아이야?"
"나는 사람들과 잘 지내고, 모르는 것도 잘 배우고, 안 먹어본 음식도 먹어보고, 새로운 친구도 잘 사귀는 아이야. 그런데 시간이 좀 걸릴 때도 있어. 그래도 괜찮아. 빨리한다고 꼭 좋은 건 아니니까. 나는 결국 다 해낼 수 있어."

최근 윤우에게 이런 질문을 던졌을 때, 뜻밖의 대답을 듣고 놀랐다. 초등학교 입학을 1년 앞두고는 매일같이 걱정을 쏟아내던 아이였기 때문이다. '친구는 어떻게 사귀지?', '학교가 어색하면 어쩌지?', '급식에 매운 음식이 나오면 못 먹을 것 같아', '한글을 잘 배울 수 있을까?' 이런 질문들이 매일 밤 아이의 머릿속을 맴돌았고, 나 역시 함께 고민했다. 윤우는 그 모든 걱정과 그 이후의 시도를 기억한 채, 자기 경험을 꿰어 정체성을 만들고 있었다. 부모가 어떤 시선으로 아이를 바라보느냐에 따라 아이가 자신을 인식하는 방식도 달라진다. '새로운 것을 두려워하는 예민하고 불안한 아이'가 아니라, '시간은 조금 걸려도 결국은 해내는 아이'로 믿어주는 것이 중요하다. 이 세상에 약점이 없는 사람은 없다. 부모의 역할은 아이의 약점을 없애는 것이 아니라, 그 약점을 포함한 자신을 사랑할 수 있는 사람으로 길러내는 것이다.

따라서 우리 아이가 예민하다고 느껴진다면, 가장 먼저 해야 할 일은 그 특성을 인정하고 존중하는 것이다. "너무 예민하게 굴지 마"라는 말은 아이의 타고난 기질을 부정하고, 자기 이해를 방해하는 말이다. 그보다는 이렇게 말해보자. "예민하다는 건 나쁜 게 아니야. 모든 성격에는 강점과 약점이 있거든. 예민하다는 건 그만큼 섬세하게 느낀다는 뜻이야. 마음이 힘들다면, 엄마가 어떻게 도와주면 좋을까?" 현대 사회는 점점 더 자극적이고 감각을 소모하게 하는 환경으로 바뀌고 있다. 밝은 조명, 끊임없는 소음, 복잡한 시각 정보 속에서 예민한 아이들은 누구보다 쉽게 피로해지고 스트레스를 받을 수 있다. 하지만 동시에, 이런 예민함은 인공지능이 대체할 수 없는 섬세한 공감 능력, 정서적 감지력, 창의성의 씨앗이기도 하다.

예민한 아이는 고치고, 해결해야 할 문제가 있는 것이 아니라, 더 깊게 느끼고 더 넓게 이해할 수 있는 능력을 지닌 '감각이 발달한 아이'다. 그러니, '예민해서 힘든 아이'가 아닌, '섬세함으로 미래를 이끌 아이'로 바라본다면 많은 것이 달라질 것이다. 부모의 시선이 바뀌면, 아이는 자신의 기질을 긍정적인 정체성으로 받아들이기 시작한다.

불안함을 잠재우는 엄마표 연습

윤우의 초등학교 입학을 앞두고 1년 전부터 온 가족은 긴장 상태였다. 네 살에 어린이집을 갈 때도, 가끔 체험활동으로 분리 수업을 하거나 부모와 잠깐 떨어져야 할 때도 적응에 시간이 필요한 아이였다. 일곱 살이 되자 자신의 그런 성격을 온전히 받아들인 윤우는 초등학교에 입학 전 유난히 호들갑이었다. 책상에 앉아 있는 연습을 해야겠다며 타이머를 맞추고 앉는 것을 시작으로, 새로운 친구를 사귄 것에 대한 걱정, 급식에 나올 매운 음식에 대한 걱정, 한글을 모르는데 공부를 따라갈 걱정 등 온갖 고민에 빠졌다. 대부분의 아이가 다가올 미래에 대해 생각하지 않는 나이에, 윤우는 갖가지 예상 시나리오를 만들고 거기에 대비해 연습했다.

그런데도 입학 후 약 한 달 동안 윤우는 아침저녁으로 학교에 가기 싫다고 울었다. 입학 전에 했던 대부분의 걱정이 현실이 되었기 때문이다. 4년간 사교육 없이 산속에서 마음껏 뛰놀던 아이에게 수업 시간 내내 책상에 앉아 있는 건 고역이었다. 영양소를 고루 섭취하되 음식을 억지로 권하지 않던 집에서 자라온 윤우에게 매운 음식을 억지로 먹어야 하는 일도 쉽지 않았다. 다행히 가장 걱정했던 '친구 사귀기'는 생각보다 훨씬 수월했다. 수년간 자유 놀이를 통해 또래와 관계 맺는 경험을 많이 한 덕분이었다. 겨우 한글을 읽고 쓰는 수준으로 입학했지만, 수업도 그럭저럭 따라갔다. 오히려 책상에 앉아 무언가를 배운 적이 거의 없었기에, 수업 자체에 대한 흥미는 컸다. 하지만 하루 종일 꼼짝도 않고 앉아 선생님의 지시에만 따라야 하는 분위기는 윤우에게 큰 부담이었다. 무엇보다 낯선 환경에서 낯선 사람들에게 하루 종일 둘러싸여 있어야 했기에 스트레스를 많이 받았다.

처음에는 등교 담당인 남편과 윤우가 "할 수 있다!"라며 의기투합했다. 하지만 2주가 넘도록 교문 앞에서 울음을 터뜨리며 헤어지는 날이 계속되었다. 급기야 교실 앞까지 따라 들어가 제지를 받은 날 이후, 남편은 내게 도움을 요청해왔다.

나는 곧바로 '윤우 초등학교 적응 프로젝트'에 돌입했다. 첫 단계는 윤우가 해낼 수 있다는 믿음을 심어주는 것이었다. 매일 아침과 밤, 윤우의 감정과 기분을 들어주는 시간을 가졌다. 설교하거나 교훈을 주기보다는 그저 조용히 듣는 데 집중했다. 아빠와 등교할 때 학교 교문에서 울기 시작했던 기억이 강하게 남아, 이제는 교문만 봐도 눈물이 난다는 윤우의 이야기를 들었다. 학교라는 공간 자체가 불안과 눈물로 연결된 조건화가 생겨버린 것이다. 그래서 우리는 '교문 앞에서의 작별 인사'를 짧고 단호하게 바꾸기로 했다. 등교 전에 미리 마음껏 울고, 이야기하고, 안기고, 충분히 감정을 나누었다. 그리고 교문 앞에서는 최대한 짧은 인사로 마무리했다. 그렇게 '교문 앞 = 긴 이별과 눈물'이라는 연결고리를 끊어주기 위해 작은 반복을 시작했다.

어느 날 윤우가 물었다.

"이러다가 졸업할 때까지 매일 울면서 등교하면 어떻게 해?"
"그럴 리는 없어. 엄마가 아는 한, 초등학교 6년 내내 울면서 등교한 아이는 단 한 명도 없었거든."

"매일매일 너무 싫으면 어떻게 해?"
"싫을 때도 있겠지만, 좋을 때도 생길 거야. 하루도 빠짐없이 6년 내내 싫을 일은 없을 거야. 엄마가 장담해."

"그래도 끝까지 적응을 못 하면 어떻게 해? 못 믿겠어."
"엄마는 윤우를 믿어. 지금까지 윤우가 해온 걸 보면 알

> 수 있어. 네가 너를 못 믿는다고 해도, 엄마는 믿어. 마음먹은 건 결국 해냈잖아. 물론 그 과정이 힘들고 오래 걸릴 수는 있지만, 괜찮아. 천천히 네 속도대로 가면 돼. 엄마는 언제나 윤우 편이고, 윤우 옆에 있을 거야."

이외에도 학교에서 엄마를 떠올릴 수 있는 사진이나 인형을 가방에 넣어주거나 서로만 아는 주문을 만드는 등 다양한 아이디어로 아이의 불안감을 잠재우는 데 총력을 기울였다. 아이는 모든 것이 처음이기에 당연히 걱정되고 불안할 수밖에 없다. 부모는 이 사실을 잊어서는 안 된다. 아이가 불안해하는 것은 문제가 있어서도 내가 잘못 키워서도 아니다. 그저, 처음 경험해 보는 일에 대한 역치가 아이마다 다르고 이를 받아들이는 속도 또한 천차만별이기 때문이다. 부모가 아이의 불안과 걱정에 빨려 들어가는 순간 아이는 더 불안해진다. 그런 아이를 보는 부모는 다시 또 불안해진다. 한번 생긴 악순환은 쉽게 끊어내기가 힘들다. 부모는 아이에게 안정적이고 기댈 수 있는 안식처가 되어주어야 한다.

물론 부모도 인간이니 매번 갈팡질팡하는 아이를 보기가 쉬운 일은 아니다. '지금의 행동이 계속되면 어쩌나?', '내가 잘못 키운 건 아닐까?', '언제까지 이럴 것인가?'와 같은 걱정이 계속 꼬리를 물기도 하고 매체에서 보이는 당당하고 자신감 있는 아이들과 자꾸만 비교하게 된다. 그럴 때일수록 과거의 아이보다 지금의 아이가 얼마나 성장했는지에 집중하고, 온 가족이 꿈꾸는 아이의 미래 모습을 향해 나아갈 수 있다는 믿음을 더 굳건히 해야 한다. 윤우의 초등학교 입학은 험난했지만, 네 살 때 처음 기관에 갔을 때 비하면 대단한 성장을 이룬 것이었다.

중요한 건, '불안을 구체화'하는 작업이다. 불안은 추상적인 감정이기에 머릿속에서 머무르면 점점 더 큰 감정으로 불어난다. 그래서 스트레스를 받거나 불안할 때마다 매일 표시하는 '스트레스 수첩'을 만들었다. 그렇게 며칠을 기록하니 학교에 가기 전에 생각했던 것보다 실제로 스트레스를 받는 횟수가 적다는 것을 시각적으로 알 수 있었다. 또한 나와 윤우의 손바닥에 각각 하트 모양을 그리고, 서로 보고 싶을 때마다 그 하트 버튼을 누르기로 약속한 적도 있다. 하교 후에 만나면 오늘 몇 번이나 하트 버튼을 눌렀는지, 언제 가장 누르고 싶었는지 이야기를 나누며 떨어져도 있어도 연결되어 있다는 감각을 알려주려 했다.

이런 크고 작은 도구들은 지금 당장의 불안을 잠재우는 데 그치지 않는다. 아이가 '스스로 불안을 조절할 수 있다'라는 자신감을 키워주는 데 결정적인 역할을 한다. 감정은 억누르는 것이 아니라 다양한 방식으로 다룰 수 있다는 경험을 통해 아이는 점차 자신만의 감정조절 전략을 구축하게 된다. 이렇게 반복해 연습한 도구들은, 앞으로 아이가 더 크고 복잡한 감정을 마주하게 될 때 큰 자산이 되어줄 것이다. 예민하고 불안한 기질이 완전히 사라지지는 않겠지만, 그 기질을 안고 살아가는 방법을 충분히 익히면서, 불안에 휘둘리지 않고 나아가는 힘을 기르고 있기 때문이다.

내 아이의 속도를 믿어주자

윤우의 초등학교 1학년 1학기 목표는 공부를 잘하거나, 생활 습관을 바르게 들이거나, 학교에 '잘' 다니는 것이 아니었다. 우리의 목표는 단 하나. 울지 않고 등교해서 하루를 무사히 보내고, 건강한 모습으로 집에 돌아오는 것, 즉 '그냥 학교를 다니는 것'이었다. 이런 목표가 이상하게 느껴질 수도 있다. 하지만 윤우의 시작을 기억한다면, 별 탈 없이 학교에 오가며 하루를 보낸다는 것만으로도 놀라운 성장이었다. 무엇보다, 윤우가 스스로 반드시 해낼 수 있는 현실적인 목표였다. 그러니 사회생활을 이제 막 시작하는 아이에게 자기효능감과 자신감을 길러주기에 이보다 좋은 출발점은 없었다. 부모의 단단한 믿음으로 아이의 마음은 점차 안정되고 단단해졌다. 그리고 이렇게 축적된 경험은, 언젠가 부모의 품을 건강하게 떠날 수 있는 든든한 발판이 될 것이다.

어떤 사람들 눈에는 윤우가 느리고 유난스럽고 걱정스러웠을 수도 있다. 하지만 부모가 덩달아 불안해한다면 부모의 불안이 아이에게 전이되어 아이는 더 불안해졌을 것이다. '초등학생이나 되어서 두 달이나 울면서 등교한 것이 뭐 대단하다고?', '그저 학교에 가기만 하는 게 무슨 목표씩이나 돼?'라고 의아해할 사람들도 분명히 많을 것이다. 하지만 모든 사람에게는 각자의 속도가 있고 그 속도를 존중받을 때 비로소 자신의 길을 끝까지 걸어갈 힘이 생긴다. 아니, 자신의 속도를 이해하고 그에 맞는 목표를 세울 줄 아는 사람만이 결국 자신이 원하는 곳에 도달할 수 있다. 지금 윤우에게는 '초등학교에 적응하는 것'이 인생의 큰 도전이었다. 이걸 해낸 경험은 윤우의 성장에 든든한 자양분이 되어줄 것이다. 시간이 조금 걸려도 마음만 먹으면 뭐든 해낼 수 있다는 믿음이 있는 사람은 원하는 삶을 살 수밖에 없기 때문이다.

윤우가 학교 적응을 어려워한다는 내용으로 인스타그램에 콘텐츠를 올린 적이 있다. 대단히 많은 엄마의 공감과 조회수를 기록했다.

"우리 애만 그런 줄 알았어요."
"혼자 뒤처지는 것 같아서 걱정이었는데, 위안이 되었어요."
"그런데 아이가 저러면 불안하고 걱정돼서 너무 힘들어요."

예민하고 불안한 아이를 키우는 엄마들이 얼마나 외로운지 알게 되었다. 더불어 '나만 그런가', '우리 아이만 그런가' 싶었던 많은 일들이, 사실 생각보다 훨씬 보편적이고 일상적인 일이었다는 것도 깨달았다. 이 '나만', '우리 아이만'이라는 생각은 불안과 걱정을 낳고, 그로 인해 아이에 대한 마음이 의도와는 다르게 표현될 때가 있다.

인간의 성향이나 기질은 쉽게 바뀌지 않는다. 하지만 많은 부모들이 아이가 눈앞에서 '자신들이 원하는 모습'을 보이지 않는 것에만 집중하다 보니, 결국 잔소리만 늘어난다. 설상가상으로, 정작 내 아이에게 집중해야 할 중요한 시기에 '다른 집 아이'는 어떻게 하고 있나 찾아보느라 바쁘다. 그 과정에서 불안한 마음을 더 자극하는 콘텐츠에 빠지고, 결국 자기 속도로 성장 중인 아이에게도 조바심을 내게 된다.

사실 부모들이 아이의 작은 행동에도 불안해하는 이유는 간단하다. 자신도 인생을 단 한 번밖에 살아보지 못했기 때문이다. 그것도 오직 '나'라는 한 사람으로, 내가 만난 사람들과 내가 처한 환경에서만 살아봤다. 딱 한 명의 인생밖에 안 살아본 부모가 '나보다 더 나은 삶을 살았으면'이라는 막연한 기대를 하고 있으니 교육관이나 가치관, 기대치가 들쭉날쭉할 수밖에 없다. 만약 내가 예민한 성향으로 평생 괴로워했고 우리 아이만큼은 그러지 않기를 바란다면, 먼저 이런 질문을 스스로 던져보자.

'내가 겪은 고통이 정말 '예민함' 때문이었을까? 아니면 그 예민함을 긍정적으로 다루지 못하고 억눌러야 했던 환경, 부정적인 시선, 미성숙한 관계 속에서 비롯된 것이었을까? 수십 년이 지나도 여전히 예민하다면, 그건 고쳐야 할 결함이 아니라 존중받아야 할 기질이라는 의미가 아닐까? 나조차도 바꾸지 못한 기질을 아이라고 바꿀 수 있을까?'

아이에게 나와는 다른 삶을 물려주고 싶다면, 예민함을 억누르거나 없애려고 할 게 아니라 그것을 강점으로 승화시키는 방법을 배워야 한다. 반대로 내가 예민하지 않아서 내 아이의 예민함이 답답하게 느껴진다면, 다시 내 삶을 되돌아 볼 차례다.

'예민함이 없어서 내 삶은 정말 덜 힘들었을까? 예민하지 않은 나의 삶은 '완벽'한 걸까? 혹시 예민한 기질이었다면 더 섬세하게 관계를 다룰 줄 알고, 민감하게 신호를 읽고, 다정한 사람이 될 수도 있지 않았을까?'

'예민하면 힘들다'라는 말은 그저 사회의 통념이다. 특히 한국처럼 공동체 중심의 나라에서 예민함은 '개인주의자'나 '튀는 성향'으로 여겨져 기피되었던 것도 사실이다. 공동체에 자연스럽게 스며드는 무딘함과 반대의 개념이라고 인식되기 때문이다. 그러니 예민한 사람의 문제가 아니라 그걸 부정적으로 바라보는 사회의 통념이 더 큰 문제가 아닌지 생각해 볼 필요가 있다. 한국은 물론 세계는 '초개인화'로 접어들고 있다. 이제는 타인의 감정과 미묘한 변화를 감지할 줄 아는 섬세함이 오히려 중요한 역량이 된다. 예민함은 결함이 아니라, 삶을 더 깊고 정교하게 느끼는 또 다른 능력이다. 예민함은 삶을 느끼는 방식의 차이일 뿐, 결코 결함이 아니라는 걸 잊지 말자.

우리 아이를 '객관적으로 바라본다'는 건 부모에게 정말 어려운 일이다. 부모도 사람인지라 지금까지 자라온 환경과 문화, 받아온 교육 그리고 내면화된 믿음을 통해 아이를 평가하고 판단하기 때문이다. 그래서 대부분 '아이에게 문제가 있다'고 생각하는 것들은 '부모가 만들어낸 문제'인 경우가 많다. 아이는 존재하는 그대로 행동했을 뿐인데 그런 행동을 부정적인 시각으로 바라보고 잘못된 방향으로 강화했기 때문이다.

세상에 완전하고 절대적인 객관성이란 존재하지도 않고, 가능하지도 않다. 하지만 되도록 아이의 관점에서 긍정적으로 생각할 수는 있다. 우리 모두의 궁극적인 목적은 아이가 건강한 어른으로 독립하는 것이며, 그 이후에도 부모를 든든한 아군이자 내 편으로 생각해 주는 것이다. 그러기 위해서는 내 시선을 거두고, 아이의 감정주파수에 귀 기울이며, 독립된 한 사람으로 존중하는 법을 연습해야 한다. 그렇게 자란 아이는 타인의 감정에도 귀 기울이면서 자기 자신을 긍정하는 힘을 가진 감정지능이 높은 어른으로 성장할 것이다. 아이를 부모에게서 떨어져 나온 파편이 아닌 독립된 인격체로 대하기 위해서는 많은 수양과 훈련이 필요하다. 하지만 충분히 해볼 만한 가치가 있는 일이다.

감정조절력 향상을 위한 생활 습관

- ☐ 감각 자극을 줄여주는 조용한 공간을 마련해 주자.
- ☐ 일과를 예고하여 예측 가능성을 높이자.
- ☐ 감정을 충분히 말하거나 그릴 수 있는 표현 시간을 갖자.

아이가 폭발적으로
감정을 표현하는 이유

갓 태어난 아이는 감정 덩어리 그 자체다. 기쁘면 웃고, 슬프면 운다. 깔깔 웃다가도 금세 세상이 무너진 듯 울부짖는다. 특히 윤우는 감정이 풍부한 아이였다. 윤우의 아기 시절을 기억하는 사람들은 입을 모아 "이렇게 잘 웃는 아기는 처음 봤다"라고 말하곤 했다. 재밌는 건, 오히려 윤우와 오랜 시간을 함께한 가족이나 친구들은 "이렇게 무섭게 우는 아기는 처음 봤다"라고 했다는 것이다.

나는 윤우의 강렬하고 극단적인 감정 표현이 당황스러웠다. 감정의 옳고 그름, 좋고 나쁨의 선을 그어놓고 살았던 내게 아이의 감정은 때때로 공격처럼 느껴졌다. 그럴수록 아이의 행동을 억누르고 고치려 들었고, 아이의 저항에 부딪힐 때마다 '나쁜 엄마'라는 자책감이 들었다. '박사씩이나 되어서 아이를 제대로 키우지 못한다'는 좌절감이 날로 커졌다.

"대체 왜 그러는 건데!!!"

악을 쓰며 우는 아이에게 소리를 지르던 날이었다. 그까짓 걸로 뭘 그렇게 우냐며 혼낼수록 아이의 울음소리는 점점 거세졌다. 그 모습을 보고 있으니 문득 어린 시절이 떠올랐다. 서로 언성을 높이는 상황에서 한 발짝 떨어져서 아이의 얼굴을 가만히 쳐다봤다. 울음소리 너머 아이의 표정을 들여다보니, 낯선 감정의 무게에 짓눌려 벌벌 떠는 모습이 보였다.

예고 없이 밀려드는 감정은 아이를 더 불안하게 만든다. 이미 어른이 되어버린 나는 이걸 자주 간과한다. 수십 년의 경험으로 '이럴 땐 이런 감정이겠지'라고 빠르게 판단하고 스스로를 억제하고 억압해 온 나에게 아이의 소용돌이 같은 감정은 버겁고 부담스러웠다. 빨간 그릇에 밥을 먹겠다고 해서 빨간 그릇에 줬는데도 싫다고 울며 떼를 쓴다. 조금 전까지만 해도 아끼던 장난감이 재미가 없다면서 짜증을 내고, 어제와 똑같은 음식인데 입에도 대지 않겠다며 실랑이한다. 겉으로 드러나는 아이의 행동만 보이는 부모에겐 이런 상황이 매일 청천벽력처럼 다가온다. 이런 아이의 반응을 보다 보면 자연스레 불안과 걱정으로 이어진다.

'계속 저렇게 감정조절을 못 하면 어쩌지?'
'이렇게 예민하면 사회생활은 어떻게 하지…?'
'다른 애들은 안 그러던데, 왜 우리 애만 이럴까?'

그리고 가장 무서운 생각은 '내가 뭘 잘못하고 있길래 우리 아이가 이러는 걸까?'라는 자책과 좌절이다. 하지만 디지털 미디어 속 '남의 집 아이'와 '내 아이'를 비교해서는 안 된다. 오랜 시간 사회 속에서 단련된 내 감정의 기준을 아이에게 적용해서도 안 된다. 감정은 겉으로 드러나는 행동과 다르며 반복적인 경험과 시간을 통해 배울 수 있다는 것을 잊지 말아야 한다.

대체 감정이 뭐길래, 아이들은 이렇게 격렬하게 반응하는 걸까? 그리고 왜 어른들조차 자기 감정을 이해하지 못하는 걸까? 최신 과학에 따르면 감정은 '있는 그대로 느끼는 것'을 넘어 '경험을 통해 만들어지는 것'이다. 화가 나면 심장이 뛰고, 슬프면 눈물이 나고, 무서우면 몸이 굳는 등의 신체적 반응은 인간이 위험으로부터 자신을 보호하기 위한 진화적 생존 기제로 여겨져 왔다. 그래서 감정은 '타고나는 것'이며, 이를 조절하는 능력 또한 자연스럽게 습득된다고 믿어온 것이다.

하지만 최근 심리학과 뇌과학은 감정을 훨씬 더 복잡한 인지 과정으로 바라보고 있다. 대표적인 학자 리사 펠드먼 배럿Lisa Feldman Barrett 은 감정을 '느끼는' 게 아니라 '구성하는 것construction'이라고 설명한다. 즉, 우리 뇌는 신체 반응을 과거의 경험에 비추어 해석하고, 의미를 부여하여 감정을 '만든다'라는 것이다. 감정은 관계를 조정하고, 행동을 유도하며, 생존을 돕는 진화적·사회적 예측 시스템이다. 외부 자극에 대한 단순 반응이 아니라, 뇌 내부에서 만들어낸 가설인 셈이다.

그렇기 때문에 아이들은 자기 몸에서 일어나는 감각을 바로 감정으로 이해하지 못한다. 심장이 뛰고, 손에 땀이 차고, 얼굴이 달아오르는 '정동 상태affect'는 생리적 각성일 뿐이다. 이런 신체 감각이 특정 감정을 나타낸다는 것을 알려면 반복적 경험이 필요하다. 예를 들어 높은 미끄럼틀 앞에서 망설이는 아이에게 "무서울 수 있어. 무서우면 안 해도 돼"라고 말하면, 아이는 떨리는 느낌을 '무서움'이라는 감정으로 규정하고, '이럴 땐 하지 말아야 해'라고 기억한다. 반면 "조금 떨릴 수도 있지만, 지난번에 재미있게 탔던 미끄럼틀이랑 비슷한 높이네? 해볼 수 있을 것 같은데, ○○이는 어때?"라고 말하면 같은 느낌이라도 '설렘'이나 '기대'로 받아들일 수 있다. 만약 아무도 아이의 감정을 함께 규정해 주지 않거나, "그게 뭐가 무서워! 왜 저래 진짜!" 같은 식으로 억압하거나 무시하면 아이는 자기 감정을 언어화하고 이해하는 능력을 키우지 못한다.

감정을 구성하는 데 언어는 필수다. 인간은 언어를 통해 자기 존재를 인식하고 정체성을 확립해 간다. 여기에서 부모의 언어는 아이의 감정지능 형성에 결정적인 영향을 미친다. 아이는 일상에서 감정을 인식하고 표현하고 조절하고 해소하는 과정을 반복하며 정서적 역량을 키워간다. 이러한 경험은 아이가 자신만의 감정주파수를 조율해 가는 기초가 된다. 즉, 감정은 단지 느끼는 것이 아니라, 주고받고 정리하는 과정을 통해 다듬어지는 것이다.

"나는 도전을 잘하는 사람이야. 새로운 환경에 적응도 잘하고 마음만 먹으면 무엇이든 배울 수 있어."

어느 날 윤우가 자신감에 꽉 차서 자기 이야기를 늘어놓았다. 순간 나는 살짝 당황했다. 내가 남몰래 생각했던 윤우의 모습과 반대되는 말들이었기 때문이다. 윤우는 도전을 꺼리고, 새로운 환경을 싫어하며, 마음을 먹는 데 시간이 오래 걸리는 아이였다. 하지만 나는 그런 윤우의 성향을 부정적으로 여기지 않으려 애썼다. 나와는 다른 방식으로 세상을 살아가는 윤우가 가진 좋은 점들을 더 보듬어주고 싶었다. 도전해볼 만큼의 목표만 주고, 계획과 예측이 가능한 환경 속에서 마음의 준비를 할 시간을 충분히 주었다. 그리고 윤우가 원할 때, 조심스럽게 새 환경에 노출시켰다. 그 과정에서 윤우는 도전 앞에서 느끼는 떨림과 긴장을 '설렘'이라고 정의하게 되었고, 그 설렘을 원동력 삼아 자신을 '성장하는 사람'이라고 믿게 된 것이다.

감정조절력 향상을 위한 생활 습관

- ☐ 하루에 한 번 온 가족이 감정을 말로 표현하는 시간을 갖자.
- ☐ 감각 자극(소리, 빛, 냄새 등)을 줄이고 쉬는 시간을 만들자.
- ☐ 감정이 격해질 때 사용할 수 있는 조절 루틴을 연습하자. (예: 걷기, 호흡하기, 그림 그리기)

아이는 감정 언어를
부모에게서 배운다

"우리 애는 매사에 예민 덩어리예요."
"왜 이렇게 짜증만 내는지 모르겠어요."
"초등학교에 들어갔는데 아직도 울보예요."

아이의 행동과 표현을 부정적으로 규정하면 아이는 결국 부정적인 아이가 될 수밖에 없다. 아이는 자기 행동에 대한 답을 부모로부터 얻는다. 감정을 조절할 수 있는 능력의 토대는 내면에서 일어나는 다양한 정동 상태에 대해 '특정한 감정'의 이름을 붙이는 것에서 시작한다. 이름을 붙이지 못한 감정은 조절할 수 없기 때문이다. 따라서 감정조절력이 뛰어난 어른으로 성장하기 위해서는 다양한 상호작용과 경험이 쌓여야 한다. 아이의 첫 사회이자 가장 친밀한 인간관계인 가정이 중요한 이유다.

예컨대 갓난아기는 불편함과 편안함 정도만 구분할 수 있다. 갓난아기가 우는 건 오직 지금 '불쾌한 상태'이기 때문이다. 왜 불쾌한지는 본인도 정확하게 모른다. 이후 다양한 경험을 통해 불편한 감정을 세분화하고 언어화하는 법을 배우게 된다. 하지만 뇌가 발달하고 성장했음에도 여전히 갓난아기 때의 일차원적인 표현에서 벗어나지 못하는 경우가 많다. 이런 경우에는 구체적인 감정인식과 표현의 경험이 부족하거나 감정을 억압받거나 통제받았을 확률이 높다.

초등학교에 입학한 아이가 자신의 감정을 제대로 표현하지 못하고 엉엉 울기만 하는 건 버릇이 없거나 못돼서가 아니라 온몸을 휘감는 감정을 어떻게 말로 표현할지 몰라서 그런 것이다. 이런 상황에서 필요한 건 부모가 감정주파수를 안정적으로 조율하고 함께 공명하는 것이다. 그런데 많은 경우 '훈육'이라는 이름으로 이런 아이를 혼내거나 꾸중해서 상황을 더 악화시킨다. 그 과정에서 부모의 감정이 되레 아이를 압도하고, 아이는 자신의 감정이 틀렸거나 받아들여질 수 없다고 느낀다. 감정을 통제당하는 경험이 반복되면, 아이는 점차 감정을 외면하거나 억누르게 되고, 결국 감정을 표현하지 못하는 아이로 자라게 된다. 이 아이가 과연 어른이 되었을 때 자신의 감정을 제대로 표현할 수 있을까? 감정을 느끼고, 말로 설명하고, 안전하게 드러내는 연습이 없다면, 성인이 되어서도 여전히 감정을 감추는 데만 익숙할 가능성이 크다. 그렇기에 어린 시절, 감정을 억압하기보다 이해받고 조율하는 경험은 평생의 정서 능력을 좌우하는 중요한 기반이 된다.

어른이 아이들의 감정을 잘 이해하지 못하는 가장 큰 이유는 감정이 '주관적'이기 때문이다. 부모와 전혀 다른 생물학적, 정서적, 사회적 맥락 속에서 자라는 아이의 감정은 생소할 수밖에 없다. 더군다나 경험과 언어가 부족한 아이들의 감정은 대부분 비언어적인 신호와 행동을 통해 전달되기에, 이를 해석하고 공감해 주는 과정이 필요하다. 그 감정을 제대로 읽어주지 못하고 판단하거나 통제하려는 부모 밑에서 자란 아이라면, 감정 표현 자체가 왜곡되거나 억눌릴 수밖에 없다. 결국 부모가 아이의 감정을 이해하지 못한 결과로 아이가 감정을 표현하지 못하게 되고, 이는 또다시 부모의 오해와 단절로 이어지는 악순환에 빠진다.

사회적으로 감정을 억제하고 통제하는 데 익숙해진 존재인 부모 또한 아이의 급작스러운 감정 변화에 불안함을 느낄 수밖에 없다. 그래서 계속해서 부모 자신의 감정을 먼저 인지하라고 이야기한 것이다. 이 굴레를 벗어나기 위해서는 부모도 아이도 끊임없이 연습하고 노력해야 한다.

감정조절력 향상을 위한 생활 습관

- ☐ 아이가 손에 땀이 차고, 얼굴이 달아오르는 등의 '정동 상태'일 때 어떤 언어로 그 상태를 표현할 수 있는지 정리해 보자.
- ☐ 아이가 격한 감정 반응을 보일 때, 반응을 멈추려 하지 말고 기다려주자.
- ☐ 가정의 대화 속에서 다양한 감정 어휘를 활용하자.

풍부한 감정을
나만의 무기로 만드는 법

감정이 풍부한 아이들은 세상을 더 넓고 깊게 경험할 수 있다. 평범한 일상에서도 기쁨을 강하게 느끼고, 아름다운 것에 깊이 감동하며, 타인의 감정을 더 섬세하게 감지할 줄 알기 때문이다. 감정이 풍부하다는 건 세상에 대한 '나만의 신호', 즉 피드백을 많이 받는다는 것이다. 특정한 환경과 자극, 사람에 대한 신호를 잘 이해하고 경험을 쌓는다면 AI도 두렵지 않은 '나만의 데이터베이스'를 구축할 수 있게 된다. 다른 사람들에게는 없는 '슈퍼 파워'가 생기는 셈이다.

실제로 신경과학 연구에 따르면 감정이 풍부한 아이들에게 거울 뉴런^{mirror neuron}의 활성도가 더 높은 경향이 있다고 밝혔다. 이 거울 뉴런은 타인의 행동과 감정을 관찰할 때 활성화되는 뇌세포로, 공감 능력의 신경학적 기반이다. 즉, 감정이 풍부한 아이는 공감 능력과 정서적 지능이 뛰어난 어른으로 성장할 가능성이 높다는 이야기다. 여기서 착각하기 쉬운 건, 아이들이 말을 배우면서 자연스럽게 감정을 표현하고 조절하는 능력도 길러진다고 믿는 것이다. 앞에서도 여러 번 말했지만, 감정과 감정조절력은 경험하고, 습득하고, 익혀야 하는 기술이며 언어 능력과 별개로 교육하고 연습해야 한다.

윤우가 말을 할 줄 알게 되자 우리 가족의 삶은 이전보다 훨씬 편안해졌다. 수많은 감정을 울음과 떼, 고성으로 표현하던 것을 차츰 더 정교한 언어로 소통할 수 있게 되었으니 말이다. 윤우가 말을 배우면서 감정을 건강하게 표현하게 된 데는 말을 하지 못할 때부터 이에 대한 다양한 훈련을 받았기 때문이다.

"말을 할 줄 알면서 울긴 왜 울어!"

이런 잔소리가 아이에게 효과 없는 이유는, 말을 할 줄 안다고 해서 감정을 말로 표현할 줄 아는 것은 아니기 때문이다. 게임에서 질 때마다 울며 소리를 지르던 아이가 언어를 배웠다고 해서 "게임에 져서 속상해. 심호흡 좀 할게"라고 표현하긴 어렵다. 주변의 어른들을 떠올려 보자. 말을 완벽하게 구사하는 성인조차 운전 중 욕설을 하거나 일이 뜻대로 되지 않는다고 화를 내고, 다툼 중에 상대를 회피하며, 감정이 격해졌을 땐 술이나 디지털 미디어에 몰입하곤 한다. 아이의 울음이나 떼는 단지 어린이의 방식일 뿐, 본질은 다르지 않다. 언어 능력과 감정 표현 능력은 전혀 다른 영역이며, 감정조절력은 따로 배워야 하는 기술이다.

감정조절력을 길러주는 7가지 훈련법

지금부터 소개하는 건 우리 가족이 수년간 실천해 온 감정조절력 훈련 방법이다. 이 과정을 통해 아이는 점차 감정을 다루는 법을 배우고 감정지능도 함께 자라난다.

감정훈련법 1 어떤 감정이든 '표현해도 된다'라고 말해준다

아이의 긍정적인 감정은 반기면서 부정적인 감정은 억누르려 하는 부모가 많다. 하지만 아이가 긍정적인 감정을 많이 느낀다는 것은, 그만큼 부정적인 감정도 자주 경험한다는 뜻이다. 뇌가 폭발적으로 성장하고, 매일 새로운 자극을 마주하는 시기이기에 다양한 감정을 느끼는 건 지극히 자연스러운 일이다. 그런데도 특정 감정만을 허용하고 나머지는 억제하려 한다면, 아이는 감정에 대한 왜곡된 인식을 갖게 된다. 감정에는 '옳고 그름'이 없다. 모든 감정은 생존을 위한 신호일 뿐이며, 이를 무시하거나 외면할수록 아이는 자기감정을 이해하기 어려워진다. 많은 사람이 긍정적인 감정만이 아이를 행복하게 만든다고 생각하지만, 사실은 부정적인 감정을 건강하게 다루는 법을 배운 아이야말로 진정으로 만족스럽고 안정된 삶을 살아갈 수 있다.

그래서 나는 윤우에게 어떤 감정이든 느껴도 괜찮다고, 모든 감정은 소중하고 필요한 것이라고 자주 이야기해 주었다. 아이는 느껴서는 안 되는 감정이나 잘못된 감정이 없다는 것을 아는 것만으로도 안정감을 느낀다. 아이의 성향이나 발달연령에 따라 감정을 말로 표현하기가 어려울 수도 있다. 그러나 감정은 반드시 말로만 표현해야 하는 것도 아니다. 어떤 아이는 그림으로, 음악으로, 몸짓으로, 글로 감정을 표현하기도 한다. 다양한 방식으로 감정을 표현할 수 있다는 사실을 알게 되면, 아이는 자신의 감정을 더 편안하고 자유롭게 받아들일 수 있게 된다.

감정훈련법 2 '감정 어휘'를 풍부하게 사용한다

예민하고 감수성이 풍부한 아이들은 자신이 느끼는 감정에 압도당할 때가 많다. 특히 어린아이일수록 자신과 감정을 분리하여 생각하기 어렵기 때문에 거대한 감정의 파도에 휩쓸리곤 한다. 충분히 말을 할 수 있는 나이임에도 떼를 쓰거나 눈물만 흘리는 경우는, 감정을 표현할 어휘가 부족해서일 때가 많다. 내면에서 일어나는 복잡한 감정을 말로 표현할 방법이 없으니, 비언어적인 방식으로 표출하는 것이다. 사람은 자신의 감정을 언어로 정의하기만 해도 그 감정의 실체를 인식하고 안도감을 느낀다.

윤우가 말을 잘하지 못하던 시절에도 나는 "윤우가 지금 실망해서 눈물이 나는 것 같아", "지금 정말 화가 많이 났겠다", "엄마라도 이런 상황이면 속상했을 거야" 같은 말로 아이의 감정에 이름을 붙여주었다. 이렇게 감정의 언어를 빌려주는 것은, 아이가 자신이 느끼는 혼란을 이해하는 데 큰 도움이 된다. 최근 뇌과학 연구에 따르면, 감정에 이름을 붙이는 것만으로도 편도체의 과도한 반응을 줄이고 전전두엽의 조절 기능을 강화할 수 있다고 한다.

나 역시 부부 사이에서 감정이 격해지는 일이 생기면, 사후에 어떤 감정 때문에 그런 반응이 나왔는지 설명하려고 노

력한다. 감정의 폭발이 특정 감정을 제대로 인식하지 못해 생긴 일이라는 것을 되짚으며 나 자신에게도 경각심을 주려는 의도다.

감정훈련법 3 감정과 행동을 분리하는 방법을 알려준다

언어 표현이 아직 익숙하지 않은 아이들은 감정을 '행동'으로 표현하는 경우가 많다. 물건을 던지거나 타인을 때리는 행동은 아이가 못돼서가 아니라, 감정을 표현할 다른 방법을 몰라서 생기는 반응이다. 이런 상황에서 "하지 마"라는 말만 반복하는 것은 실질적인 도움이 되지 않는다. 어떻게 표현해야 할지 몰라서 한 행동인데, 그마저도 막아버리면 아이 안에 남아 있는 감정은 더 큰 혼란으로 이어질 수 있다. 물론 그렇다고 해서 타인에게 피해를 주는 행동을 용인할 수는 없다. 모든 감정은 존중받아야 하지만, 사회 속에서 살아가는 데 필수적인 건강한 표현 방식은 반드시 배우고 훈련해야 한다.

"화가 난 건 충분히 이해해. 하지만 화가 났다고 해서 물건을 던지는 건 옳지 않아. 엄마한테 안겨볼래? 아니면 같이 나가서 뛰어볼까? 글러브 끼고 싸움 놀이 할래?"

부모는 아이가 감정을 조절할 수 있도록 다양한 행동 대안을 제시하고, 함께 시행착오를 겪는 조력자가 되어야 한다. 물론 하루아침에 기존 행동이 사라지지는 않는다. 제안했다고 곧바로 심호흡하거나, 다른 전략을 사용할 리는 없다. 하지만 아이와 타인에게 피해가 되는 행동은 단호히 멈추게 하면서도, 감정을 해소할 수 있는 다른 방법을 지속적으로 안내해야 한다. 충분한 반복과 연습을 통해 아이는 점차 깨닫게 된다. 감정을 조절하는 건강한 행동은 타인뿐 아니라 자신에게도 이로운 선택이라는 것을 배워가는 것이다. 그렇게 아이는 스스로 감정을 다룰 수 있는 자신만의 건강한 감정조절 전략을 쌓아간다.

감정훈련법 4 감정은 '일시적'이라는 것을 잊지 않게 해준다

어떤 감정도 영원하지 않다. 감정은 일시적이며 반드시 흘러간다. 감정에 따라 몸에서 일어나는 생리적 반응은 평균적으로 90초 이내에 사라진다. 슬픔, 분노, 두려움 등 어떤 감정도 예외는 없다. 다만 이 시간이 지나도 감정이 계속되는 것은 우리가 그 감정을 계속 생각하고 붙잡고 있기 때문이다. 감정이 잠깐 머물렀다가 사라지는 '파도' 같은 현상이라는 사실을 모르기 때문에, 사람들은 감정의 잔재를 오래 붙잡고 헤

매는 경우가 많다. 아이들이 심하게 울고 떼를 쓰는 주된 이유도, 지금의 감정이 '곧 지나갈 것'이라는 인식이 없기 때문이다. 격한 감정을 경험할 때는 그 안에 완전히 잠식되는데, '이 감정도 지나간다'라는 믿음이 없으면 헤어 나오기 어렵다. 그래서 감정이 격해졌던 순간이 지나고 나서 평소에 감정에 관한 대화를 나누는 것이 중요하다.

"어제 화났던 일 기억나?"
"그때 속상했는데 지금은 어때?"
"한 달 전에 짜증 났던 거, 지금 생각하면 어때?"

이처럼 지나간 감정을 되짚으며, 감정은 시간이 지나면 자연스럽게 흘러간다는 것을 아이가 몸으로 배우게 해야 한다. 이런 경험들이 축적되면, 아이는 격한 감정이 올라올 때 '이 감정도 결국은 지나간다'라는 걸 의식적으로 기억하고 조절할 수 있게 된다.

감정훈련법 5 감정이 전달하는 '메시지'에 귀를 기울인다

감정은 단순한 반응이나 느낌을 넘어 우리에게 정보를 전달하는 신호다. 두려움은 위험을 경고하고, 분노는 경계가

침해당했음을 알려준다. 또 슬픔은 소중한 것을 잃었을 때 나타난다. 불안도가 높은 아이는 안전을 중요하게 생각하는 것이고, 쉽게 실망하는 건 기대가 컸다는 의미다. 이처럼 감정은 우리에게 내면의 욕구나 외부 환경에 대한 적응 정보를 끊임없이 전달해 준다. 하지만 감정에 압도당하면 감정 이면의 의미를 알아채기 어렵다. 신호는 있는데 해석하지 못하면, 결국 같은 상황에서 반복적으로 흔들리게 된다. 반면, 감정의 '의미'를 파악할 수 있다면, 감정은 더 이상 막연한 불편함이 아니라 삶을 조율하는 내비게이션이 된다.

"지금 화가 많이 나지? 존중받지 못해서 그런가 봐. 아까 친구가 밀쳤잖아."
"엄마가 떠난다니까 슬프지? 엄마도 ○○와 헤어지는 건 참 슬퍼."

아이가 어릴수록 모든 부정적인 감정을 비슷한 방식으로 표현한다. 떼를 쓰고 소리를 지르고 우는 것이 가장 빠르고 쉽기 때문이다. 하지만 그렇다고 해서 그 이면의 감정이 모두 같은 것은 아니다. '화'처럼 보이지만, 그 안에는 상실감, 억울함, 외로움 같은 다양한 감정이 섞여 있을 수 있다. 감정이 다르다는 건, 처한 상황도 메시지의 의미도 다르다는 뜻이다. 그러니 아이가 감정 안에 담긴 의미를 스스로 분별하도록 도와야 한다. 내면에서 일어나는 감정의 작용을 섬세하게 분류할 줄 알게 되면, 아이는 점점 감정의 신호를 자신을 이해하고 돌보는 자원으로 활용할 수 있다.

감정훈련법 6 아이가 감정적인 불편함과 친해지도록 응원한다

요즘 부모들은 아이가 긍정적인 감정만 느끼길 바란다. 이런 바람은 감정에 대한 왜곡된 믿음을 갖게 하고 건강한 감정조절력을 기르는 데 방해가 된다. 인간은 다양한 감정을 느끼는 존재고 모든 감정에는 각각의 의미가 있다. 아이가 불편한 감정을 경험하고 그것을 잘 이겨냈을 때 회복탄력성이 자란다. 회복탄력성은 좌절이나 실패, 실망과 같은 감정을 포용하며 다시 일어나는 힘이다.

윤우가 여섯 살 무렵 자주 가던 키즈 카페가 있었다. 윤우보다 어린 아이들도 탈 수 있는 집라인 기구가 있어 타보라고 제안했는데, 새로운 것을 두려워하는 성향의 윤우는 완강히 거부했다. 처음 맞닥뜨린 도전을 선뜻 하지 않는 윤우의 성향을 존중하고, 그날 저녁 윤우와 '왜 하기 싫은지', '뭐가 무서운 건지', '어떤 것이 걱정되는지' 충분히 대화를 나눴다. 얼마

의 시간이 지나고 다시 키즈 카페에 방문했을 때 또 제안했더니 이번에는 눈물이 그렁그렁한 눈을 하고선 '한번 해보겠다'라고 말했다. 그런데 헬멧을 쓰고 줄에 서 있는 중에 나와 눈이 마주치자 눈물을 터뜨리고 못 하겠다며 안겨왔다. 그 순간 '별것도 아니고 줄까지 섰는데 그냥 하지' 혹은 '이럴 거면 앞으로도 절대 타지 마'라는 말이 목구멍까지 올라왔다. 하지만 대신, "지난번에는 들어갈 생각조차 못 했는데 오늘은 두렵고 떨려도 헬멧까지 썼잖아. 진짜 멋있었어. 다음에 오면 탈 수 있을 것 같아!"라고 아이의 성장을 짚어주었다. 그리고 그다음에 방문했을 때는 떨리는 눈으로 결국 타는 데 성공했다. 윤우가 놀이기구를 내려오며 뿌듯한 표정으로 나에게 안기던 그날의 모습이 여전히 생생하다. 아이의 불편한 감정을 내 속도에 맞춰 없애려 하지 않고, 스스로 단계적으로 나아가도록 도왔던 나 자신도 대견했다.

처음 도전하는 것이 두려울지언정, 한두 번의 실패와 좌절이 따를지언정, 그럼에도 그 감정들과 자신만의 속도로 친해지며 결국 해냈던 경험들이 쌓여 회복탄력성이 길러진다. 불안이나 두려움을 반복적으로 안전하게 경험하고 해석할 수 있게 도와준 부모의 반응은 아이의 편도체 활성화를 줄이고 전전두엽의 인지 조절 기능을 강화하는 데 효과적이다. 이런 반복적인 경험은 뇌 회로를 안정화하고, 감정을 다루는 능력과 회복력을 키워준다.

감정훈련법 7 부모가 감정을 건강하게 다루는 모습을 보여준다

사실 가장 중요한 것은, 감정을 건강하게 조절하는 부모의 모습을 아이에게 보여주는 것이다. 부모도 완벽하지 않은 인간이기에 지속적으로 노력해야 하는 부분이다. 아이들은 한마디 말보다 부모의 행동을 훨씬 더 강렬하게 인식하고 배운다. 감정을 말로 설명하고 상황을 해석하고 자신을 진정시키는 모습을 직접 보여주는 부모는 그 자체로 최고의 감정조절 일타 강사다. 사실 부모가 아이에게 짜증이나 화를 내는 것은 아이 때문이 아니라 부모 자신의 피로, 스트레스, 좌절 같은 미처 해소하지 못한 감정 때문일 때가 많다. 부모가 이를 알아채지 못한 채 아이에게 반응하면 아이는 '내가 잘못해서 저런 일이 생기는 것'이라고 오해하게 된다.

"엄마가 지금 잠깐 혼자 있을 시간이 필요해. 하루 종일 피곤했거든."

"아빠가 화가 난 이유는 기대와 다른 결과 때문이야. 절대 ○○이 때문이 아니야."

"엄마가 짜증을 내서 미안해. 아까 낮에 속상한 일이 있었는데 아직 기분이 안 풀렸나 봐."

"아빠가 큰 소리 내서 놀랐겠다. 이런 상황에서 어떻게 해야 할지 몰라서 당황했던 것 같아."

감정을 설명할 때 완벽할 필요는 없다. 중요한 건 감정을 숨기지 않고 안전하게 드러내며, 감정으로 인한 피해를 회복하고, 아이와 함께 탐색하려는 태도다. 아이는 그런 부모의 모습을 보면서 감정을 무섭고 피해야 하는 존재가 아니라 상호작용 속에서 함께 조절할 수 있는 신호라는 것을 배운다. 감정을 잘 표현하는 부모 곁에서 자란 아이는 감정이 삶의 방향을 알려주는 나침반이라는 사실을 자연스럽게 체득할 수 있다.

풍부한 감정을 타고난 건 큰 선물이다. 하지만 포장된 선물을 풀지 못하면 선물은 무용지물이 된다. 아이가 받은 선물의 포장지를 함께 뜯고 진정한 가치를 찾도록 도와주는 게 부모의 역할이다. 감정을 인식하고, 표현하고, 조절하는 방법을 배운 아이는 그 풍부한 감정을 무기 삼아 더 깊이 공감하고, 더 창의적으로 생각하며, 더 지혜롭게 판단하는 어른으로 성장할 것이다. 실제로 감정인식과 조절 능력은 뇌의 전전두엽과 관련이 있으며, 이는 문제 해결, 계획 수립, 공감 능력 등 고차원적인 사고에 핵심적인 역할을 한다. 감정의 파도 속에서 헤엄치는 법을 배운 아이는 어떤 인생의 폭풍우를 만나도 이겨내는 힘을 가지는 것이다.

5장

부정 감정은
아이 성장의 신호다

세상에 틀렸거나
잘못된 감정은 없다

"그만 울어! 뚝!"

지금의 부모 세대 중 어렸을 때 이런 말을 안 들어본 사람은 거의 없을 것이다. 우리는 대개 부정 감정을 억압당하며 자라왔다. 어른 앞에서 화를 내거나 울거나 짜증을 내는 행동은 '버릇없는 아이'의 모습으로 여겨졌고, 그런 감정을 드러내게 둔 부모는 '양육에 실패한 사람'이라는 낙인이 찍히기도 했다. 그러니 우는 아이를 보며 반사적으로 "그만 울어"라고 말하게 되는 건 어느 정도 자연스러운 반응일 수 있다. 단지 아이의 울음소리가 듣기 싫어서가 아니라, 아이의 부정적인 감정을 빨리 없애고 싶은 조급함이 스며들어 있는 것이다. 어린 시절 자신이 울 때 느꼈던 외로움과 무력감이 떠오르기도 하고, 아이가 화내고 슬퍼하는 것이 자신의 실패처럼 느끼기 때문이다.

하지만 이런 반응이 반복되면 아이는 자신이 느끼는 감정 자체가 '잘못된 것'이라고 인식하게 된다. 감정은 의지로 억누를 수 있는 것이 아니다. 누군가가 "괜찮아"라고 말한다고 해서 정말 괜찮아지는 것도 아니고, "그 감정은 느끼지 마"라고 한다고 해서 느끼지 않는 것도 아니다. 하지만 감정을 억압당한 아이는 점차 '이런 감정을 느끼면 안 되는구나'라는 생각을 내면화하고, 결국 그런 감정을 느낀 자신을 미워하게 된다. 감정을 억누르기만 하고 왜 그런 감정을 느꼈는지에 대해 스스로 탐색하지 못한다면, 그 감정은 절대 건강한 방향으로 흘러가지 않는다.

감정조절력은 긍정적인 감정을 풍부하게 경험하는 것만큼이나 부정적인 감정을 건강하게 다루는 법을 배우는 과정에서 향상된다. 부정적인 감정을 억누르고 무시하는 것이 아니라 건강하게 인식하고 표현하고 조절하고 해소하는 법을 배워야 하는 이유다. 부정적인 감정은 대개 '생존'과 직결된 영역이다. 세상이 낯설기만 한 아이에게 부정적인 감정은 자신의 경계를 인식하고, 문제 해결 능력을 발달시키며, 타인과의 관계를 조율하는 법을 배울 수 있는 귀중한 신호다. 아이의 좌절과 분노, 슬픔 등은 모두 세상과 마주하는 과정에서 일어나는 적응 반응이며, 감정조절력을 기를 수 있는 절호의 기회이기도 하다. 실제로 우리의 뇌는 감정을 통해 경험을 분류하고, 미래 상황에 대한 예측 모델을 지속적으로 구축해 나간다. 따라서 감정을 억압하면 할수록 아이는 학습과 적응의 기회를 놓치게 된다. 반대로 감정을 있는 그대로 경험하고 표현할 수 있는 아이는 자연스럽게 감정조절 능력을 키워가며, 더 건강한 방식으로 발달하고 성장할 수 있다.

나 역시도 윤우의 울음소리를 당장이라도 끄고 싶은 평범한 엄마였다. 아무리 감정에 대해 많이 공부했어도, 내 아이의 감정 폭발을 다루는 건 또 다른 차원의 이야기였다. 더군다나 윤우는 예민하고 감수성이 풍부한 아이였기 때문에 말을 시작하기 전까지는 하루에 몇 시간씩 큰 소리로 울었다.

윤우의 감정은 내 삶에 커다란 변수였다. 아이의 모든 감정을 받아들이려는 노력은 때때로 나에게 큰 스트레스로 돌아왔다. 윤우가 울면 나도 주저앉아 함께 울었던 날들이 많았고, 아이에게 내지 못한 화를 남편에게 쏟아붓고 죄책감에 시달리기도 했다. 갓난아기와 비슷한 데시벨로 소리를 지르고는 후회로 밤을 지새운 적도 있었다. 하지만 그 모든 과정을 지나며 내가 잊지 않으려 했던 것은 단 하나였다. 아이의 모든 감정은 '정상'이며, 그 감정을 어떻게 다룰 수 있는지 알려주는 것이 부모인 나의 역할이라는 점이다. 아이가 감정적으로 폭발할 때 나까지 함께 무너졌다면, 그것은 아이의 문제가 아니라 내 감정을 조절하지 못한 결과였다. 윤우에게 감정조절을 가르치려 애쓰는 동안, 나 역시 감정조절을 새롭게 배우고 있었다. 그렇게 우리는 함께 수년간 감정조절력을 단단히 키워왔다.

감정에는 '옳고 그름'이 없다. 부정적인 감정은 '틀린 감정'이라고 지적받았던 사람들은 이 명제를 받아들이기 어려울 수 있다. 감정은 인간의 생존과 관계 유지를 위한 신호이며, 특정 감정이 다른 감정보다 우월하거나 열등하지 않다. 모든 감정은 그 자체로 가치가 있으며 삶을 더 풍요롭게 만드는 정보이자 신호다.

부정적인 감정을 억압하거나 회피하면 그 감정은 사라지지 않고 오히려 더 강력해지는 역효과를 낳는다. 특정 감정을 억누를수록 그 감정에 대한 주의집중이 증가해 오히려 더 자주 떠오르게 되는 것이다. 예를 들어 아이에게 "울지 마"라고 말할수록 아이는 감정 표현에 위축되기보다 더 울고 싶은 충동에 사로잡힐 수 있다. 억압된 감정은 스트레스를 일으키고, 궁극적으로는 마음을 불안정하게 한다. 특히 어린 시기에는 감정조절력이 충분히 발달하지 않았기 때문에, 감정을 억누르라고 훈육하는 것은 아이가 감정을 '조절하는 법'이 아니라 '부정하는 법'만 배우게 할 위험이 있다. 억눌린 감정은 나중에 왜곡된 방식—예를 들면 과도한 분노, 불안, 소극성, 회피 행동—으로 삶에 영향을 미친다. 건강한 감정 발달을 위해서는 감정을 없애려 하지 말고, 있는 그대로 인식하고 안전하게 표현할 수 있는 공간을 만들어주는 것이 필요하다.

그렇다면 부모가 아이의 부정적인 감정을 어떻게 받아들여야 하는 걸까? 가장 중요한 건 부정적인 감정을 빠르게 없애려고 하지 않고, '어떤 감정이든 느껴도 괜찮다'라는 메시지를 전달하는 것이다. '화가 나는 건 자연스러운 거야'라고 말해주면 아이는 자신의 감정이 이상하거나 나쁜 것이 아니라는 것을 배운다. 자신의 감정을 있는 그대로 받아들일 줄 아는 아이가 감정조절력을 키울 수 있다는 사실을 잊지 말자.

아이의 감정에 이름을 붙여주는 것도 중요하다. '지금 많이 슬프지?'처럼 아이의 감정에 함께 이름을 붙여주면 아이는 지금 자신이 느끼는 감정이 어떤 감정인지 인식하게 된다. 아이의 감정에 정답을 정하려 하기보다 다양한 감정 언어를 알려주고 탐색하려는 자세가 중요하다. 이런 과정을 '감정 라벨링'이라고 하는데, 이런 방식을 통해 감정을 더 안정적으로 느낄 수 있다.

감정과 행동을 구분해 주는 것도 필요하다. '화가 나는 건 괜찮아. 하지만 물건을 던지는 건 안 돼. 다른 방법을 찾아볼까?'라고 단호하게 말해주면 아이는 감정 자체에는 문제가 없지만 그것을 표현하는 방식에 적절한 것과 부적절한 것이 있다는 걸 배울 수 있다. 감정에 옳고 그름은 없지만, 자신과 타인에게 해를 끼치지 않는 행동을 배워야 한다. 아이의 발달 시기에 따라 행동을 조절하는 능력도 단계별로 발달하기 때문에 지속적인 교육을 통해 다양한 표현 방식을 습득하도록 도와야 한다.

감정의 '근원'을 찾아보는 훈련도 해야 한다. '왜 그렇게 짜증이 났을까?'라고 물어보며 감정 이면의 욕구와 필요를 살피는 것이다. 감정을 느끼기 전에 일어난 일련의 상황들이나 이전의 유사 패턴들을 복기하며 감정의 근원을 찾아보는 것도 도움이 된다. 이런 과정들을 통해 아이는 자신의 감정을 더 깊이 이해하고 효과적으로 다룰 수 있게 된다.

감정조절력은 감정을 없애거나 느끼지 않기 위한 능력이 아니다. 모든 감정을 좋아해야 한다는 말도 아니다. 싫고 불편한 감정을 인식, 표현, 조절하는 과정을 거쳐 궁극적으로 자신에게 이로운 방향으로 쓸 수 있는 능력을 말한다. 이 과정에서 필요한 건 부모의 조급한 위로나 분위기 전환이 아닌 감정을 명확하게 알아차릴 수 있는 언어의 반복적인 학습과 감정을 편안하게 느낄 수 있는 안전한 공간을 제공하는 것이다. 아이에게 이런 경험이 쌓일수록 감정을 억제하는 대신 관찰하고 조절하는 능력이 길러진다. 감정조절력이 높을수록 스트레스 상황에서도 인지적 자원(주의력, 기억력, 문제 해결 능력 등)을 효과적으로 사용할 수 있으며 이는 곧 학습과 사회 적응력으로 이어진다. 결국 우리는 아이가 느끼는 좌절과 분노, 슬픔을 '함께 지나가 줄 수 있는 사람'이 되어야 한다.

분노는 감정의 끝이 아니라
마음의 시작이다

윤우는 어릴 때부터 감정 표현이 풍부한 아이였다. 눈물도, 웃음도, 짜증이 나는 일도, 기쁜 일도 많았다. 함께 감정을 배워가는 과정이 버거울 때도 많았지만, '분노나 충동이 극에 달할 때는 함께 방 안에서 기다린다'라는 원칙은 지키려 노력했다.

윤우가 어디서든 오랜 시간 울음을 멈추지 않으면, 나는 아이와 함께 조용한 공간에 들어갔다. 물론 윤우는 "나갈래!"라고 외치며 격하게 저항했고, 아이의 울음소리는 나의 신경계를 마비시킬 정도였다. 하지만 나는 흔들리지 않으려 애쓰며, 아이가 내 눈을 바라볼 수 있을 때까지 그 자리를 지켰다.

그 작은 공간은 단순한 격리 장소가 아니라, 감정의 패턴을 함께 배우는 훈련장이 되었다. 처음에는 단지 아이를 진정시키려는 마음이었지만, 시간이 흐를수록 아이의 감정 폭발에는 일정한 전조 신호와 반복되는 리듬이 있다는 사실을 알게 되었다. 무엇보다, 아이의 격한 분노는 '버릇'이 아니라 조절되지 않은 감정의 출력이며, 아직 감정을 해석하고 표현하는 언어가 부족한 아이가 보내는 일종의 SOS 신호라는 것을 깊이 이해하게 되었다.

분노는 겉으로 보이는 것보다 훨씬 더 복합적인 감정이다. 분노는 종종 '2차 감정'으로 나타나는데, 상처, 수치심, 좌절, 두려움과 같은 1차 감정을 보호하거나 감추기 위해 발생하는 방어적인 반응일 수 있다. 특히 어린아이들은 복잡한 감정을 인식하거나 언어로 표현하는 능력이 아직 미숙하므로, 다양한 감정을 '화'라는 방식으로 단순하게 표출하는 경향이 있다. 따라서 겉으로 드러난 분노만 보고 무작정 "화내지 마"라고 반응하는 것은 감정의 본질을 놓칠 위험이 있다. 아이가 분노로 표현한 감정 이면에 슬픔이나 무력감, 외로움 같은 더 근본적인 정서가 있을 수 있음을 이해하고 접근하는 태도가 필요하다.

분노가 폭발하면 아이의 뇌는 혼란스러워진다. 감정의

중추인 편도체가 강하게 활성화되면서, 이성적 사고를 담당하는 전전두엽은 거의 기능을 멈추게 된다. 이 현상을 '편도체 납치amygdala hijacking'라고 부른다. 이 상태에서는 논리적 사고가 불가능해지고, 새로운 정보를 받아들이기 어렵고, 기억이 저장되지 않으며, 심박수와 호흡이 급증한다. 따라서 이 시간 동안에는 교육적인 대화나 설득이 거의 불가능하다. 실제로 편도체의 폭주는 약 90초 동안 지속되고, 완전히 진정되기까지는 평균 6분이 걸린다고 알려져 있다.

[분노의 단계]

처음 2~3분	격렬한 감정 표출 (울음, 소리 지름, 몸부림)
다음 2~3분	점진적 진정 (훌쩍거림, 가끔 폭발)
마지막 1~2분	안정 회복 (눈 맞춤 가능, 대화 시작)

하지만 실제로 아이는 6분이 아니라 10분, 20분 이상 울거나 떼쓸 수도 있다. 아이의 전전두엽이 아직 충분히 발달하지 않았기 때문이다. 감정을 진정시키는 뇌의 신호 체계가 미숙하기에, 편도체가 활성화된 상태를 스스로 조절하는 데 더

많은 시간이 걸릴 수밖에 없다. 게다가 아이들은 복잡한 감정을 언어로 정교하게 표현하는 게 어렵다. 배신감, 실망, 질투, 억울함 등 다양한 감정들이 모두 '화'로 표출되며, 부모가 이를 정확히 해석해 주지 않으면 뇌는 이를 '해결되지 않은 위협'으로 인식하고 편도체를 계속 작동시킨다.

무엇보다 중요한 건 이 시간 동안 아이에게 추가적인 자극이 주어지지 않아야 한다는 점이다. "그만 울어!", "왜 이래!" 같은 말이나 조급한 표정, 주변의 시선 등은 아이의 편도체를 다시 자극해 감정 폭주가 반복될 수 있다. 아이의 감정 폭발은 단순한 떼쓰기가 아니라, 아직 미숙한 뇌가 감정의 불을 다루는 법을 배우는 과정임을 잊지 말자.

언어 표현이 아직 미숙한 아이들은 신체적인 피로나 스트레스를 명확히 설명할 수 없다. 배가 고프거나 졸리거나 몸이 불편한 상태 자체가 뇌에는 위협 신호로 받아들여져 감정 과부하 상태로 빠르게 이어진다. 이때 아이는 불편함을 직접 설명하는 대신 감정을 폭발시키는 방식으로 표현하게 된다. 게다가 부모와의 상호작용을 통해 '울음'이나 '떼쓰기'가 원하는 반응을 이끌어낸다는 점을 학습하게 된다. 평소에는 관심을 덜 받다가 울음을 터뜨렸을 때 부모가 급히 달려오는 경험을 반복하면, 아이는 무의식적으로 감정 표출을 더 강하고 길게 하게 된다. 이렇게 형성된 반응 패턴은 반복될수록 강화된다. 따라서 아이의 감정 표현을 건강한 방향으로 유도하고 감정조절력을 기르기 위해서는 부모가 감정 폭발의 순간마다 일관된 방식으로 반응하고, 다음의 단계를 지켜주는 것이 중요하다.

아이가 분노한 상황에서의 대처법 7단계

1단계 안전한 공간 확보하기

아이의 분노가 폭발한 순간, 가장 먼저 확보해야 할 것은 물리적·정서적 안전이다. 이때는 아이를 쳐다보며 감정을 자극하거나, 나무라는 사람이 없는 공간이 필요하다. 동시에 아이가 다칠 위험이 있는 물건이 없어야 한다. 예를 들어, 집에서는 윤우의 방에 들어가거나, 외출 중에는 화장실 칸으로 들어간 적도 있다. 중요한 것은 아이가 부모와의 연결에만 집중할 수 있는 조용하고 안전한 공간을 확보하려는 노력이다.

분노가 폭발할 때 주변에 구경꾼이 있으면 상황은 더욱 복잡해진다. 아이는 자신의 감정뿐만 아니라 타인의 시선까지 신경 써야 하고, 부모는 아이보다 주변 사람들의 반응에 더 민감해진다. 따라서 가능한 한 빨리 조용한 공간으로 이동하는 것이 중요하다.

자신이나 타인을 해칠 위험이 있는 행동은 부드럽게 제지하되, 위협이 되지 않는다면 그대로 두는 것이 좋다. 쿠션, 베개, 인형 등 아이가 에너지를 발산할 수 있는 물건들을 활용할 수 있도록 안내하는 것도 괜찮다. 강압적으로 몸을 붙잡거나 강제로 억압하면 오히려 분노가 증폭될 수 있다. 이 상황에서 아이가 반드시 알아야 할 것은 '부모가 아이의 분노를 두려워하지 않는다'라는 사실이다. 많은 부모가 아이의 격한 감정 표현에 당황하거나 두려워하는데, 이런 감정은 아이에게 그대로 전달된다. 그러면 아이는 자신을 두렵게 하는 감정을 부모도 견딜 수 없다는 잘못된 메시지를 받게 된다.

어떤 부모들은 "자꾸 그러면 버리고 간다.", "너 혼자 해봐" 같은 말을 하기도 한다. 이러한 말들 속에는 아이가 '일부러' 떼를 쓰거나 화를 내고 있다는 전제가 깔려 있다. 협박하면 아이가 멈출 것이라는 생각은 아이가 자신의 의지로 화를 내고 있다고 여기는 시선에서 비롯된다. 그러나 실제로는 아이가 감정적으로 가장 무너진 순간, 가장 도움이 필요한 순간에 '버림받을 수 있다'라는 메시지를 주는 것이다. 특히 분노 상태의 아이에게 협박은 감정을 더 자극하고, 공포와 불안을 남긴다. 잠시 조용해진 것처럼 보일 수는 있지만, 그것은 감정을 조절한 결과가 아니라 두려움에 의한 억제일 뿐이다. 진정으로 아이가 감정을 다룰 줄 아는 사람으로 자라길 바란다면, 그 순간에도 함께 있다는 확신을 전하는 것이 훨씬 더 중요하다.

아이들이 울고 소리 지르고, "싫어!", "나가!"라고 외치는 것은 부모를 거부하는 말이 아니다. 사실 부모가 자신을 떠날까 봐 느끼는 두려움의 표현이다. 큰 감정 속에서 스스로 통제되지 않는 마음에 휘말렸을 때, 아이는 자신이 낯설고 무서울 수 있다. 그러니 감정의 폭풍이 지나간 뒤에도 부모가 여전히 그 자리에 있다는 사실을 알려주는 것, 그리고 그런 감정을 느껴도 괜찮다는 메시지를 전하는 것은 아이에게 깊은 안정감을 준다.

"네가 아무리 울고 화가 나도 엄마는 절대 너를 두고 가지 않아."

"방 밖으로 나가고 싶겠지만, 물건을 자꾸 던지면 못 나가. 대신 아빠랑 여기 같이 있을 거야."

"그렇게 소리를 지르면 사람들이 불편할 수 있어. 그러니까 더 이상 소리를 지르지 않을 때까지 여기에서 같이 있자."

아이는 자신의 감정이 아무리 크고 무섭더라도, 부모는 결코 자신을 떠나지 않는다는 확신이 있어야 한다. 이 정서적 안전감은 아이가 자신의 감정을 있는 그대로 느끼고 표현할 수 있는 심리적 토대를 만든다. '이 감정을 느껴도 괜찮다', '엄마, 아빠는 무조건 나를 품어줄 것이다'라는 확신은 감정조절력의 출발점이다. 물론 그런 상황은 부모에게도 절대 쉽지 않다. 아이가 소리를 지르거나 바닥을 구르며 울부짖을 때, 부모 또한 즉각적으로 반응한다. 심장이 뛰고, 호흡이 빨라지고, 머릿속이 하얘지며 나도 모르게 소리를 지르고 싶은 충동이 밀려올 수도 있다. 부모 역시 감정조절이 필요한 상황이다. 그래서 부모와 아이 모두에게 '연습'이 필요하다. 처음부터 완벽할 수 없다는 것을 인정하고, '지금 우리가 함께 감정을 배우고 있다'라는 시선으로 이 상황을 바라봐야 한다.

아이는 절대 하루아침에 분노를 다루는 방법을 익히지 못한다. 아이를 조용한 공간으로 데려간다고 해서 상황이 금세 좋아지지도 않는다. 오히려 '절대 안 나아지는데 내가 뭘 잘못하는 걸까'라는 자책감이 밀려올 수도 있다. 하지만 그 반복의 과정을 통해 아이도, 부모도 조금씩 달라지고 있다. 오늘보다 조금 더 빨리 진정할 수 있었던 아이의 모습, 어제보다 한 톤 낮은 목소리로 기다려준 부모의 태도, 그 모든 것이 성장의 증거다. 감정조절은 단번에 이루어지는 기술이 아니라, 실수와 회복의 사이를 오가며 함께 축적해 가는 삶의 능력이다.

2단계 폭풍이 지나갈 때까지 공동 조절하기

요즘 감정조절에 관한 책이나 콘텐츠가 많아지면서, 아이가 화를 낼 때 "심호흡을 해봐"라거나 "화난 감정을 말로 표현해 봐" 같은 조언을 곧장 실천하려는 부모가 많아졌다. 그러고는 아이에게 그렇게 안내해도 소용이 없다며 아이와 자신을 탓하기도 한다. 하지만 분노가 폭발한 초기에는 어떤 감정조절 전략도 효과를 발휘하기 어렵다. 이 시점의 아이는 부모의 말조차 제대로 들을 수 없는 '생존 모드'에 있다. 이때 중요한 것은 아이의 감정을 조절하려 하기보다, 부모가 조절된 상태로 곁에 있어주는 것이다. 새로운 정보나 요청은 아이에게 오히려 추가적인 스트레스 자극이 될 수 있으며, "뚝 그쳐! 울지 마", "언제까지 이럴 거야" 같은 말은 아이의 감정을 부정하고 수치심을 유발해 뇌의 방어 시스템을 더 강하게 자극하게 된다.

감정조절력은 화가 나지 않았을 때부터 꾸준히 연습하고 익히는 기술이다. 평소 아이와 함께 '심호흡', '마음속 숫자 세기', '감정 이름 붙이기' 같은 감정조절 도구를 놀이처럼 연습해 두면, 실제로 분노가 올라왔을 때 익숙한 전략으로 꺼내 쓸 수 있다. 하지만 그런 전략조차 익숙해지기까지는 긴 시간이 걸리며, 반복해 연습해야 한다. 감정 폭발의 한가운데에서는 아이에게 뭘 가르친다고 해서 실천이 되지 않는다. 이런 상황에서는 아이의 감정을 있는 그대로 인정하고 지지하는 공감적 수용이 우선되어야 한다.

아이가 바닥에 드러눕고 발을 구르며 울거나 "엄마 싫어! 저리 가!"라고 소리쳐도, 부모는 자리를 지켜야 한다. 이때 부모는 아이와 같은 눈높이에 앉아 열린 자세를 유지하는 것이 좋다. 팔짱을 끼거나 등을 돌리지 않고, 침착한 표정을 유지하며 일정한 거리를 두고 아이를 바라보는 것이다. 이게 얼마나 힘든 일인지는 직접 겪어본 사람만 안다. 아이의 울음소리는 귀를 찢을 듯하고, 이웃의 항의 전화가 걱정되며, 내 머리도 터질 것 같은데도 가만히 앉아 있어야 하니, 말 그대로 지옥 같은 시간이다. 하지만 이 시간을 견디는 것이야말로, 아이에게 줄 수 있는 가장 큰 선물이다. 아이는 점차 자신의 분노가 아무리 커도 부모가 절대 떠나지 않는다는 믿음을 갖게 된다. 이는 아이에게 정서적 '닻'이 생기는 과정이다. 이때 중요한 것은 아이의 감정조절이 아니라 부모의 감정조절이다.

아이에게 "심호흡해 봐"라고 요구할 수는 없지만, 부모는 스스로 심호흡할 수 있다. 그러니 아이가 당장 실행할 수 없는 감정조절 도구들을 강요하는 대신 내가 직접 보여준다는 태도가 중요하다. 부모가 먼저 감정을 다루는 모습을 반복해서 보여줄 때, 아이는 그 장면을 기억 속에 저장하고 어느 순간 자신만의 방식으로 따라 하게 된다. 감정 교육은 말보다 행동으로, 훈육보다 본보기로 이루어지는 것이다.

이럴 때는 다음의 호흡법을 활용해 보자. 코로 4초간 천천히 숨을 들이마시고, 4초간 숨을 멈춘 다음, 입으로 6초 동안 길게 내쉰다. 이 동작을 3~5회 반복하면, 부모의 신경계가 안정되며 몸과 마음이 진정된다. 신기하게도, 부모의 이 차분한 호흡은 아이에게도 전달된다. 아이는 무의식적으로 부모의 정서 상태를 감지하며 서서히 울음의 리듬이 부모의 호흡 리듬에 맞춰지기 시작한다.

완벽한 부모 역할을 하려 애쓸 필요는 없다. 아이가 오랫동안 울 때면 부모도 함께 지치고 힘들어진다. 나 역시 윤우와 방에 같이 있으면서 함께 울었던 적이 많다. "도대체 어떻게 해야 할지 모르겠어."라며 길을 잃었다고 솔직하게 말하기도 했다. 부모도 사람인지라 처음에는 잘 견디다가도 시간이 지나면 '이제 그만!' 하고 상황을 끝내고 싶어진다. 지친 탓도 있지만, '이렇게까지 하는 건 문제가 아닐까?' 하는 불안이 계속 떠오르기 때문이다. 하지만 성급한 개입은 오히려 역효과를 낳는다. 분노의 폭발은 아이 뇌의 자연스러운 정화 과정이며, 중간에 인위적으로 끊어버리면 감정이 제대로 해소되지 않아 더 자주, 더 오래 폭발하게 된다. 안타깝게도 분노 폭발에는 정해진 시간표가 없다. 어떤 날은 10분 만에 끝나기도 하고, 어떤 날은 1시간 넘게 지속되기도 한다. 처음에는 언제 끝날지 몰라 더 괴로웠다. 시계를 자꾸 보게 되고, '언제까지 이러고 있어야 하지?' 하며 조급해졌다. 하지만 시간을 예측하려는 마음과 조바심이 오히려 나를 더 초조하게 만들고 아이를 더 화나게 한다는 것을 알게 되었다.

그래서 때로는 아이와 마주 앉아 속으로 콧노래를 부르거나, 저녁 메뉴를 고민하거나, 최근에 본 드라마를 떠올리기도 했다. 물 한 잔을 마시고 스트레칭을 하며 '이것도 지나갈 거야'라고 마음속으로 되뇌는 것도 큰 도움이 된다. 또, 배우자나 다른 가족과 미리 아이의 분노를 어떻게 함께 다룰지 논의하고 도움을 요청하는 것도 매우 중요하다.

분노 폭발을 함께 견뎌낸 경험은 부모와 아이 사이에 깊은 신뢰를 쌓아준다. 아이는 '내가 아무리 힘들어도 부모는 나를 버리지 않는다'라는 확신을 갖게 되고, 이런 안전감이 감정조절의 튼튼한 토대가 된다. 힘들고 지치는 과정이지만, 이 시간이야말로 아이와 부모가 함께 성장하는 가장 소중한 순간이다. 완벽할 필요는 없다. 포기하지 않고 함께 있어주는 것만으로도 충분하다.

3단계 공감과 인정하기

아이 울음소리가 잦아들고, 중간중간 부모를 쳐다보며 훌쩍이거나 말을 하려는 시도를 보이고, 몸의 긴장이 풀리기 시작할 때가 바로 개입의 신호다. 이때는 성급하게 말을 거는 것보다 아이의 상태를 관찰하며 충분히 진정되었는지 확인하는 것이 중요하다. 울음이 훌쩍거림으로 바뀌고, 눈을 맞추거나 고개를 끄덕이는 등 부모의 말에 반응을 보이기 시작하면 조심스럽게 대화를 시작해도 좋다. 이때 아이의 행동을 지적하거나 이유를 캐묻기보다는, 그 감정에 먼저 공감해 주는 것이 중요하다. "왜 소리를 질렀니?"보다는 "많이 화가 났었구나", "속상했겠다", "기분이 안 좋았나 보다"처럼 감정을 있는 그대로 인정해 주는 말이 훨씬 효과적이다. 반대로 "왜 그렇게 했니", "그러면 안 되지!", "다음부터는 말로 해야지" 같은 말은 아이를 방어적으로 만들 수 있다. 감정을 다룰 준비가 막 된 아이에게 가장 먼저 필요한 건, 설명이 아니라 이해받고 있다는 감각이다.

아이가 감정을 표현했을 때, 그 감정을 있는 그대로 인정해 주는 것은 감정 교육의 핵심이다. "그런 마음이 들었구나"라고 감정을 받아주고, "그런 마음이 들면 정말 무서웠을 것 같아"처럼 감정을 확장해 주면 아이는 자신의 마음이 존중받는다는 느낌을 받는다. "엄마, 아빠도 그런 감정을 느껴본 적이 있어"라고 덧붙이며 감정을 일반화해 주는 것도 아이에게 큰 위안으로 다가간다.

아이들이 두려워하는 것 중 하나는 '이런 감정을 느끼는 내가 이상한 존재는 아닐까?' 하는 생각이다. 부모의 수용적인 반응은 아이에게 어떤 감정도 괜찮다는 정서적 안전지대를 만들어준다. 어떤 감정 속에서도 '있는 그대로의 나'로 존재할 수 있다는 감각은 감정조절력의 기반이 된다.

"괜찮아", "그럴 필요 없어", "쓸데없는 걱정 하지 마" 같은 말은 아이의 감정을 부정하거나 축소하는 표현이므로 주의가 필요하다. 이런 말들은 아이를 위로하고자 하는 의도일지라도, 부작용이 있을 수 있다. 감정은 타인이 '괜찮다'라고 말한다고 사라지지 않는다. "그럴 수 있어", "그렇게 느끼는 건 당연해"라고 공감해 주는 말이 훨씬 깊은 위로가 된다. 부모가 완벽할 필요는 없다. 아이의 감정의 소용돌이를 느낄 때 함께 머물며 그 자리를 지켜주는 것만으로도 충분하다.

4단계 분노 이면의 진짜 감정 찾기

분노 뒤에는 두려움, 슬픔, 좌절감, 외로움, 수치심 같은 감정들이 숨어 있을 수 있다. 실패나 거절, 외면에 대한 두려움일 수도 있고, 상실이나 실망에 대한 슬픔일 수도 있다. 원하는 것을 얻지 못한 좌절감, 이해받지 못한다는 외로움, 자신에 대한 실망에서 오는 수치심일 수도 있다.

이런 경우, "화가 나기 전에는 어떤 마음이었을까?", "처음엔 무슨 기분이었어?", "혹시 걱정되거나 무서운 마음은 없었을까?"와 같은 질문으로 감정의 뿌리를 함께 탐색해 보자. 아이가 아직 어리다면, 부모가 관찰한 상황을 바탕으로 "속상해서 그랬을까?", "그 말 듣고 마음이 답답했을까?"와 같이 조심스럽게 대화를 시작해 보자.

이때 주의할 점은, 아이의 감정을 섣불리 단정하지 않는 것이다. 아이는 아직 자신의 감정을 명확하게 인식하거나 언어로 표현하는 능력이 부족할 수 있다. "너는 지금 화가 난 게 아니라 속상한 거야"처럼 단정적으로 말하면 아이는 오히려 혼란스러워하거나 반발심을 가질 수 있다. 대신 다양한 감정 어휘와 표현을 열어두며, 아이 스스로 자신의 마음을 탐색할 수 있도록 도와주는 것이 필요하다.

5단계 함께 해결책 찾기

아이가 완전히 수용적인 상태가 되면 함께 해결책을 찾아본다. 이때 부모가 정답을 제시하기보다는 아이가 스스로 생각해 보도록 돕는 것이 중요하다. 아이가 말이 서툰 나이라면 여러 가지 대안을 제시해 가면서 아이의 반응을 살피는 것도 좋다.

"다음에는 어떻게 하면 좋을까?"
"이런 기분이 들 때는 무엇을 할 수 있을까?"
"엄마, 아빠가 어떻게 도와줄까?"

이런 질문을 통해 다양한 해결 방법을 함께 생각해 보고, 각각의 방법이 가진 장단점도 이야기해 본다. 이후 아이가 실제로 시도할 수 있는 방법을 선택하고, 구체적인 행동 계획까지 함께 세워보는 것이 좋다. 진정된 이후 평온한 상태에서 이러한 행동을 틈틈이 상기하고 연습하면 훨씬 효과적이다.

아이가 지금 당장 좋은 대답을 하지 못해도 괜찮다. 부모와 함께 '감정이 폭발했을 때 어떻게 할지' 생각해 보는 그 자체가 다음 상황에서 아이의 인지적 준비를 돕는다는 점이다. 감정이 폭발하기 전, 의식적인 선택을 할 수 있도록 도와주는 데 큰 의미가 있다.

특히 이 시점에서 중요한 것은 '회복'이다. 감정 폭발 이후의 아이는 종종 혼란스럽고 슬프며, 자기 행동이 이상한 것은 아닐까 걱정하기도 한다. 혹시 부모에게 버림받을까 두려움을 느끼기도 한다. 그러므로 부모는 감정이 이상한 것이 아니라는 점을 분명히 알려주고, 어떤 일이 있어도 곁을 떠나지 않는다는 안심을 주어야 한다.

감정이 진정된 후의 대화는 단지 훈육의 시간이 아니라, 아이에게 사랑과 신뢰를 다시 확인시켜 주는 정서적 회복의 시간이기도 하다.

6단계 평소에 분노에 대해 함께 공부하기

분노를 다루고 조절하는 법은 평소에 꾸준히 연습해야 한다. 실제 분노가 터지는 상황에서 잘 대응하려면 반복과 연습이 꼭 필요하다. 그래서 평소 감정에 대해 자연스럽게 가르치고 이야기하는 게 중요하다. 예를 들어, 감정을 다룬 그림책을 함께 읽으며 등장인물의 감정에 관해 이야기하고, "나라면 어떻게 했을까?" 같은 대화를 나누는 것도 좋다. 또 하루 동안 느낀 감정을 기록하거나 그림으로 표현하는 감정 일기를 쓰는 것도 도움이 된다. 감정 카드 게임, 거울 앞에서 감정 표정을 연습하거나 역할 놀이를 하며 감정을 표현하는 놀이도 효과적이다.

'감정을 공부시켜야 한다'라는 부담보다는 아이가 좋아하는 놀이로 감정을 접하게 하는 편이 더 바람직하다. 평소 대화에서는 기쁨, 슬픔, 화남, 무서움 같은 기본 감정뿐 아니라 짜증, 속상함, 실망, 걱정, 부러움, 미안함 등 세분된 감정 어휘도 자주 사용하길 권장한다. 부모가 자신의 감정을 솔직하게 표현하고 조절하는 모습을 보여주는 것도 아이에게 좋은 교육이 된다.

예를 들어, "엄마도 지금 짜증이 나서 심호흡 좀 하고 올게", "아빠도 실수해서 속상하네. 잠깐 산책 좀 할까?" 같은 표현이 아이에게 도움이 된다. 가족 모두가 지킬 수 있는 감정 표현 규칙을 함께 정하는 것도 필요하다. 예를 들어, 화가 나도 때리거나 물건을 던지지 않기, 욕하거나 모욕하는 말을 하지 않기, 감정이 격할 때는 잠시 시간을 갖기, 서로의 감정을 존중하기 같은 규칙을 정하고 모두 노력하는 것이다.

분노는 '중요한 것이 위협받고 있다'고 알려주는 신호다. 문제는 분노 자체가 아니라 분노를 표현하는 방식이다. 그래서 분노를 억누르지 말고, 안전하고 건설적인 방법으로 배출할 수 있도록 미리 준비하는 것이 좋다. 예를 들면 펀칭백이나 베개, 그림 도구를 준비해 두고, 화가 나면 그곳에서 분노를 안전하게 표현하게 한다. 빈백을 발로 차거나, 베개 싸움을 하거나, 계단을 빨리 오르내리거나, 노래를 틀어놓고 춤추거나, "나는 지금 정말 화가 난다"라고 크게 말하는 것도 도움이 된다.

아이의 분노 폭발을 예방하는 가장 좋은 방법은 '분노 전조 증상'을 미리 파악하는 것이다. 평소 아이를 자세히 관찰하면 폭발 직전 증상이나 특정 상황이 보인다. 배고프거나 피곤할 때 유독 참기 힘들어하거나, 목소리가 작아지거나, 어깨를 움츠리거나, "괜찮아"를 반복하거나, 혼자 있고 싶어 하거나, 평소 좋아하던 활동도 하기 싫어하는 모습이 나타난다. 어떤 아이도 갑자기 불현듯 분노가 폭발하지 않는다. 분노가 끓어오르는 모든 상황을 무시하고 "왜 갑자기 폭발하는 거야?"라고 하면 아이가 당황할 수밖에 없다. 아이의 분노 전조 증상을 미리 파악하여 개입하는 것이 가장 효과적이고 지속 가능한 분노 관리법이다.

7단계 부모의 분노 조절하기

아이의 분노에 부모도 함께 화가 날 수 있다. 특히 같은 상황이 반복되거나, 공공장소에서 터지는 아이의 분노는 부모의 인내심을 빠르게 고갈시킨다. 이럴 때 사용할 수 있는 것이 바로 'STOP 기법'이다. 부모 스스로 감정을 인식하고 조절할 수 있어야 아이의 감정을 안전하게 받아줄 수 있다.

[STOP 기법]

Stop (멈추기)	"아, 지금 나도 화가 나고 있구나"라고 인식한다.
Take a breath (숨쉬기)	코로 4초 들이마시고, 4초간 멈춘 후, 입으로 6초 동안 천천히 내쉰다.
Observe (관찰하기)	내 몸과 마음의 상태를 점검한다. 어깨에 힘이 들어가 있거나, 주먹을 쥐고 있거나, 목소리가 높아졌는지 살핀다.
Proceed (신중하게 진행하기)	상황을 파악한 뒤 신중하게 행동한다. "엄마/아빠도 지금 화가 나고 있어. 심호흡하고 다시 이야기할게"라고 말하며 신중하게 행동한다.

가장 당황스러운 순간은 공공장소에서의 분노 폭발이다. 주변의 시선이 부담스럽고, 빨리 진정시키고 싶은 마음에 평

소보다 강압적으로 대응하기 쉽다. 그러나 이럴수록 평소와 같은 원칙을 지키는 것이 중요하다. 다른 사람들의 시선을 의식하느라 아이와의 관계를 훼손하지 않아야 한다. 지금 나를 바라보는 타인은 대부분 다시 볼 일이 없지만, 아이는 부모의 반응을 평생 기억한다.

부모가 자신의 감정을 조절하는 모습을 실시간으로 보여주는 것 자체가 최고의 감정 교육이 될 수 있다. 완벽한 부모가 아니라 자신의 감정을 솔직하게 인정하고 건강하게 조절하려 노력하는 부모가 더 좋은 역할 모델이 된다.

감정조절은 단 한 번의 훈육이나 기술로 해결되지 않는다. 감정은 일상에서 배우고 익히는 것이며, 부모가 어떤 태도로 감정을 대하는지가 곧 아이의 감정 사용법을 결정짓는다. 결국 아이의 감정조절력은 '가족의 감정 문화' 속에서 자란다.

최근 윤우가 아빠가 운전할 때 사용하는 부적절한 언어에 관한 가족회의를 소집했다. 평소에는 유하고 다정한 남편이지만 운전대를 잡으면 가끔 다른 사람이 되기도 한다. 그날도 윤우가 뒷자리에서 헤드셋을 쓴 줄 알고 툭 내뱉은 욕을 아이가 고스란히 들었다. 윤우는 아침에는 말을 꺼내지 않고,

저녁때 함께 모인 자리에서 이야기를 꺼냈다. 아침에는 모두 바쁜 데다 아빠만 있으니 저녁때 엄마까지 있는 자리에서 차분히 이야기를 나누는 게 좋겠다고 생각했다는 것이다. 남편이 욕을 듣게 해서 미안하다고 하자, 윤우는 혼자 있을 때도 하지 않았으면 좋겠다고 답했다. 그런 말을 하면 아빠 기분이 더 나빠질 거라는 생각 때문이었다.

운전할 때 왜 화가 나는지 이야기해 보니 남편은 아침에 늦게 나가느라 서두른 탓이라고 말했고, 앞으로 좀 더 일찍 일어나겠다고 다짐했다. 험한 말을 대신할 표현도 함께 찾았다. '악', '억', '슝' 같은 단어를 실험한 끝에 '꽥'이라는 단어로 합의했다. 서로 손을 잡고 '꽥꽥'을 연습하며 회의를 마쳤다. 이후 화가 나면 '꽥'이라고 외치며 서로 격려했다. "지금 꽥할 상황이야", "나도 꽥이야"라고 서로의 감정을 의식적으로 공유하고, 격려하는 방식으로 이 감정 언어를 실천 중이다.

이 일화는 감정조절이 단순히 폭발을 막는 기술이 아니라, 감정에 대한 이해와 공감, 표현의 방식이 가족 내에서 어떻게 형성되고 이어지는지를 보여주는 살아 있는 사례다. 윤우가 감정을 표현하는 방식, 기다리는 태도, 적절한 언어로 요청하고 대화를 이끄는 모습은 짧은 시간에 일방적으로 가르쳐서 만들어진 것이 아니다. 그것은 부모가 일상에서 감정을 어떻게 조절하는지 보여주며 함께 성장한 결과다.

이처럼 감정조절은 타고나는 능력이 아니라 꾸준한 연습과 경험으로 발전하는 기술이며, 아이의 감정조절력을 키우는 진짜 힘은 부모의 태도와 가족이 함께 만들어가는 정서적 분위기에서 비롯된다. 분노 폭발은 아이 성장 과정에서 자연스러운 현상이며, 이 과정을 통해 아이는 자신의 감정을 이해하고 표현하며 조절하는 법을 익힌다. 부모가 차분하고 일관된 공동 조절자가 될 때, 아이는 분노와 건강한 관계를 맺는 법을 배울 수 있다.

부정 감정을 성장의 자산으로 바꾸는 마인드셋

어린 윤우가 울면 나는 정말 이상하리만큼 화가 났다. 아이의 울음이 엄마로서 나의 무능력을 증명하는 것처럼 느껴졌기 때문이다. 사실 나는 어릴 때 '우는 방법'을 제대로 배우지 못한 사람이다. 그래서 아이가 울면 어떤 행동을 해야 할지 모른 채 갈팡질팡했고 그 모습이 스스로를 더 화나게 했다. 그러던 어느 날 윤우에게 '대체 왜 그러냐?'라며 다그치고 울음이 멈추기만을 종용하던 내 모습과 눈물을 그치지 못하고 불안에 떨고 있는 윤우의 모습이 선명히 보였다. 그날 나는 그 자리에 앉아 윤우를 껴안고 엉엉 울었다. 윤우에게 미안하다고 사과하고 울어도 괜찮다고 토닥였다. 엄마도 잘 울지 못하는 사람이라 네가 울면 어찌해야 할 바를 몰라서 되레 큰 소리를 내는 것이라고 솔직하게 털어놓았다. 말도 제대로 못하는 아이에게 내 심정을 고백하고 나니, 그동안 가슴을 짓누르고 있던 돌덩이를 들어 올린 기분이었다. 아이와 함께 나도 감정과 감정조절에 관해 배우고 있다는 것을 인정하니 홀가분해진 것이다. 그날 이후 지금까지 윤우와 나의 감정조절력은 매일 성장 중이다.

좌절, 분노, 슬픔과 같은 부정적인 감정은 피하거나 없애야 할 대상이 아니다. 오히려 우리 삶의 중요한 순간마다 찾아오는 신호이며, 지금 이 자리에서 멈출지, 다시 나아갈지를 선택하게 만드는 이정표가 되기도 한다. 아이가 실패하거나 좌절했을 때 그런 감정을 충분히 느끼고, 표현하고, 이해받는 과정을 거쳐야 다음 행동으로 나아갈 수 있다. 이때 부모가 "지금, 이 감정은 네가 성장하는 과정에서 느끼는 자연스러운 일부야", "이런 순간을 지나면서 우리는 더 단단해지는 거야"라고 말해줄 수 있다면, 아이는 감정을 억누르기보다 있는 그대로 받아들이고 그 안에서 배움을 찾는다. 이런 경험이 반복되면 아이는 점차 자신의 감정을 '극복 불가능한 한계'가 아니라 '노력과 학습을 통해 변화시킬 수 있는 도전'으로 바라보게 된다. 이런 믿음은 '성장 마인드셋'의 근간이 된다. 성장 마인드셋은 실패나 좌절을 '능력 부족'이 아닌 '성장 중인 과정'으로 인식하는 태도를 말하며, 이는 반복 학습과 노력을 통해 더 나은 결과를 만들 수 있다는 믿음과 연결된다. 이러한 믿음을 가진 아이는 실패를 두려워하지 않고 도전 속에서 자신을 발전시킬 수 있는데, 이는 인지적인 학습이나 성취 영역에서뿐 아니라 감정조절력을 키우는 데도 필수적이다. 부정적인 감정들을 '끝'이 아닌 '시작'으로 해석할 힘을 키우고, 그런 감정들을 성장 과정에서 자연스럽게 느낄 수밖에 없다는 사실을 받아들이는 것이다. 아이의 부정적 감정을 부모가 성장의 신호로 받아들이고 해석해 주는 순간, 감정조절뿐 아니라 아이의 인생을 바라보는 태도까지 변화한다.

윤우가 어린이집에 처음 갔을 무렵 누나들이 윤우가 가져간 책에 낙서를 한 일이 있었다. 가정에서 애정을 독차지하며 자란 윤우가 처음으로 관계의 충돌로 인해 불편한 감정을 겪은 사건이었다. 그날 밤 '오늘의 속상한 일'을 이야기하는 잠자리 대화에서 낮에 있었던 일을 이야기해 주었다. 그런데 그 이후 몇 달간 "오늘의 속상한 일"을 묻자 윤우는 어김없이 그 낙서 사건을 꺼냈다. "오늘 일은 아니지?"라고 물으면 "그래도 가장 속상한 일이야"라고 답하곤 했다. 이때 '별것도 아닌 일로 오랫동안 징징대냐?'라고 나무라거나 '이제 그만 좀

해'라고 아이의 입을 막으면 아이는 그날로 성장의 기회를 놓치게 된다. 오히려 자신을 유난한 아이라고 생각하고 창피하게 생각했을지도 모른다. 특정 사건에 대해 몇 달이나 속상해한다는 건 아이의 성향이나 기질에 대해 많은 단서를 제공한다. 특히 향후 비슷한 일이 일어났을 때도 상처를 받을 수 있다는 걸 시사한다. 그래서 매일 같은 대답을 하는 아이의 이야기를 다시 들어주고 아이의 언어로 감정을 재구성해 주었다. 내 물건을 함부로 대하고 제대로 사과하지 않았을 때 느끼는 감정이 슬픔인지, 분노인지, 억울함인지, 짜증인지에 대해서도 오랜 시간 이야기를 나눴다. 친구들에게 사과받는 방법을 연습하기도 했고, 속상할 때는 어떤 말을 해야 하는지에 대한 역할극도 여러 차례 반복했다. 한동안 밤마다 큰 소리로 '하지 마! 그렇게 하면 기분 나빠. 안 돼!'를 연습하며 잠자리에 들기도 했다.

그 후로도 윤우는 여전히 자기 물건에 함부로 손대는 사람을 불편해하고, 사과 없이 넘어가려는 상황에서는 상처받기도 한다. 하지만 이제는 네 살 때처럼 그 감정을 오래 품고 있지는 않는다. 수년간 쌓아온 감정 언어, 자기표현의 기술, 경계 설정의 연습은 윤우의 내면에 단단한 자산이 되었다. 어떤 불편한 감정을 느끼더라도, 그 감정에 눌려 머무는 것이 아니라, 그 신호를 바탕으로 감정조절력을 회복하고 관계 안에서 자신을 지킬 수 있는 아이로 성장한 것이다.

아이의 우울감을 다루는 부모의 올바른 태도

　평소에 잘 웃고 까불거리는 윤우도 이따금 기분이 가라앉는 날이 있다. 그런 날이면 왜 마음이 가라앉았는지 가볍게 질문을 던지지만, 당장 답변을 들으려고 애쓰지는 않는다. 기분이 금방 풀리도록 강요하지 않고 대체로는 그냥 두는 편이다. 말없이 옆에 앉아 책을 읽고, 아이가 원하는 놀이를 하거나, 아무 말 없이 침대에 누워 있기도 한다.
　사람은 누구나 이유 없는 우울감을 느낄 수 있다. 특정한 사건이 있어야만 감정을 느끼는 것이 아니다. 상황은 괜찮은데 마음이 무거운 날도 있고, 큰일이 일어나지 않았어도 이유 없이 눈물이 날 때도 있다. 아이 역시 마찬가지다. 그런데 많은 부모는 아이가 우울해하는 모습을 보면 당황하고, 문제를 해결해야 한다는 압박감을 느낀다. 그래서 당장 그 감정을 해소하기 위해 강제로 긍정적인 면을 보게 하려고 하거나, 별 대수롭지 않은 감정이라고 낮잡기도 한다. 하지만 이런 말들은 아이의 감정이 '틀렸다'라는 인식을 남긴다. 왜 우울해지는지 인식하고 우울감이 편안하게 지나갈 수 있도록 돕는 것도 중요하지만 우울함을 느낄 당시에는 그런 사고를 하기가 쉽지 않다. 이럴 때는 억지로 기분을 바꾸려 하기보다 그 감정을 인정하고 곁에 함께 있어주는 것이 더 중요하다.

"오늘은 기분이 우울한가 보네. 엄마도 가끔 특별한 이유 없이 우울한 날이 있어."

아이의 감정은 오로지 아이 자신의 것이어야 한다. 객관적인 상황이 괜찮다고 해서 우울감을 느끼지 않는 것도 아니고, 상황이 내 마음대로 안 된다고 반드시 우울함을 느끼는 것도 아니다. 우울감은 나약함의 표시도 아니고, 게으름의 다른 이름도 아니다. 감정은 흐르고 지나가는 것이며, 우울함도 인간의 감정 경험 중 하나다. 그 순간에 사랑하는 사람이 그저 곁에 있어주는 것만으로도 아이는 위로받는다.

초등학교 1학년 여름, 윤우는 미국에 있는 이모할머니 집에서 한 달을 지냈다. 낯선 환경, 익숙하지 않은 언어, 새로운 사람들과 함께하는 여름 캠프는 윤우에게 쉽지 않은 도전이었다. 영어도 서툴고, 그동안 낯선 상황에서 자주 눈물을 보였던 아이였기에 우리는 걱정이 많았다. 예상대로 캠프 첫날, 윤우는 거의 웃지 않았고, 말을 아끼며 침대에 조용히 누워만 있었다. 그 모습은 단순한 불안이나 긴장감과는 결이 달랐다. 상황을 바꿀 수 없다는 무력감, '이제는 잘해야 한다'라는 스스로에 대한 압박, 집이 아닌 낯선 공간에서 의젓하게 보이고 싶은 욕구, 동시에 모든 걸 그만두고 집으로 돌아가고 싶은 갈등이 뒤엉켜 있었다. 낯설고 복합적인 기분들이 아이의 정서 전반을 가라앉게 한 것이다.

이처럼 아이에게도 특정 상황에서 이유를 설명하기 어려운 감정의 침잠, 즉 '우울감'이 나타날 수 있다. 말로 표현되지 않는 불편함, 자신도 정리되지 않는 감정은 아이를 조용히 잠식한다. 이런 때일수록 부모는 아이의 감정을 서둘러 정의하려 하거나 억지로 끌어올리려 하기보다, 아이의 내면에서 일어나는 정서의 흐름을 함께 지켜봐 주는 태도가 필요하다. 우울감은 단지 '기분이 안 좋은 상태'가 아니라, 아이의 내면에서 벌어지는 여러 감정의 응어리일 수 있다. 그리고 그것이 자연스럽게 지나가도록 기다려줄 때, 아이 스스로 감정의 흐름을 이해하고 조절하는 힘을 키울 수 있다.

이럴 때 "별것도 아닌 일로 왜 그래?", "복에 겨웠다"라는 식의 말은 결코 도움이 되지 않는다. 감정의 수렁에서 억지로 끌어내려는 말들은 오히려 아이의 마음을 더 닫히게 만들 수 있다. 우울감을 빠르게 없애는 것이 아니라, 그 감정을 있는 그대로 인정하면서도 조금씩 빠져나오도록 돕는 것이 중요하다. 상황을 완전히 바꾸기 어렵다면, 그 상황 안에서 감정의 방향을 바꾸는 작은 전략들이 필요하다.

이 시기에 도움이 되었던 것은, 초등학교 입학 초기부터 함께 해오던 '내일을 위한 퀴즈 놀이'였다. 내일 일어날 일을 미리 생각해 보고 각자 답을 써 놓은 후에 포옹해 주기, 뽀뽀해 주기, 딱밤 맞기 등의 내기를 하는 것이다. 우울감은 단순히 슬픈 감정만이 아니라 무기력과 연결된 상태로 나타나는 경우가 많다. 특히 어린아이의 경우 우울할 때 아무것도 하고 싶지 않거나 미래에 대한 기대가 줄어드는 형태로 나타나기도 한다. 이럴 때는 아이가 '내일'이라는 시간을 상상함으로써 일상에 대한 예측 가능성과 통제감을 느끼게 하는 것이 도움이 된다.

"엄마랑 윤우가 각각 내일을 예측해 보고, 누가 더 많이 맞히는지 보자!"

"내일 빨간 옷 입은 친구는 몇 명이나 있을까?"

"내일 가장 먼저 말 거는 친구는 누굴까?"
"내일 화장실은 몇 번쯤 가게 될까?"

아이는 나와 떨어진 시간 동안 정답을 알려줄 생각에 근질근질했다고 한다. 아이가 구체적인 예측과 관찰에 몰입하면 부정적인 감정들은 자연스럽게 감소한다.

"엄마, 오늘 빨간 옷 입은 친구는 딱 두 명 있었어. 내가 맞혔지?"

어느새 윤우는 우울한 감정보다 자신이 한 예측이 얼마나 맞았는지에 더 관심을 보였다. 아이가 자신의 일상을 스스로 예측하고, 작은 성공을 경험하며 주의집중을 회복하고 본인의 감정주파수를 찾는 데 큰 힘이 되었다. 사회적으로 아이는 언제나 명랑해야 한다는 통념이 있지만, 아이들도 어른과 마찬가지로 일시적인 우울감이나 무기력함을 느낄 수 있다. 그러나 많은 부모가 이 감정을 인정하지 않고 외면하거나 "왜 우울해?"라고 추궁한다. 우울한 감정을 드러냈을 때 부모가 보이는 판단 없는 태도, 감정의 자연스러움을 인정해 주는 반응이 아이에게는 가장 큰 위안이 된다.

물론 우울한 기분이 몇 주 이상 지속되거나 학습, 수면, 식사 등에 뚜렷한 변화가 있다면 전문가의 도움을 받는 것도 주저하지 않아야 한다. 아이들의 감정은 언어보다 행동으로 표현되기도 하기에 짜증, 신체 통증, 무기력, 지나친 감정 억제가 모두 우울감의 신호일 수 있다. 아이의 감정에 진심으로 귀 기울이고, 그 감정을 평가하지 않는 것이 아이의 정서 회복력을 키워주는 방법이다.

감정조절력 향상을 위한 생활 습관

- ☐ 실패나 실수 후 "무엇을 배웠는지" 말로 정리해 보자.
- ☐ 기분이 가라앉을 때를 위한 긍정 루틴을 정해두자. (예: 산책, 정리, 퀴즈 놀이)
- ☐ 아이가 우울한 감정을 표현했을 때 함께 있어주자.

6장

자존감을 키우는 긍정 감정의 힘

감정지능은
긍정 감정 경험에서 자란다

긍정 감정은 단순히 '기분이 좋은 상태'만을 가리키는 것은 아니다. 최근 뇌과학 연구에 따르면 기쁨, 용기, 신뢰, 감사, 평온함처럼 확장적인 긍정 감정은 아이의 정서적인 안정과 발달에 핵심적인 신경회로를 형성한다. 특히 전두엽 피질에서는 도파민과 세로토닌의 균형적인 분비를 촉진하고, 해마는 기쁨과 성취의 기억을 강화하며, 편도체는 감정 반응을 안전하게 처리한다. 이 과정에서 옥시토신이라는 물질이 분비되며 신뢰와 애착이라는 깊은 사회적 감정이 길러진다.

감정은 뇌의 경험이다. 과거에는 '이성은 뇌, 감성은 심장' 같은 이분법적인 믿음이 강했지만, 최근 연구에서는 감정이 뇌 전반에 걸쳐 작용하며 신경회로를 형성한다는 사실이 밝혀졌다. 특히 유아기와 아동기에 반복적으로 경험한 감정은 시냅스 연결을 강화하고, 뇌의 감정 회로에 깊이 각인된다. 이는 아이 고유의 감정주파수, 즉 감정을 느끼는 민감도와 반응 경향성을 형성하는 바탕이 된다. 감정주파수가 안정적으로 자리를 잡으면, 아이는 자신의 감정 상태를 보다 명확히 인식할 수 있게 되고, 이는 곧 감정을 조절하는 능력인 감정조절력의 기반이 된다. 감정조절력은 자극에 대한 반응을 조절하고 적절한 행동을 선택하게 하는 전전두엽 기능과 밀접한 관련이 있다. 이 조절력이 쌓이고 확장되면 타인의 감정을 인식하고 사회적 맥락에서 감정을 다룰 줄 아는 능력, 즉 감정지능 emotional intelligence 으로 발전한다.

결국 감정주파수는 감정조절력의 토대가 되고, 감정조절력은 감정지능으로 이어지는 정서적 성장의 흐름이다. 감정을 다양하게 경험한 아이, 특히 따뜻한 긍정 감정에 풍부하게 노출된 아이는 뇌 안에 더 많은 정서적 자원을 갖추게 되고, 그만큼 유연하고 회복력 있는 사람으로 자랄 수 있다.

뭔가를 해냈을 때 느끼는 기쁨, 부모가 나를 믿어줄 때 생기는 안정감, 도전 후 찾아오는 뿌듯함이나 자랑스러움 등 이 모든 긍정적인 감정은 자존감의 근육을 단단하게 만드는 것들이다. 흔히 '감정조절'이라고 하면 화, 짜증, 불안과 같은 부정적인 감정을 잘 참거나 없애는 것으로 생각하지만 그만큼 아니, 그보다 더 중요한 것이 긍정 감정을 느끼고 인식하고 표현하는 능력이다. 인간은 태어날 때부터 긍정 감정을 느끼지만, 반복적인 일상에서 그런 감정을 더 많이 느끼도록 노력하고 적극적으로 표현할 수 있도록 학습과 연습이 필요한 존재다. 어릴 때부터 더 풍부한 긍정 감정을 경험하도록 돕고, 감정에 이름을 붙여주고, 충분히 음미하고 해석할 수 있도록 부모가 지속해서 도와야 하는 이유다.

어려서 긍정 감정을 많이 경험한 아이의 뇌에는 '안전하다', '할 수 있다'라는 메시지가 각인된다. 이는 뇌의 감정 회로에서 '긍정 감정주파수'를 형성하는 기반이 되어, 이후 삶에서 도전과 탐색을 더 자유롭고 적극적으로 시도할 수 있게 한다. 반복적으로 느낀 감정은 시냅스를 강화하고, 특정 정서 상태에 대한 반응 경로를 고정화한다. 즉, 긍정 감정은 안전한 심리적 공간을 만들고, 이는 새로운 기술을 익히거나 낯선 환경에 적응할 때 필수적인 정서적 자원이 된다. 특히 기쁨, 신뢰, 용기는 아동기 정서 발달의 핵심적인 긍정 감정이다. 이 세 가지 감정은 자존감의 토대가 되며 감정조절력과 사회성, 회복탄력성, 자기효능감을 키우는 데 결정적인 역할을 한다. 이러한 긍정 감정이 감정조절력의 자원이 되고, 감정조절력은 다시 감정지능의 기반이 되어, 아이가 자신과 타인의 감정을 유연하게 다루고 건강한 인간관계를 형성할 수 있도록 돕는다.

기쁨 세상을 향한 첫 번째 긍정적 신호

기쁨은 특별히 가르치지 않아도 느끼고 표현하는 감정이지만, 나이가 들수록 점차 줄어든다. 갓난아기의 첫 미소, 좋아하는 사람을 만났을 때 환하게 웃는 얼굴은 모두 '기쁨'의 표현이다. 유년 시절에 특히 기쁨의 감정이 중요한 이유는 놀이와 탐색을 이끄는 원동력이 되며, 아이의 뇌를 열고 새로운 것을 받아들이도록 만들기 때문이다. 반복되는 기쁨의 경험은 '나는 환영받는 존재야'라는 정서적인 기억을 쌓아 자존감의 핵심 재료로 작동한다.

기쁨을 경험할 때 우리 뇌의 보상 회로가 활성화되고, 도파민이라는 신경전달물질이 분비된다. 도파민은 학습과 기억 형성에 핵심적인 역할을 하며, 반복된 기쁨의 경험은 뇌에 '긍정 감정주파수'를 형성한다. 특히 유아기에 이런 긍정적인 정서 경험이 풍부할수록 전전두엽의 발달이 촉진되며, 이는 곧 인지 능력과 자기조절 능력의 향상으로 이어진다. 즉, 기쁨은 단순히 '좋은 감정'을 넘어 감정조절력과 감정지능의 발달을 돕는 정서적 토대가 된다. 또한 기쁨은 사회적 연결을 강화한다. 아이와 부모는 서로의 기쁨에 반응하고, 이러한 감정 교류를 통해 안정적인 애착이 형성된다. 안정적인 애착은 자존감의 토대가 되며, 나아가 정서적으로 튼튼한 아이로 성장하는 데 중요한 기반이 된다.

신뢰 안정된 관계 속에서만 자라는 감정

아이의 신뢰는 '엄마는 나를 기다려준다', '아빠는 내 감정을 이해해 준다'는 반복된 경험 안에서 형성된다. 신뢰를 충분히 경험한 아이는 세상을 두려움이 아닌 가능성의 공간으로 받아들이며 타인과 건강한 관계를 맺을 준비를 한다. 신뢰는 애착의 기반이자 자기 자신과 타인을 믿을 수 있게 만드는 정서적 뿌리다. 이처럼 신뢰는 인간관계를 통해서 형성되는 특별한 감정이기에, 아이가 처음 맺는 관계인 부모와의 상호작용에서 그 뿌리를 내리는 것은 당연하다.

배고프거나 불편해서 울었을 때 부모가 일관되고 예측 가능한 방식으로 반응하고 필요를 충족시켜주는 경험이 반복되면 아이는 세상이 안전하다는 믿음을 갖게 된다. 신뢰의 신경생물학적 기반은 매우 흥미롭다. 신뢰를 느낄 때 분비되는 옥시토신, 즉 '사랑의 호르몬'은 스트레스 호르몬인 코르티

솔의 수치를 낮추고 아이의 정서적 안정과 사회적 유대 형성을 촉진한다. 또한 신뢰 경험이 풍부한 아이들은 편도체의 과잉 반응성이 낮고 전전두엽의 조절 기능이 더 활발하다. 결국 신뢰는 감정조절력과 사회성의 기반이 된다.

용기 두려움을 느끼면서도 한 걸음 내딛게 하는 힘

용기를 낼 때 우리 뇌에서는 재밌는 일이 벌어진다. 두려움을 감지하는 편도체와, 이성적 판단과 자기조절을 담당하는 전전두엽이 동시에 활성화되기 때문이다. 무서움을 '없애는' 것이 아니라, 두려움을 인식하면서도 행동을 선택하는 뇌의 조율작용이 일어난다는 뜻이다. 즉, 용기란 두려움이 없는 상태가 아닌, 두려움을 느끼면서도 한 걸음 내딛는 힘이다. 용기 있는 행동을 반복적으로 경험한 아이들은 편도체와 전전두엽 간의 연결성이 강화되며, 감정과 행동을 유연하게 통합하는 능력이 향상된다. 실제로 뇌 영상 연구에서는 불안을 느끼는 상황에서 전전두엽이 편도체의 반응을 억제하거나 조절하는 장면이 관찰된다. 불안, 두려움, 공포 같은 감정은 모두 생존을 위한 경고 시스템이다. 따라서 그런 감정을 억누르기보다 그 감정을 인식한 상태에서 '선택된 행동'을 할 수 있도록 훈련하는 것이 진짜 용기를 기르는 길이다.

용기는 부정적인 감정에도 불구하고 자신이 원하는 것을 쟁취해 내는 원동력이다. 아이들은 자라나며 용기를 발휘해야 할 상황들을 자주 경험한다. 처음 자전거를 탈 때, 처음 낯선 학교에 갈 때, 처음 친구에게 말을 걸 때 등 아이는 자기 안의 두려움을 넘어서는 경험을 하게 된다. 이때 부모의 격려와 지지가 있다면 두려움 속에서도 행동을 선택하는 '감정적 주도권'을 갖게 된다. 이런 과정에서 느끼는 성취감과 뿌듯함은 아이의 정체성을 만드는 데 기여하며, 회복탄력성과 자기효능감의 바탕이 된다.

'긍정 감정 확장-구축 이론broaden-and-build theory'에 의하면 이러한 긍정 감정은 아이의 주의력과 사고, 행동의 범위를 확장한다. 즉, 기쁨이나 호기심을 느끼는 아이는 더 다양한 가능성을 고려하고, 창의적인 해결책을 찾아내며, 더 많은 것을 탐색하려는 경향이 있다. 여러 연구 결과에 의하면 긍정적인 감정 상태에 있는 아이들은 문제 해결 과정에서 더 다양한 접근 방식을 시도하거나 창의적인 해결책을 제시했다. 새로운 경험에 대한 개방성도 더 높았다. 여기서 알아야 할 건, 부모의 필수적인 역할인 훈육과 교육의 기본은 공포나 억압이 아닌 긍정적인 감정이라는 점이다. 훈육 상황에서도 부모가 따뜻하고 감정적으로 지지하는 태도를 보이는 것이 자녀의 정서 발달과 장기적인 행동 변화에 더 효과적이다.

긍정 감정은 아이의 신체적, 심리적, 사회적, 인지적 자원을 통합적으로 구축한다. 이런 긍정 감정을 반복적으로 경험하면 회복탄력성, 사회적 유대감, 문제 해결 능력 등 핵심 심리 역량이 길러진다. 유아기에 긍정 정서를 자주 경험한 아이들은 초등학교 입학 이후 학업 적응력, 또래와의 관계 형성, 스트레스 상황에서의 조절 능력에서 유의미한 강점을 보인다. 어린 시절에 긍정 감정을 풍부하게 경험한 아이는 단지 행복해지는데 그치지 않는다. 건강하고 자율적인 성인으로 성장하기 위한 신경생물학적 토대를 형성하는 것이다. 특히 부모가 아이에게 감정적으로 따뜻하게 반응할 때 아이의 내면 동기와 자기 조절력이 강화된다는 것은 수많은 심리학·뇌과학 연구에서 입증된 바 있다.

감정조절력 향상을 위한 생활 습관

- ☐ 아이의 긍정 감정을 알아차리고 이름을 붙여 보자.
- ☐ 하루가 끝날 때 즐거웠던 순간을 떠올려 보자.
- ☐ 도전 후 느끼는 뿌듯함을 언어화하며 회복탄력성을 길러주자.

부모의 말과 행동이 만드는 정서 안정감

"무엇보다 아이가 행복한 게 우선이죠."

많은 부모의 염원은 '아이의 행복'이다. 아이가 기쁨을 느끼려면 부모로서 무언가 '해줘야 한다'라고 생각하며 아이가 좋아할 만한 장소에 데려가거나 값비싼 장난감을 사주는 것에 집중한다. 하지만 '행복'은 그렇게 단순한 것이 아니다. 행복에 진정한 정의는 무엇일까?

심리학에서 말하는 행복은 단순한 기쁨의 연속이 아니라 '주관적 안녕감'으로 정의된다. 즉, 거창하고 화려한 상태가 아닌 '나는 지금 내 삶에 만족하는가?', '내 감정은 대체로 긍정적인가?'에 대한 내적 평가에 가깝다. 부모가 그토록 염원하는 아이의 행복은 특별한 장소나 물건이 아닌, 자기 삶에 대한 안정감과 긍정적인 감정 경험의 누적에서 비롯된다.

아이는 주체적이고 능동적인 독립적 인격체로서, 스스로 행복을 찾아 나서야 하는 존재다. 아이에게 특정한 자극을 주어서 기쁨을 느끼도록 하는 것보다 아이가 스스로 긍정 감정을 인식하고 만족스러운 삶을 살 수 있도록 안내하는 게 부모의 역할이다. 그런 태도와 자세를 길러주기 위해서는 가정 내에서 긍정 감정이 '기본값'으로 자리 잡아야 한다. 특정 장소에서나 특정 행동을 할 때만 '반짝'하고 느끼는 기쁨이 아니라 매일 반복되는 일상에서 긍정적인 감정이 자연스럽게 공유되어야 한다. 지루한 일상에서 행복을 찾아낼 수 있는 아이가 진짜 행복한 어른으로 성장한다.

아이가 이런 '기본값'을 갖게 하는 가장 효과적인 방법은 부모가 먼저 긍정 감정을 표현하고 실천하는 것이다. 이미 여러 차례 언급했듯이, 아이는 부모의 말과 행동을 통해 감정을 학습한다. 아이가 부모를 통해 행복해지는 방법을 배우려면, 부모는 어떤 방식으로 감정을 표현해야 할까? 이제 그 구체적인 예를 살펴보자.

아이가 신생아일 때는 어른들의 웃음이 끊이질 않는다. 아이를 안아주고 놀아주며 애정 어린 신체 접촉도 잦다. 알아듣지도 못하는 아이에게 '사랑한다', '행복하다', '예쁘다'라는 애정 표현도 서슴없이 건넨다. 하지만 아이가 자라날수록 이런 긍정적인 말과 웃음은 줄어들고, 신체적인 거리도 멀어진다. 무조건적이었던 애정 표현들에 '조건'이 붙기 시작한다. 아이가 부모의 기대치를 충족하거나 사회적으로 인정받는 성취가 있을 때만 긍정 표현을 하는 가정도 적지 않다.

하지만 아이가 커갈수록 오히려 긍정적인 상호작용과 신체적 접촉을 의식적으로 유지하려는 노력이 더욱 중요하다. 부모가 자주 웃고 긍정적인 언어를 사용하는 가정에서 자란 아이는 정서적으로 안정되고, 또래와의 상호작용에서도 더 긍정적인 반응을 보인다. 이는 아이가 거울 뉴런을 통해 부모의 감정 상태를 자신도 모르게 그대로 느끼고 학습하기 때문이다. 또한 포옹, 토닥임, 손잡기와 같은 따뜻한 신체 접촉은 아이의 뇌에서 옥시토신과 세로토닌 같은 긍정적인 신경전달물질이 분비되도록 촉진한다. 특히 옥시토신은 신뢰와 애착 형성에 핵심적인 역할을 하며, 스트레스 호르몬인 코르티솔 수치를 낮추는 데도 효과적이다. 긍정적인 언어와 신체 접촉은 아이의 정서적 안정과 감정조절력, 자기효능감 향상에 중요한 영향을 미친다. 아이의 나이에 상관없이 따뜻한 관계가 계속 유지되어야 하는 이유다.

우리 집에서는 '사랑해', '고마워', '행복해'의 긍정 언어 3종 세트가 거의 매일 흘러나온다. 여기에 '감동적이야', '기특해', '귀여워', '멋져' 같은 말까지 더해져 수많은 긍정 언어가 오간다. 세상에 아이를 사랑하지 않는 부모는 없지만 표현하지 않는 부모는 너무도 많다. 어려서부터 대단하고 큰 감정을 느껴야만 표현하는 것이라고 무의식적으로 배웠기 때문이다. 그러나 가족 간의 긍정 표현에는 기준점을 낮출 필요가 있다. 작고 미세한 긍정 감정이라도 말로 꺼내어 전달하면 아이는 그만큼의 사랑과 기쁨을 느낀다. 그렇게 채워진 긍정 감정은 아이의 '기본값'이 되어 세상과 자신을 긍정하는 힘으로 작용한다.

물론 아이가 커가면서 훈육하고 교육해야 부분도 많아진다. 하지만 긍정 언어는 그런 훈육이 더 잘 작동하게끔 돕는 정서적 윤활유다. 누구나 애정 어린 조언과 충고는 더 잘 받아들이게 마련이고, 아이도 마찬가지다. 평소 긍정 언어로 쌓인 안정된 관계가 있어야 건설적인 훈육이 가능해진다.

윤우는 깔깔 소리 내어 웃는 어른들에게 둘러싸여 있다. 우리 부부는 물론 조부모들까지 별것 아닌 농담에도 바닥을 구르며 웃는다. 길을 걷다 웃느라 멈춰 서거나, 식탁에서 배꼽을 잡고 주저앉기도 한다. 뭐가 그렇게 웃기는지 세세히 따져보자면 별거 아닌 일들이다. 하지만 웃음도 습관이다. 평소에 큰 소리로 별로 웃어보지 않은 사람은 처음엔 어색하거나 어려울 수 있다. '그게 뭐가 웃겨?'라는 비판적 시각은 웃음을 막는다. 아이는 그런 부모의 표정과 태도를 그대로 배운다.

아이가 유행어를 흉내내거나 엉뚱한 노래를 따라 부를 때도 우리 가족의 첫 반응은 '웃음'이다. 문화감수성이나 올바른 언어 사용에 대한 일장 연설은 웃고 나서 해도 늦지 않다. 아이가 느낀 기쁨을 공유했을 때 부모가 엄격한 표정으로 반응하면 아이의 웃음은 갈 길을 잃는다. 웃음은 상호작용이다. 반응이 없는 웃음은 다시는 공유되지 않는다. 함께 웃는 부모 밑에서 자란 아이는 자신의 기쁨을 나누는 데 주저함이 없고, 부모와 더 깊이 연결된다. 결국 모든 교육은 이런 관계적 기반 위에서 더 효과적으로 이뤄진다.

우리 부부는 결혼 10년 차지만 여전히 매일 손을 잡고, 포옹하고, 뽀뽀한다. 이를 신기하게 보는 사람도 많지만, 결혼 40년이 넘은 우리 부모님도 여전히 그러하시기에 나에겐 자연스러운 일이다. 윤우는 이런 환경 속에서 자라며 자연스럽게 애정 표현을 배우고 있다. 우리가 포옹하고 있으면 어느새

가운데로 쏙 들어와 함께 안기고, '햄버거 놀이 하자'라며 몸을 포개고 웃는다. 이런 감각적 상호작용은 사랑을 경험하는 또 다른 언어가 된다.

나는 매일 아침 "강아지야~"라고 다정히 부르며 아이 옆에 누워 단 몇 분이라도 온전히 서로에게 애정을 주고받는 시간으로 하루를 시작한다. 문을 나서는 남편과 아이를 꼭 안고 "사랑해"라는 말로 배웅하고, 하교 후 처음 마주할 때도 꼭 안아주며 반가움을 표현한다. 손을 잡고 걸으며 오늘 하루 있었던 이야기를 듣는 순간도 소중하다. 사랑은 말로만 배우는 것이 아니다. 이런 포옹, 토닥임, 손잡기 같은 따뜻한 신체 접촉은 아이에게 "나는 사랑받는 존재야"라는 메시지를 매일 새겨주는 정서적 언어다. 아이는 이런 경험을 통해 사랑을 주고받는 다양한 방식을 직접 체득하고, 몸에 새겨진 감정 기억은 평생을 지탱해 줄 자존감의 토양이 되어준다.

신뢰는 정직함에서 시작된다

내가 윤우를 키우는 지난 수년 동안 절대 어기지 않은 원칙이 있다. '거짓말로 아이를 통제하지 않는다'는 것이다. 그래서 윤우는 아이가 울면 잡아간다는 '망태 할아버지'나 '도깨비'에 대해 들어본 적이 없다. 옷장 속이나 침대 밑에 사는 괴물, 아랫집에 사는 무서운 할아버지를 두려워하지도 않는다. 실체가 없는 존재를 빌미로 아이를 통제하려는 시도는 일종의 '협박'이다. 이런 협박이 반복되면 아이의 내면에는 근거 없는 불안감만 쌓이게 된다. 물론 시간이 지나면 아이가 그런 존재는 세상에 없다는 것을 깨닫게 되겠지만, 그 사실을 알게 된다고 해서 그 당시에 느꼈던 불안한 감정의 기억까지 사라지는 것은 아니다. 어렸을 때 몇 마디 농담한 것 가지고 뭘 그렇게 지대한 영향을 미치겠냐고, 유난 떨지 말라고 하는 사람들도 있다. 하지만 어차피 별 의미 없는 농담이라면 할 필요가 없는 것이고, 교육의 수단이 협박밖에 없다면 언어의 재정비가 필요하다. 부모와의 상호작용에서 쌓인 실체 없는 두려움은 아이의 삶에 지대한 영향을 미친다. 어른이 되어서도 추상적인 불안이나 두려움에 행동을 통제당하는 느낌을 받을 수 있다.

작고 사소한 거짓말이라도 부모-자녀 관계의 신뢰를 훼손할 수 있다. 아이는 생각보다 훨씬 더 예민하게 부모의 말과 행동의 불일치를 감지한다. 많은 부모가 '하얀 거짓말'의 유혹에 빠진다. 어른의 말을 완전하게 이해하지 못하는 아이를 통제하기 쉬운 방법이기 때문이다. 달콤한 것을 준다며 약을 먹이고, 좋은 곳에 데려간다며 병원에 가고, 맛있는 것을 준다며 채소를 먹인다. 아이에게 겁을 줄 용도로 만들어진 도깨비 앱이 따로 있을 정도다. 하지만 상대적으로 뇌가 발달하지 않은 아이에게는 부모의 별것 아닌 거짓말이 '세상이 무너지는 일'이 될 수도 있다. 그리고 이런 경험들은 서서히 부모에 대한 신뢰를 무너뜨린다.

나도 아이를 키우는 엄마 입장에서, 부모들의 마음도 이해가 간다. '어차피 큰 해를 끼치는 것도 아니고, 다 아이를 위해서 하는 건데'라는 생각에 작은 거짓말로 빠르게 상황을 해결하는 것이다. 하지만 이런 작은 거짓말이 반복되면 장기적으로 부모와 아이 사이의 신뢰를 약화할 수 있다. 특히 아이가 거짓말이라는 것을 알게 되었을 때 느끼는 배신감은 부모-자녀 간에 깊은 금을 남긴다. 더군다나 거짓말을 통해 빠르게 문제를 해결한 것은 아이를 '가르친 것'이 아니라 '굴복시킨 것'이다. 훈육과 교육은 아이가 스스로 서는 법을 배우게 하기 위한 과정이다. 시간이 걸리더라도 아이가 스스로 생각하고 판단할 수 있도록 돕는 것이 진짜 교육이다. 더욱이 부모가 거짓말을 하는 것을 보며 자란 아이는 자연스럽게 거짓말을 '문제 해결의 도구'로 인식할 수 있다. 부모가 자주 거짓말을 사용하는 가정의 아이들은 그렇지 않은 아이들보다 타인을 속이는 행동을 더 많이 보이며, 죄책감도 적게 느낀다고 보고되었다. 또 하나의 문제는, 거짓말로 아이를 통제하는 방식에 익숙해진 부모는 아이 성장에 따른 대화법이나 훈육 방법을 배우지 못한다는 점이다. 아이가 자라면서 거짓말에 속지 않게 되면 대화의 실마리를 잃고 통제력마저 상실하게 된다. 그러니 아이와의 건강한 관계를 위해서는 빠른 해결보다 신뢰와 존중에 기반한 대화를 선택해야 한다.

윤우가 만 2세였던 어느 날, 코로나 검사를 받아야 할 일이 생겼다. 코에 면봉을 넣는 검사는 아프고 낯설었기에, 그저 "놀러 가자"라고 속이면 상황이 훨씬 수월했을지도 모른다. 하지만 나는 윤우에게 정직하게 설명하기로 마음먹었다. 집에 있는 면봉을 꺼내 우리가 받게 될 검사의 과정을 미리 보여주고, 왜 검사를 받아야 하는지 아이의 눈높이에 맞춰 이야기해 주었다. 엄마와 아빠도 아프지만 꾹 참고 받을 거라고 말하며, 윤우에게도 준비할 시간을 주었다. 윤우는 우리의 코에 면봉을 넣어보기도 하고, 자기 코에도 조심스럽게 대보며 여러 질문을 던졌다. 무섭다며 내게 안겨 울기도 했지만, 그 감정을 솔직하게 표현했기에 함께 나눌 수 있었다. 검사소에 도착한 뒤 윤우는 내가 먼저 검사를 받는 모습을 지켜보고는 내 손을 꼭 잡고 자신의 차례를 조용히 기다렸다. 그렇게 탈 없이 검사를 마칠 수 있었다.

아무것도 모르는 어린아이에게 달콤한 말로 얼버무려 빠르게 상황을 마무리하고 싶은 마음은 부모라면 누구나 공감할 것이다. 하지만 나는 오늘의 몇 분을 포기하고, 윤우와의 장기적인 신뢰 관계를 지키는 쪽을 선택했다. '또 거짓말이겠지', '엄마 말은 믿을 수 없어'라는 생각이 생기게 하고 싶지 않았기 때문이다. 그 선택은 결과적으로 윤우의 행동에 큰 변화를 가져왔다. 이제 윤우는 병원이나 치과에 갈 때도 울지 않는다. 그곳에 가면 어떤 일이 일어나는지 미리 알고 있고, 엄마 아빠의 말이 틀린 적이 거의 없다는 신뢰가 형성되어 있기 때문이다. 아플 만한 일이 있을 때는 사전에 설명을 듣고 마음의 준비를 하며, 아픔 뒤에 회복이 따른다는 것도 경험으로 알고 있다. 부모가 거짓말을 하는 이유는 대개 아이가 '스스로 좋은 선택을 하지 않을 것'이라는 불신 때문이다. 하지만 아이는 충분한 정보와 관계의 신뢰를 바탕으로 결국 자신에게 이로운 행동을 선택할 수 있는 존재다. 아이는 통제감을 느끼고 예측할 수 있는 상황에 놓일 때 불안을 덜 느끼고 감정을 더 잘 조절한다.

당장은 작은 거짓말이 편리할지 몰라도, 아이가 세상과

자신을 믿고 신뢰하며 살아가도록 돕는 데는 진심 어린 소통이 훨씬 더 강력한 힘을 발휘한다. 진실은 때로 시간이 더 걸리고 설명이 필요하지만, 그 과정을 통해 아이는 신뢰, 인내, 자기결정감이라는 중요한 자산을 얻게 된다.

용기는 신뢰를 바탕으로 쌓인다

용기는 이런 신뢰를 바탕으로 쌓인다. 부모와의 신뢰를 기반으로 불확실한 일을 견디는 힘을 얻고, 그런 경험들이 쌓여 용기를 낼 수 있게 되는 것이다. 아이들에게는 대부분의 일이 새롭고 두려운 '도전'이다. 이러한 불안정함을 받아들이고 앞으로 나아가는 경험은 중요한 심리적 자원이 된다. 용기를 키우는 가장 효과적인 방법은 '점진적 노출'이다. 아이가 두려워하는 것에 조금씩, 단계적으로 노출하는 것이다.

예를 들어 사회적 상황에 불안을 느끼는 아이라면 처음에는 한두 명의 친숙한 또래와 놀게 하고, 점차 더 큰 그룹 상황에 참여하게 만드는 방식이다. 이러한 점진적 노출을 할 때도 부모와의 신뢰가 매우 중요하게 작용한다. 노출을 시작할 수 있는 힘이 부모와의 관계에서 형성된 안정감으로부터 비롯되기 때문이다. 점진적 노출은 '나는 할 수 있다'라는 자신감과 경험을 만들어내며 각 단계에서의 성공은 다음 단계로 나아갈 용기를 제공한다.

이때 아이의 기질과 성향, 발달 단계를 파악하는 것 또한 중요하다. 아직 준비되지 않은 도전을 강요하는 건 오히려 용기를 감소시킨다. 부모의 역할은 아이를 밀어붙이는 것이 아니라 아이의 속도를 존중하고 적절한 난도의 과제에 도전하게 하고 그것을 지지하는 것이다. 이 과정을 경험한 아이들은 청소년, 성인이 되어서도 높은 문제 해결 능력을 보인다.

윤우는 수영장을 무서워하는 아이였다. 서너 살 무렵 수영장에 데려갔는데 물에 안 들어가겠다고 완강히 거부했고, 얼굴에 물이 닿는 것을 극도로 싫어했다. 목욕할 때조차 얼굴에 물이 닿는 것을 피하느라 머리를 감기는 것도 고생스러운 일이었다. 이럴 때 아이를 채근하거나 다른 아이들과 비교하면 더 빠르게 용기 낼 수 있다고 생각하는 부모들이 있지만, 사실 용기란 지금 자신이 해낼 수 있는 수준보다 한 걸음 앞선 도전에 천천히, 반복적으로 노출될 때 비로소 생겨난다. '지금 당장 수영을 가르쳐야겠다'라는 조급한 마음보다는, 아이가 '물속에서 부모와 함께 안전하고 즐거운 시간을 보냈다'는 기억을 쌓게 해주는 것이 훨씬 효과적이다. 수년간 수영장에서의 즐거운 시간을 축적한 윤우는 초등입학 직전이 되자 튜브를 빼고 직접 수영을 해보고 싶다고 했다. 조심스레 우리의 손을 놓고 몇 초간 자기 방식대로 물을 휘젓는 모습은, 두려움을 딛고 스스로 용기를 끌어올린 증거였다. 물에 대한 두려움이 즐거움으로 바뀌자 얼굴에 물이 닿는 것도 개의치 않게 되었다. 처음에는 잠수해 보겠다며 어설픈 시도를 하더니 이제는 스스럼없이 물속을 활보한다.

아이가 겉으로 드러내는 행동이 답답할 수 있다. 다른 아이들보다 느린 것 같고, 제대로 성과를 못 내는 것 같고, 용기조차 내지 않는 듯한 모습이 안타까울 수도 있다. 하지만 아이의 학습은 눈에 보이는 선형적 결과로 나타나지 않는다. 겉으로는 변화가 없어 보일지라도 아이는 매일 배우고 익히고 있다. 반복되는 경험 속에서 불안을 다루는 기술과 자기 확신을 쌓으며, 마침내 어느 순간 용기로 표출할 준비를 하는 것이다. 용기는 '갑작스러운 성취'가 아니라, 작은 성공과 반복된 시도 위에 천천히 쌓여 피어나는 감정이다.

용기는 '자기표현'과도 깊은 관련이 있다. 자신의 감정이나 생각을 솔직하게 말하는 일, 특히 그것이 다수의 의견과 다를 때는 높은 수준의 감정조절력과 자기 확신이 필요하다. 아이가 자신의 진짜 생각을 말할 수 있는 '심리적으로 안전한 공간'을 제공하는 것은 부모의 중요한 역할이다. 아이는 그 안전한 틀 안에서 자기 자신에게 솔직해질 수 있는 용기를 점차 키워나간다.

무엇보다 중요한 점은, 용기는 모방을 통해 학습되는 감정이라는 것이다. 부모가 두려움을 피하지 않고 마주하는 모습, 실수나 실패 이후에도 다시 시도하는 태도, 불편한 감정을 억누르기보다 건강하게 다루는 과정을 보여줄 때 아이는 이를 자연스럽게 내면화한다. 부모가 보여주는 '진짜 용기'는 말보다 훨씬 강력한 메시지가 된다.

우리 집에서는 서로의 실수와 실패에 관한 이야기를 자주 나눈다. 어른도 마음먹은 대로 되지 않아 좌절하거나 낯선 상황에 당황했던 경험이 있다는 사실을 공유하면, 아이는 '실패' 자체가 잘못이 아니라 배움의 일부임을 이해하게 된다. 이런 대화들을 통해 윤우는 엄마 아빠가 매일 새로운 것을 공부하고, 해보지 않았던 도전을 기꺼이 해낸다는 사실을 잘 알고 있다. 그리고 그 과정에서 겪는 실패의 좌절과 슬픔이 결코 끝이 아닌 과정이라는 것도 이해한다.

"엄마가 얼마 전에 새로운 일을 시작했는데, 진짜 하나도 모르겠고 막막하네. 너무 답답한데 차근히 해보려고."

"아빠도 새로운 회사에 갈 때 긴장됐지만, 그 도전이 아빠를 더 성장하게 만들었어."

아이가 이해할 수 있는 언어로 솔직한 이야기를 나누는 것은, 두려움은 누구나 느끼는 감정이며, 그것을 껴안고도 앞으로 나아가는 것이 진짜 '용기'라는 것을 가르쳐준다. 그리고 이 경험은 아이 안에 서서히 자기효능감과 회복탄력성을 길러주는 씨앗이 된다.

감정에는 '누적 효과'가 있다. 한 번의 긍정 감정 경험은 다음 긍정 감정을 위한 심리적 기반이 된다. 이렇게 축적된 긍정 감정은 아이의 뇌 안에 탄력적인 신경망을 형성하고, 스트레스를 받아도 다시 회복할 수 있는 회복탄력성을 길러준다. 긍정 감정이 자주 활성화되면 전전두엽과 보상 회로가 더 유연하게 연결되며, 이는 창의성과 문제 해결력, 대인 관계의 질에도 영향을 준다. 생존 위협을 느끼지 않는 안전한 정서 상태에서 아이는 새로운 것에 도전하고, 사람들과 따뜻한 관계를 맺으며, 자기 능력을 긍정하게 된다. 반대로 부정 감정이 반복되면 뇌는 위협에 민감해지고, 세상을 위험한 곳으로 인식하게 되며, 자기효능감과 인간관계에 대한 신뢰도 낮아진다. 부모는 아이가 가끔 폭발적으로 느끼는 도파민보다 일상에서 작은 긍정 감정을 자주 경험할 수 있도록 환경을 설계해 주어야 한다. 그것이야말로 아이 평생을 지켜줄 단단한 감정의 방패가 되어줄 것이다.

감정조절력 향상을 위한 생활 습관

- ☐ 매일 잠들기 전 오늘 있었던 기쁜 일을 하나씩 말해 보자.
- ☐ 아이가 주저할 때 "괜찮아, 천천히 해도 돼"라고 말해 주자.
- ☐ 아이가 실수했을 때 "엄마/아빠도 그런 적이 있었는데…"라며 솔직한 경험을 들려 주자.

가정에서 실천하는 긍정 감정 루틴

세상에는 시간 관리를 위한 시스템, 생산성을 높이기 위한 루틴, 더 많은 수입을 얻기 위한 전략이 넘쳐난다. 그런데 우리 가족이 '긍정 감정'을 더 많이 느끼기 위한 시스템과 루틴은 왜 없는 걸까? 기쁨은 운 좋게 찾아오는 감정이 아니다. 뇌는 반복되는 경험에 적응하고, 자주 활성화되는 감정 회로를 중심으로 감정적 습관을 형성한다. 따라서 가족이 일상에서 긍정적인 감정을 자주 경험하기 위해서는 기쁨이 '우연'이 아닌 '일상 루틴'이 되도록 설계해야 한다. 우리는 보통 기쁨이 찾아오기를 기다리지만, 사실은 기쁠 수밖에 없는 순간들을 생활 속에 의도적으로 심어두는 편이 뇌과학적으로나, 심리학적으로 훨씬 더 효과적이다.

우리 집에는 온 가족의 감정 '기본값'을 긍정적으로 유지하기 위한 시스템이 구축되어 있다. 아무리 스트레스가 많은 날이어도, 일상에서 안정적으로 긍정 감정을 공급해 주는 장치들이 작동하고 있으므로 일정 수준 이상의 정서적 안정감을 유지할 수 있다. 이렇게 감정을 위한 루틴과 장치를 가족에게 맞게 시스템화하는 일은 외부 스트레스와 부정적인 자극으로부터 아이를 보호하는 정서적 방어막이 된다.

그중 하나가 바로 '감사 표현'이다. 나는 매일 일상에서 '감사하다'라는 말을 자주 한다. 창문 밖 햇빛이 고맙고, 건강한 몸으로 하루를 살아갈 수 있음에 감사하며, 사랑하는 가족들과 함께할 수 있음에 감사한다. 매사에 감사할 줄 아는 부모님께 물려받은 가장 위대한 자산 중 하나다. 이런 나의 태도를 생소하게 느끼던 남편도 이제는 '고맙다', '감사하다'라는 말을 자주 한다. 그러면서 겉으로 감사의 말을 자주 표현할수록 마음속 감사도 자연스럽게 자라난다는 것을 남편도 깨달았다. 긍정 감정은 우연히 생기는 것이 아니라, 말하고 공유할 때 그 영향력이 커진다.

윤우에게 제일 자주 하는 말은 "사랑해"이고 그다음이 "고마워"다. 특히, 잠들기 전엔 늘 고맙다고 이야기한다. 엄마의 아들로 태어나줘서, 건강해서, 씩씩해서, 사랑스러워서 등 아이의 존재 자체가 감사하다는 것을 매일 말해주는 것이다. 아이는 이런 반복되는 감정 언어를 통해, 자신의 존재가 사랑받고 환영받는다는 확신을 얻는다. 주말에는 테이블 앞에 온 가족이 모여 '감사 일기'를 쓴다. 오늘, 이번 주, 이번 달에 감사했던 일에 대해 간단하게 적고 서로의 이야기를 공유한다. 감사는 단순한 감정이 아니라 긍정 감정의 회로를 강화하는 연습을 통해 발현된다. 또한, 감사는 스트레스를 줄이고 수면의 질을 높이며, 삶의 만족감을 높이는 정서적 자산이다. 타고나는 능력이 아니라 훈련과 반복을 통해 길러지는 기술이며 평생 아이를 지탱해 주는 내면의 힘이다.

우리 집 아침 루틴 중 하나는 바로 '국민 체조'다. 생뚱맞게 느껴질 수 있지만, 신체 움직임은 뇌에서 긍정 감정을 촉진하는 데 매우 효과적이다. 제대로 된 운동복을 입거나 완벽한 자세로 하지 않아도 괜찮다. 자다 일어나 피곤하고 짜증이 날 때도, 국민 체조 음악이 흐르고 서로를 바라보며 따라 하기 시작하면 저절로 웃음이 난다. 동작을 과장해 뽐내거나 노래를 크게 따라 부르는 것만으로도 기분이 환기되고, 하루를 활기차게 시작할 수 있다. 신체 활동은 도파민과 세로토닌 같은 긍정적인 신경전달물질의 분비를 촉진해, 감정조절력과 회복탄력성을 높이는 데 기여한다.

'금요춤'도 우리 가족의 정기 루틴 중 하나다. 윤우가 초등학교에 입학한 뒤 적응 스트레스를 줄이기 위해 시작한 이 활동은, 매주 금요일 하고 후 온 가족이 함께 음악을 틀고 몇 분 동안 몸을 신나게 흔드는 시간이다. 춤이라기보다는 그냥 실컷 방방 뛰며 긴장을 털어내는 시간인데, 웃음과 즐거움이 함께 쌓이면서 자연스럽게 일주일의 끝을 긍정적으로 마무리하게 된다.

한 달에 한 번 열리는 '한 달 파티'도 있다. 파티라고 해서 거창한 이벤트는 아니다. 주제를 정해 음식을 고르고, 함께 기대하며 그날의 의미를 이야기하는 단순한 외식이지만, 공동의 목표와 기쁨을 나누는 이 시간이 가족의 정서적 연결을 깊게 만들어준다. 이런 작은 축제는 아이에게 '기쁨은 스스로 만들어갈 수 있는 것'이라는 감정 습관을 심어준다.

우리 가족은 연말마다 지난 1년을 돌아보고, 간단한 새해 계획을 세운다. '올해 처음 해본 것', '가장 기억에 남는 순간', '감사했던 일'을 나누고, '내년에 새롭게 도전해 보고 싶은 일', '배우고 싶은 것', '더 많이 느끼고 싶은 감정'에 대해 이야기한다. 감정에 대해 회고하고 기대를 나누는 이 시간은 우리 가족만의 연례 루틴이며, 감정의 가치를 삶의 중심에 두고 있다는 메시지를 서로 확인하는 소중한 기회다. 이렇게 감정을 자주 나누고, 일상의 소소한 순간들을 의미 있게 바라보는 습관은 아이의 태도와 행동에도 긍정적인 영향을 미친다.

얼마 전, 윤우가 지우개 청소기를 고친 일이 있었다. 책상에서 떨어진 청소기가 완전히 분해되어 버렸을 때, 윤우는 스스로 고쳐보겠다고 나섰고, 수십 분 동안 집중한 끝에 결국 기계를 다시 조립해 작동시키는 데 성공했다. 이 사건 하나만 보면 '손재주가 좋다'거나 '끈기 있다'고만 볼 수도 있다. 하지만 나는 그 순간을, 우리 가족이 함께 만든 '감정 시스템'의 결과물이라고 느꼈다. 실패해도 다그치지 않는 분위기, 문제 해결보다 시도와 탐색을 칭찬해 주는 태도, 가족 안에서 실패담을 나누고 도전을 응원하는 문화가 있었기에 가능한 장면이었다. 아이는 그 시스템 속에서 '해보는 것'의 가치를 자연스럽게 배운 것이다.

"엄마는 금방 포기하려고 했는데, 윤우는 끝까지 해냈네?"
"아빠는 생각하지도 못했던 방법인데. 오랜 시간 집중하는 모습이 정말 멋있던데?"

아이에게 결과보다 과정을 칭찬해 주자. 그러면 아이의

끈기와 노력은 선순환한다. 결과는 내가 통제할 수 없지만, 과정은 마음먹은 대로 해낼 수 있기 때문이다. 세상에는 내 뜻대로 되지 않는 일이 더 많다. 그러므로 우리에겐 결과를 감당할 수 있는 내면의 힘, 즉 긍정 감정의 시스템이 필요하다. 그렇게 만들어둔 정서적 시스템은 아이와 부모의 마음을 지켜주고, 나아가 스스로 생존할 수 있는 단단함을 길러줄 것이다.

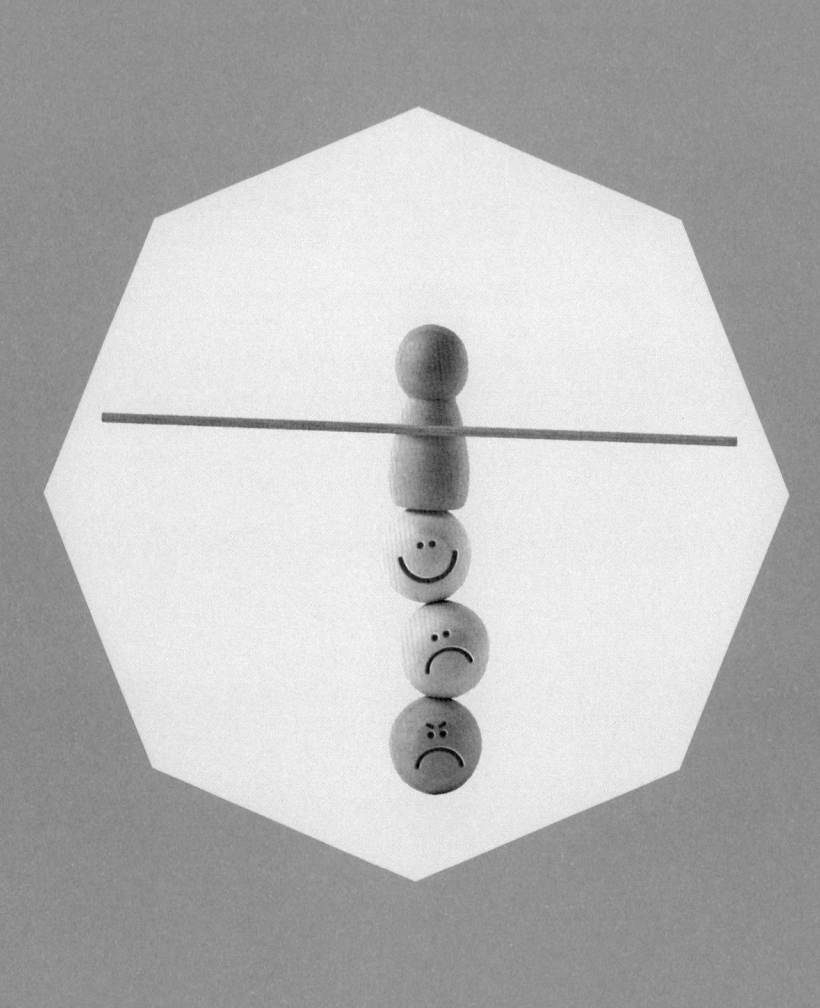

3부

감정을 조절하고 표현하는 실전 감정 코칭

7장

감정 기반 사회성 길러주기

갈등은 관계를
단단하게 만든다

"우리 아이가 친구와 싸웠어요. 어떡하죠?"

많은 부모가 아이가 친구와 다투거나 갈등을 겪었다는 이야기를 듣고 크게 걱정한다. 아이가 상처받진 않았을까 염려되고, 혹시 내 양육 방식에 문제가 있었던 건 아닌지 자책하며, 다른 부모들의 시선을 의식하기도 한다. 그래서 "싸우지 말고 친구랑 사이좋게 지내야지"라고 습관처럼 말한다. 우리도 어릴 적부터 귀에 못이 박히도록 들었던 말이기에, 그렇게 말하는 게 자연스럽고 당연하다고 느껴질 수도 있다.

그런데 아이가 친구와 갈등을 겪는 건 정말 나쁘기만 한 일일까? 관계에서의 '갈등conflict'은 본질적으로 부정적인 것이 아니다. 오히려 갈등은 서로 다른 생각과 욕구가 존재한다는 자연스러운 증거이며, 잘 다루면 관계를 더 깊고 건강하게 만들어주는 촉매제가 된다. 문제는 대부분의 아이가 '갈등'과 '싸움'을 구분하지 못한다는 것이다. 의견이 다르면 곧 싸운 것이고, 다툼이 생기면 관계가 끝나는 것이라고 여긴다. 이는 이분법적 사고가 강한 아동기의 인지 특성과도 연결되어 있다. 그런데, 부모들이 나서서 '싸움은 나쁜 것'이라는 말을 반복적으로 하니, 아이들의 왜곡된 믿음은 더욱 강화된다.

더욱이 많은 부모 역시 갈등을 '피해야 할 것'으로 여긴다. "좋은 게 좋은 거야"라는 말이 나타내듯 소수의 희생으로 조용히 넘어가는 것을 미덕이라고 가르치는 문화에서 자란 탓이다. 하지만 이런 가르침은 실제 사회에서 건강한 인간관계를 맺는 데 걸림돌이 된다. 갈등을 겪을 때 해결하거나 조율하기보다 회피하거나 단절해 버리는 것이다. 혹은 상대방이 나를 싫어한다고 오해해 방어적으로 굴거나 자신의 감정을 억누르고 표현하지 않기도 한다. 친밀한 관계에 대한 비현실적인 기대와 현실 사이에서 늘 좌절하는 것이다.

그런데 정서적 탄력성과 대인 관계 기술이 높은 사람일수록 갈등을 회피하지 않고 상대의 관점에서 상황을 바라보며 해결하려는 경향이 높다. 대인 관계 기술은 자존감과 사회적 유능감, 심지어 직업 만족도와도 높은 상관을 보인다. 실제로 성인이 되어서도 인간관계를 스트레스의 가장 큰 원인으로 꼽는 경우가 많고, 직장을 떠나는 주요 이유 중 하나 역시 대인 갈등이다.

갈등이 전혀 없는 관계는 현실적으로 존재하기 어렵다. 갈등은 서로 다르다는 증거이며, 그 차이를 어떻게 다루는지에 따라 관계의 깊이가 달라진다. 심지어 우리의 내면에도 늘 다양한 감정과 생각 간의 갈등이 공존한다. 그러니 갈등은 피해야 할 것이 아니라, 이해와 성장을 위한 기회로 볼 수 있어야 한다. 아이에게 진짜 필요한 건 갈등을 '싸움'이 아닌 '조율할 수 있는 차이'로 인식하고, 그 안에서 감정과 생각을 조절하는 기술을 익히도록 안내해 주는 일이다. 그래야 아이는 갈등 앞에서 주눅 들거나 회피하는 대신, 자신의 마음을 지키며 타인과 관계를 맺을 수 있다.

그런데 실제로 아이들에게 행해지는 대부분의 '사회성'과 관련된 교육은 친구 사귀기나 무리에서 소외되지 않는 방법에만 집중하는 경향이 있다. 그러다 보니 결론은 여전히 '친구와 싸우지 말고 사이좋게 지내자'가 된다. 하지만 관계를 지속하는 기술은 '갈등을 건강하게 해소하는 능력'에서 나온다. 사람을 만나고 관계를 맺으려는 것은 본능에 가깝지만, 갈등 상황을 건설적으로 해소하는 것은 배우고 연습해야 하는 고도의 기술이기 때문이다. 이는 전두엽의 발달과 함께 서서히 길러지는 능력이며 교육과 학습이 필요하다.

특히 사소한 불편함도 견디기 어려워하는 지금 시대에 이런 갈등 해결 기술은 더욱 중요한 역할을 한다. 관계를 맺는다는 건 상대방의 의견을 존중하면서 자신의 세계를 확장해 나가는 과정이다. 인간은 '다름' 속에서 성장하도록 설계된 존재이기에 이 갈등을 배움의 기회로, 더 나은 내가 될 수 있는 자극제로 활용할 필요가 있다. 따라서 갈등을 어떻게 바라보고 해결하느냐가 의미 있는 관계를 만드는 핵심 장치라고 할 수 있다. 갈등을 일으키는 사람을 '나쁜 사람'이라고 매도할 것이 아니라 관계에 이로운 방향으로 갈등을 조율해 나가는 사람이 될 수 있도록 가르쳐야 한다.

시간이 갈수록 부부 사이가 멀어지고 가족 간 친밀도가 약해지는 이유도 갈등을 조율하는 기술이 부재하기 때문이다. 생각이 다른 배우자나 자녀에게 자신의 감정을 명확히 표현하고 조율하려는 노력보다는, 상대가 알아차려 주기를 기대하는 경우가 많다. 서로의 마음을 말로 주고받는 대신 "왜 내 마음을 몰라주지?"라는 서운함만 쌓여가고, 사랑이 식었기 때문이라고 오해하기도 한다. 결국 우리는 "달라서 가까워질 수 없다"라며 관계 자체를 포기해 버린다. 하지만 진정한 친밀감은 서로 같아서 발생하는 것이 아니라 다름을 조율하려는 노력 속에서 자라난다.

어른에게도 이런 조율은 쉬운 일이 아니다. 하물며 아이들에게는 더 큰 도전이다. 요즘 아이들은 외동이거나 형제가 적고, 부모 주도의 활동에 많이 노출되며, 또래 관계에서 충분히 부딪치고 조율할 기회를 얻기 어렵다. 그런데 가정 내에서도 갈등을 경험할 일도 적다. 교육적 이유로 부부 싸움을 완전히 차단하거나 형제간 다툼조차 허용하지 않으려는 경우가 많다. 물론 물리적 폭력이나 위협적인 환경은 배제되어야 하지만, 모든 갈등을 '없는 일'로 만들려는 분위기는 문제 해결의 기회를 오히려 앗아 간다.

가정은 아이에게 사회성을 가르치는 첫 교과서이며, 갈등 조율을 연습해 보는 안전한 장이다. 그런데 이곳에서조차 갈등이 봉쇄되면, 아이는 사회에 나가 갈등을 처음 마주했을 때 어떻게 감정을 다뤄야 할지 알지 못한다. 억울함, 분노, 서운함, 실망감 등 복합적인 감정이 한꺼번에 밀려오고, 그 안에서 길을 잃는다. 부모가 불편해하는 상황은 당연히 아이도 불편하게 느낀다. 더구나 많은 부모는 갈등 상황에서 느껴지는 자신의 감정을 다루는 방법조차 제대로 배우지 못했기 때문에, 아이에게 이를 가르치기가 더욱 어렵다. 그 결과 아이는 점차 관계 맺기를 회피하게 되고, 유의미한 관계를 지속하지 못하는 형태를 보이게 된다. 하지만 갈등은 결코 '나쁜' 것이 아니다. 오히려 갈등은 '관계에 조정이 필요하다는 신호'다. 이 신호를 어떻게 해석하고 대응하느냐에 따라 삶에서 더 풍요롭고 성숙한 관계를 맺을 수 있다.

우리 부부는 아이 앞에서도 갈등 상황을 숨기지 않는다. 아무리 사랑하는 사이라도 갈등은 생길 수밖에 없으며, 그 갈등을 어떻게 풀어가는지를 아이가 직접 목격하고 체험하는 것이 무엇보다 중요하다고 믿기 때문이다. 갈등은 숨길 대상이 아니라 회복과 성장의 과정을 보여줄 수 있는 기회다. 게다가 '아이 앞에서는 항상 좋은 모습만 보여야 한다'는 강박은 부부 관계에 악영향을 미친다. 아이를 위한다는 명분으로 대화를 줄이다 보면, 결국 관계는 점점 단절되고 만다. 특히 어린 자녀와 함께 생활하는 가정에서는 아이가 없는 시간이 거의 없으므로, '아이 앞에서는 절대 하지 말아야 할 것'이 늘어나면 부부간의 소통 기회 자체가 사라지게 된다. 다만 우리 부부는 몇 가지 분명한 원칙을 지킨다.

- 아이에게 상황을 설명한다.
- 인신공격은 하지 않는다.
- 논의할 주제 외에 다른 이야기는 하지 않는다.
- 목소리를 지나치게 높이지 않는다.
- 비속어나 욕은 사용하지 않는다.
- (당연하지만) 폭력은 절대 사용하지 않는다.

이런 원칙을 어길 정도로 감정이 격해진 상태라면 잠시 휴전을 선언하고 아이가 없을 때 대화를 이어가도록 한다.

'어떻게 그런 원칙까지 지키면서 부부 싸움을 할 수 있죠?'라고 의아해하는 이들도 있다. 하지만 여기서 중요한 점은, '갈등'과 '싸움'은 다르다는 것이다. 건강한 감정조절력이 있는 사람에게 갈등은 관계를 해치는 것이 아니라, 오히려 서로를 더 잘 이해하기 위한 하나의 과정이다. '네가 언제 내 마음을 알아주나 보자'라며 감정을 쌓아두기보다는, 그때그때 느끼는 불편함을 솔직하게 표현하면 갈등은 의외로 쉽게 풀린다. 물론 우리 부부도 사람이니 유난히 지치고 예민한 날에는 날 선 말을 주고받을 뻔한 순간도 있었다. 하지만 아이를 키우며 자연스럽게 갈등을 마주하고 해소하는 법을 배워왔다.

그래서 누군가 "부부 싸움 안 하시죠?"라고 물으면 조금 망설이게 된다. "갈등은 있지만 싸움은 하지 않는다"라고 말하고 싶지만, 이 차이를 이해하는 사람은 많지 않기 때문이다. 각자 경력을 쌓아가며 어린아이를 함께 키우는 우리 부부에게 의견 차이가 전혀 없다는 건 오히려 이상한 일이다. 부부는 수십 년간 다른 환경에서 자라온 두 사람이 세상에서 가장 소중한 공동의 목표를 위해 수많은 결정을 함께 내려야 한다. 만약 갈등이 하나도 없다면, 그건 둘 중 한 사람이 지나치게 참고 있거나, 아예 대화조차 없다는 뜻일지도 모른다. 건강한 관계는 언제나 조율과 충돌, 그리고 회복의 과정을 거치며 깊어지는 법이다.

"엄마 말도 맞는데, 아빠 말도 맞네! 둘이 잘 상의해 봐."
"오늘 아침 문제는 잘 해결됐어? 그러면 이제 뽀뽀해야지."
"나는 그렇게 생각 안 하는데. 나는 이런 생각이야."
"서로 의견이 다를 수 있지. 그래도 서로 사랑하잖아."
"어제 있었던 의견 차이는 둘이 잘 대화 나눴지?"

지금까지 우리 부부의 갈등 상황을 지켜본 윤우는 이제 간혹 한두 마디 덧붙이며 제 생각을 표현하기도 한다. 물론 대화가 길어질 기미가 보이면, "윤우야, 엄마랑 아빠 10분만 이야기 좀 할게"라고 먼저 말해준다. 그러면 아이는 부모에게도 둘만의 시간이 필요하다는 것을 자연스럽게 받아들인다. 이야기가 마무리된 뒤에는 아이가 이해할 수 있는 언어로 어떤 일이 있었고, 어떻게 해결했는지를 차분히 설명해 준다. 그리고 "엄마랑 아빠는 여전히 아주 친해"라는 따뜻한 메시지도 잊지 않는다. 손을 잡고, 포옹하고, 서로의 입장을 정리하며 사과하는 과정은 갈등과 회복을 통해 관계를 더 단단하게 만들어지는 방식을 몸소 보여주는 것이다. 아이는 이런 과정을 통해 갈등이 관계를 깨는 것이 아니라, 오히려 서로를 더 깊이 이해하게 만드는 과정이라는 것을 체득하게 된다.

의견 차이로 인한 갈등은 사랑하지 않는다는 증거가 아니라, 서로를 더 이해하고자 하는 노력의 표현이다. 윤우도 언젠가 사랑하는 사람과의 관계 속에서 서운한 감정이 생겼을 때, 그 감정을 억누르거나 도망치기보다 입 밖으로 자신의 감정을 말하고, 그 마음을 함께 풀어나갈 수 있기를 바란다.

서운함을 통해 갈등을 예방한다

아이가 어린이집이나 학교에 다닐 나이가 되면 친구를 새로 사귀게 되면서 서운해하는 일도 많아진다. 서운함은 내심 기대했던 것보다 덜한 대우나 관심을 받았을 때 느끼는 미묘한 실망감이다. 아이가 서운한 감정을 내비치면 부모는 또 그만큼 전전긍긍하게 된다. 아이가 상처받은 것이 속상하기도 하고, 원하는 것을 제대로 말하지 못하는 게 내 탓인 것 같아서 죄책감이 든다. 하지만 서운함은 사회성을 키우는 과정에서 반드시 나타나는 감정이며, 아이가 정상적으로 발달하고 있다는 증거다.

문제는 많은 아이가 서운한 마음을 표현하지 않고 속으로만 삼킨다는 점이다. '혹시 싸우면 어떻게 하지?', '친구가 나를 싫어하지 않을까?', '이건 별거 아닌데 말하면 혼날지도 몰라…' 이런 걱정이 앞서 솔직한 감정 표현을 주저하게 된다. 하지만 갈등과 마찬가지로, 서운한 감정이 계속 누적되면 결국 관계에 대한 실망감과 불신으로 이어지고, 심하면 단절로까지 이어질 수 있다.

얼마 전, 윤우의 등굣길을 담당하던 남편이 윤우를 재촉하다가 서로 감정이 상했던 일이 있었다. 저녁에 다시 만났을 때 두 사람은 조용히 그 상황에 관해 대화를 나눴다.

"아침에 아빠가 나한테 짜증 낸 거, 많이 서운했어."
"아빠가 미안해. 늦었다고 생각해서 짜증이 났나 봐."
"사과는 받아줄 건데, 내 기분이 당장 나아지지는 않아."
"그럴 수 있지. 다시 한번 사과할게."
"알았어. 다음부터는 조심해 줘."
"그럼, 내일은 조금 더 일찍 나가보자. 10분만 더 일찍 준비하면 나도 덜 조급할 것 같아."
"그래. 그러려면 오늘은 좀 더 일찍 자야겠다."

우리는 윤우의 이런 성숙한 대화를 한껏 칭찬해 주었다. 자신이 관계 속에서 느낀 감정을 솔직하게 표현하는 것은 어린아이에게 결코 쉬운 일이 아니다. 그리고 사과를 받더라도 기분이 즉시 나아지지 않을 수 있다는 점을 분명히 말할 수 있다는 것은 더욱 성숙한 태도다. 부모들은 종종 아이에게 "이제 사과받았으니까 용서해 줘야지"라고 재촉하지만, 감정은 타인의 말 한마디로 단번에 회복되는 것이 아니다. 오히려 충분히 회복되지 않은 상태에서 용서를 강요받게 되면 아이는 자기 감정을 무시당했다고 느낄 수 있다. 건강한 관계란 상대방의 사과만큼이나 자신의 감정의 회복 속도를 존중하는 것이다. 감정은 지극히 주관적이기에, 그 회복 역시 자신만의 시간과 리듬이 필요하다. 더불어 애초에 왜 그런 갈등이 발생했는지를 되돌아보고, 같은 일이 반복되지 않도록 함께 해결책을 찾아보는 것도 중요하다. 이런 대화와 연습은 단순한 갈등 해소를 넘어, 아이가 삶 속에서 관계를 지속하고 조율해 나가는 능력의 밑바탕이 된다.

많은 아이가 갈등이 두려워서 서운한 마음을 숨긴다. 하지만 감정을 표현하지 않으면 상대는 절대 그 마음을 알 수 없다. 오해는 그렇게 자라고, 관계는 멀어진다. 서운함을 말로 표현하는 것은 관계를 망치는 일이 아니다. 특히 친밀한 관계일수록 이런 대화는 더 큰 갈등을 예방하고 관계를 지키는 주춧돌이 된다. 또한, 서운하다는 마음을 비쳤을 때 되레 화를 내거나 멀어지면 그건 내 잘못이 아니다. 둘의 관계가 그 정도이므로 어차피 발전 가능성이 없는 거다. 자신의 감정을 숨기지 않고, 조심스럽지만 분명하게 표현할 수 있는 아이야말로 깊고 의미 있는 인간관계를 만들어갈 수 있다.

'서운하다'라는 감정은 단순한 짜증이나 실망과는 다르다. 누군가와의 관계에서 내가 기대한 행동이나 말이 돌아오지 않았을 때, 그 어긋남에서 생기는 감정이다. 그래서 서운함은 관계가 있어야만 생긴다. 낯선 사람에게는 느낄 수 없는 감정이다. 다시 말해, 아이가 누군가에게 서운함을 느꼈다는 것은 그만큼 그 사람과의 관계가 소중하다는 뜻이다. 하지만 부모가 아이에게 이 감정의 중요성만 강조하다 보면, 아이는 느끼는 대로 '서운해'를 남발하게 될 수도 있다. 상대방을 배려하는 능력이 오히려 줄어드는 것이다. 따라서 아이에게 서운함은 '표현해야 할 감정'이기 이전에, '관계를 유지하고 싶다는 신호'임을 가르쳐야 한다. 이 감정이 상대를 비난하거나 바꾸려는 것이 아니라, 서로를 더 잘 이해하고 싶은 마음이라는 걸 알려주는 것이다.

- 이 관계는 내가 계속 이어가고 싶은 관계일까?
- 지금 이 감정을 말하면 서로를 더 잘 이해하는 데 도움이 될까?
- 나는 상대를 탓하고 싶은 걸까, 아니면 내 마음을 나누고 싶은 걸까?

서운함이 생겼을 때 이런 질문을 던져보는 습관은, 감정을 곧장 반응으로 옮기는 것을 막고, 사회적으로 건강한 표현을 가능하게 한다. 감정을 표현하는 것은 중요하지만, 언제 어떻게 말하느냐에 따라 그 감정이 이해받을 기회가 되기도 하고, 갈등의 시작이 되기도 한다. 자신과 타인의 감정을 존중하고, 조심스럽지만 진심을 담아 표현할 수 있는 아이는 진정으로 건강하고 의미 있는 관계를 만들어갈 수 있다.

아이의 '싫어'를 존중해야 하는 이유

부모들이 곤란한 또 하나의 상황은 아이들이 다른 친구를 '싫다'라고 표현할 때다. 특정 친구를 싫어하거나 함께 놀기를 거부하면 아이의 사회성에 문제가 있다고 걱정한다. 혹은 이기적이고 배타적인 사람이 되지는 않을까 불안해진다. 하지만 이는 사회성에 대한 오해에서 비롯된 잘못된 생각이다. 모든 사람을 다 좋아하는 것은 애초에 불가능한 일이다. 성인에게도 불가능한 일을 아이에게 기대하는 것은 현실적이지도 건강하지도 않다. 진정한 사회성이란 모든 사람과 다 잘 지내는 것이 아니라, 누구와 친밀한 관계를 맺고 누구와는 거리를 두어야 할지 '선택하고 조율하는 능력'에 가깝다. 이런 능력을 키우기 위해서는 단단한 정서적 바운더리, 즉 심리적 울타리가 있어야 한다. 이것은 자신이 불편하거나 위험하다고 느끼는 관계에서 자신을 지키기 위해 필수적인 요소다.

아이가 "나는 저 친구와는 잘 안 맞는 것 같아"라고 말하는 건 바로 그 울타리를 인식하고, 말로 표현한 것이다. 이는 비난받을 일이 아니라 자신을 건강하게 존중하고 보호하고 있다는 신호다.

물론 감정을 느끼는 것과 표현하는 방식은 다르다. "저 애 싫어!"라고 소리치거나, 다른 친구들과 함께 특정 아이를 따돌리는 행동은 건강한 감정 표현이 아니다. 반면 "나는 저 친구랑은 성격이 좀 안 맞는 것 같아"라고 말할 수 있는 아이는 이미 자기 감정을 조절하고, 타인과의 경계를 인식하는 법을 배우고 있는 것이다. 부모가 가르쳐야 할 것은 모두와 친하게 지내는 기술이 아니라, 자신의 감정을 존중하고 상대에게 상처 주지 않는 방식으로 경계를 표현하는 방법이다. 상대에게 무조건 맞추거나 상대를 바꾸려고 하는 게 아니라 서로의 다름을 받아들이고 적절한 거리를 유지하는 진정한 사회성이다.

많은 부모는 아이가 특정 친구를 거부하는 모습을 보면 "그래도 같이 잘 놀아야지"라며 타이른다. 하지만 아이가 내면적으로 불편함을 느끼고 있음에도 겉으로는 억지로 친한 척하게 되면, 감정과 행동 사이에 불일치가 생긴다. 이는 나중에 더 큰 갈등이나 불편한 감정으로 되돌아온다. 오히려 그 상황에서 아이의 마음을 존중해 주고, "그럴 수도 있어. 누구랑 가까워지고 싶고, 누구와는 거리를 두고 싶은지는 너의 선택이야. 다만 말은 조심스럽게 해야 해"라고 말해주면서 건강한 표현 방식을 탐색하는 것이 좋다.

반대로 다른 친구가 내 아이를 좋아하지 않거나 서로 감정이 어긋날 때도 있다. 어느 날 윤우가 친구에게 서운했던 일을 털어놓은 적이 있다. 친구와 놀고 싶어 계속 기다렸는데, 친구는 다른 놀이에 집중하느라 윤우를 돌아보지 않았던 것이다. 눈물이 그렁한 윤우를 안고 나는 이렇게 말했다.

"친구를 사귀다 보면 내 마음과 상대의 마음이 똑같지 않을 때가 있어. 내가 진짜 좋아하는데 상대는 싫어할 수도 있고, 반대일 수도 있지."

"그럼 어떻게 해?"

"내가 정말 상대가 좋다면 이야기를 해볼 수 있겠지? 좋아하는 마음을 표현하고 더 친해지고 싶다고 말을 하면 되지."

"그래도 안 되면?"

"물론 그래도 안 될 때도 있지. 반대로, 어떤 친구가 더 친해지고 싶다고 너에게 말을 해도 마찬가지야. 그 말 때문에 마음이 더 열릴 수도 있지만, 똑같을 수도 있지."

"그럼 너무 속상한데."

"물론 속상하지. 슬프기도 하고. 그렇지만 상대방의 마음을 내 마음대로 바꾸거나 조종할 수는 없어. 내가 할 수 있는 건 내 마음을 힘껏 표현하는 것뿐이고, 그래도 마음에 차이가 있다면 받아들여야 하는 거지. 네 마음이 네 것인 것처럼, 친구의 마음은 친구 거니까. 그런데 비밀 하나 알려줄까? 어떤 일이 있어도, 네가 어떤 마음이어도 너를 무조건 좋아하고, 사랑하고, 기다리는 사람이 한 명 있다는 거야."

"그게 누군데?"

"엄마지! 세상이 두 쪽 나도 너를 사랑하는 사람. 그러니까, 친구들과 어떤 일이 있든 엄마한테 안겨 있으면 안전해."

사회성은 억지로 끌어내는 것이 아니라 스스로 느끼고 경험하고 선택하며 자라는 것이다. 아이들은 또래와의 관계 속에서 실망도 하고, 서운함도 느끼고, 갈등도 겪으면서 점차 자신만의 경계와 감정조절력을 쌓아간다. 부모가 너무 일찍 개입해서 이 과정을 빼앗으면, 아이는 결국 자신의 감정이 진짜인지조차 헷갈리게 된다. '싫어'라고 느끼는 감정을 억누르는 아이는 '좋아'도 제대로 느끼기 어렵다.

감정조절력 향상을 위한 생활 습관

☐ 가족 간 갈등 상황 뒤에 회복과 화해를 위한 대화를 하자.

☐ 서로에게 서운한 일에 관해서 판단 없이 이야기하는 시간을 가져보자.

☐ '싫어'라고 말하는 연습을 함께 하자.

타인의 감정을 읽고 이해하는 힘, 공감력

"우리 아이는 친구를 잘 못 사귀어요."
"양보도 안 하고 너무 이기적이에요."
"자기 멋대로만 하려고 해서 걱정이에요."

부모라면 한 번쯤 아이가 이기적으로 굴어서 또래 친구들과 어울리지 못할까 걱정해 본 적이 있을 것이다. 그런데 이런 고민을 하기 전에 아이가 관계를 맺고 유지하는 연습을 얼마나 하는지 되돌아보자. 아이의 사회성에 대해 고민하면서 정작 아이가 관계를 맺을 기회 자체를 박탈해 버리는 부모들이 많다. '관계'란 사회성을 키우는 기본 단위이며, 사회성은 타인과의 상호작용과 관계 속에서 발달하는 능력이다. 어린아이들은 부모, 형제자매, 또래, 교사 등 다양한 관계를 통해 사회적 규범과 의사소통 방식, 감정 교류, 갈등 해결 방법 등을 배우게 된다. 결론적으로, 사회성의 핵심은 감정을 토대로 한 관계이며, 관계 없이는 사회성이 발달할 수 없다는 말이다.

그런데 많은 부모가 자녀에게 지식을 주입하는 '선행학습'은 시키면서 정작 삶을 살아가는 데 필요한 중요한 다른 능력과 기술은 연습을 못 하게 하는 게 현실이다. 요즘 아이들이 못되거나 이기적이라서 사회성이 떨어진다고 생각하면 오산이다. 사실은 관계 속에서 충분한 사회성을 배우거나 경험하고 확장하지 못했기 때문이다. 부부끼리 서로 대화도 하지 않거나 아이와도 깊이 있는 상호작용을 하지 않는 집도 많다. 부모가 주도하는 수업이나 체험활동이 관계의 전부이며 예전처럼 친척이나 형제들에게 둘러싸여 있지도 않기에 자연스럽게 의미 있는 관계를 맺기도 어렵다. 간혹 아이들 사이에서 갈등이라도 생기면 어른들이 나서서 마무리한다. 다양한 경험과 연습이 필요한 아이들에게 관계 맺을 기회를 차단해 버리고서는 아이가 사회성이 없는 것 같다고 고민한다.

우리가 사는 세상은 관계를 중심으로 돌아간다. 학위나

능력, 직업 등이 아이들의 성공이나 행복에 큰 영향을 미칠 것으로 생각하기 쉽지만 사실 가장 큰 영향력이 있는 건 '사회성'이다. 사회성을 길러준다는 명목으로 비싼 전집이나 관련된 책을 사주는 경우도 많은데, 사회성은 공부 지식처럼 외운다고 저절로 길러지는 능력이 아니다. 말 그대로 '사회에서 잘 지내는 능력'이니 타인과 더불어 관계를 맺는 경험을 통해 길러진다.

그중에서도 '공감 능력'은 사회적 관계의 기초가 된다. 공감은 타인의 감정을 정확히 인식하고, 그 감정을 이해하며, 적절히 반응하는 복합적인 능력이다. 단순히 상대방의 말에 맞장구를 치는 행동이 아닌, 깊은 감정적 연결과 인지적 이해를 포함하기에 다양한 방식으로 연습해야 할 능력이다.

윤우는 유아기에 관계를 중시하는 '공동육아' 기관에 다녔다. 부모들이 조합원이 되어 직접 운영하는 이 기관은 아이가 관계 속에서 자신과 타인을 존중하며 주체성과 자율성을 기르고, 스스로 또 함께 바로 설 수 있도록 돕는 것을 목표로 한다. 이곳에서 윤우는 자유 놀이를 중심으로 연령이 섞인 통합 활동을 많이 경험했다. 또 부모들이 아이들과 친구가 될 정도로 참여가 많은 곳이라 어른들과 관계를 맺은 경험도 많다. 친구들의 부모들과 어울려 함께하는 다양한 활동 속에서,

나이에 상관없이 의미 있는 관계를 맺는 법을 자연스럽게 익혔다. 특히 어른이 개입하지 않는 자유 놀이 환경에서는 친구를 사귀고, 놀이를 제안하며, 갈등을 직면하고, 서로의 다름을 조율하는 과정을 수없이 반복했다. 기분이 상했을 때 감정을 나누고, 더 나은 해결책을 함께 고민하는 일도 일상이었다. 미취학 아이들도 감정을 공유하고 타협점을 찾는 일이 충분히 가능하다는 것을 윤우의 기관 생활을 통해 배웠다.

핵가족화된 시대에 태어난 요즘 아이들에게는 이런 '확장된 관계'의 경험이 더욱 중요하다. 형제자매나 가까운 친척조차 없는 경우가 많고, 또래 집단 외에는 다양한 사람들과 관계를 맺을 기회가 적기 때문이다. 윤우는 유아 시절 공동육아 기관에서 경험한 관계의 다양성과 반복된 갈등 조율을 통해 자연스럽게 공감의 기술을 익혔고, 이는 초등학교 입학 이후에도 강점으로 작용했다.

윤우는 새로운 환경을 부담스러워하고 낯선 사람을 어려워하는 기질적으로 예민한 아이다. 하지만 반복적인 경험을 통해 친구를 사귀고, 관계를 지속하며, 나이와 상관없이 어울릴 힘을 키웠다. 물론 모든 가정이 공동육아를 선택할 수는 없다. 하지만 이 경험이 말해주는 바는 분명하다. 공감 능력은 타고나는 것이 아니라, 충분한 시간과 다양한 관계 속에서 자라나는 능력이라는 점이다.

가정에서도 이웃과의 교류, 다양한 연령의 사람들과의 만남, 갈등을 회피하지 않고 조율해 보는 작은 시도를 통해 아이는 충분히 공감 능력을 키울 수 있다. 중요한 건, 아이가 관계 속에서 자기만의 속도와 방식으로 배워가도록 기다려 주고 지지해 주는 태도다.

부모가 키워주는 아이의 공감 능력

아이의 공감 능력은 부모가 아이의 감정을 어떻게 다루느냐에 따라 크게 달라진다. 부모가 아이의 감정을 무시하거나 단정하지 않고, 있는 그대로 인정해 줄 때 아이는 자신의 감정을 정확히 인식하고 표현하는 법을 배운다. 이는 타인의 감정을 이해하고 배려하는 힘으로도 이어진다.

"친구가 나랑 안 놀아서 속상했어."

이런 말을 들었을 때 "그럴 수도 있지"라고 넘기기보다는, "혼자 남겨져서 마음이 아팠구나. 같이 놀고 싶었는데 안 되니까 속상했겠다"라고 감정을 언어로 되짚어주는 것이 중요하다. 아이의 속상함을 있는 그대로 인정하고 언어화해 주면, 아이는 자신의 감정을 다루는 능력을 기를 뿐 아니라 타인의 감정에 민감해진다. 이처럼 감정을 알아차리고 표현하고 해결하는 일련의 과정에서 아이의 공감 능력은 차츰 깊어진다.

공감 능력은 크게 다음의 3단계로 발달한다. 아이들은 이 단계를 차례로 거치며 성장하지만, 각 단계의 발달 속도는 환경과 경험에 크게 좌우된다.

[공감 능력의 발달 3단계]

1단계	정서적 공감 (affective empathy)	타인의 감정을 자신도 함께 느끼는 단계
2단계	인지적 공감 (cognitive empathy)	타인의 관점에서 생각할 수 있는 단계
3단계	행동적 공감 (behavioral empathy)	상대가 원하는 적절한 반응을 보이는 단계

영아기(0~2세)에는 정서적 공감의 기초가 형성된다. 다른 사람이 울면 함께 우는 아기의 모습은 쉽게 볼 수 있는데, 이는 '정서적 전염'이 일어났기 때문이다. 가장 원시적인 형태의 공감으로, 아직 자신과 타인을 명확히 구분하지 못하는 상태에서도 나타난다.

1단계 유아기(2~5세)

이 시기에 접어들면 '마음 이론 theory of mind'을 점차 발달시킨다. 이는 타인도 자신과는 다른 생각, 의도, 감정을 가질 수 있다는 사실을 이해하는 능력이다. 초기에는 '내가 좋으면 너도 좋겠지'라고 생각하지만, 4세 전후에는 '내가 좋아하는 걸 친구는 싫어할 수도 있겠구나'라는 인식이 생긴다. 이는 인지적 공감의 초석이 되는 능력으로, 감정의 원인을 타인의 입장에서 유추할 수 있는 기반이 마련된다.

2단계 아동기 초반(6~9세)

초등학교 저학년 시기에는 인지적 공감 능력이 더욱 발달한다. 타인의 관점에서 상황을 바라보고, 복합적인 감정을 이해하는 능력이 향상된다. '친구가 왜 그렇게 행동했을까?' 같은 질문을 스스로 하며 감정과 행동의 맥락을 해석하기 시작한다. 또한 한 사람이 동시에 여러 감정을 느낄 수 있다는 감정의 다층성에 대해서도 점차 이해하게 된다.

3단계 아동기 후반~청소년기(10~18세)

이 시기에는 공감이 행동으로 실현되는 '행동적 공감'이 뚜렷해진다. 단순히 타인의 감정을 인식하는 것을 넘어, 그에 적절히 반응하고 실제적인 도움을 주려는 행동으로 이어진다. 친구에게 "괜찮아?"라고 묻는 것을 넘어, 함께 있어주거나 현실적인 도움을 제공하는 방식으로 정서적 지지를 표현할 수 있다. 또래를 넘어 사회적 약자나 추상적인 집단에 대한 공감도 싹트기 시작하는 시기다.

일상에서 감정을 자주 언어화하는 환경을 경험한 아이들은 같은 나이라도 더 높은 수준의 공감 능력을 보이는 경향이 있다. 각 단계는 누적되며 이루어지므로, 앞선 단계가 충분히 축적되지 않으면 다음 단계로의 발달도 어려워진다. 문제는 이러한 발달 과정을 고려하지 않고 어른의 기대를 아이에게 투사하는 경우다. 말문이 막 트인 아이에게 양보를 강요하거나, 갓 입학한 초등학생에게 친구의 아픔을 알아채고 위로하라고 요구하는 식이다. 이런 과도한 요구는 아이를 위축시키고, '못된 아이'라는 낙인으로 인해 오히려 공감 능력의 성장을 방해할 수 있다. 공감은 강요되는 것이 아니라, 아이의 발달 속도에 맞춰 천천히 길러져야 할 능력이다.

공감 능력이 자라는 데 있어서 또 하나의 핵심은 바로 '감정 어휘력'이다. 자신의 감정을 세밀하게 구분하고 정확한 단어로 표현할 수 있는 아이일수록 타인의 감정 역시 미묘한 차이까지 읽어내는 능력이 뛰어나다. 예를 들어 단순히 "화났어" 대신 "서운했어", "억울했어", "섭섭했어"라고 표현할 수 있는 아이는 그만큼 감정의 뉘앙스를 이해하고 타인의 감정을 더 정교하게 해석할 수 있다.

하지만 오늘날의 아이들은 디지털 미디어 환경에 둘러싸여 자란다. 대화보다 화면을, 표정보다 이모지를 먼저 익힌다. 스크린 타임이 증가하고, 눈을 마주치며 하는 상호작용이 줄어들었기에 감정 표현과 해석 능력이 약화하기 쉽다. 실제로 스마트폰 사용 시간이 많을수록 아이의 감정 인식력과 비언어적 단서(표정, 억양, 눈빛 등)를 읽는 능력이 떨어진다는 연구 결과도 꾸준히 보고되고 있다.

그렇다면 가정에서는 아이의 공감 능력을 어떻게 키워줄 수 있을까? 핵심은 작은 것부터, 반복적으로 연습하는 것이다. 먼저, 공감에 대한 기대치를 낮춰야 한다. 아이는 어른처럼 완벽한 공감을 하거나 위로를 표현할 수 없다. 중요한 건 매일의 일상에서 조금씩 연습하며 감정의 민감도를 키워가는 것이다. 예를 들어, 책을 읽으며 등장인물의 감정에 관해 이야기하거나 친구와의 갈등 상황에서 서로의 입장을 바꿔보는 역할 놀이를 해보는 것도 좋다. "○○이는 왜 그런 말을 했을까?", "네가 그 친구였다면 어떤 기분이 들었을까?"처럼 질문을 던지고 온 가족이 함께 대화하는 것도 추천한다. 이런 대화 속에서 아이는 자연스럽게 타인의 시선과 감정을 상상하는 힘을 기르게 된다.

무엇보다 중요한 건 부모의 태도다. 아이는 부모가 배우자, 친구, 낯선 사람에게 어떤 말투와 표정으로 반응하는지를 매일 관찰한다. 특히 부부간의 공감은 아이에게 큰 의미가 있다. 공감하는 아이로 자라길 바란다면, 먼저 부모가 공감적인 사람이어야 한다. 감정을 존중받은 아이가 타인의 감정을 존중할 수 있기 때문이다.

공감 능력은 단지 '착한 아이'로 키우기 위한 미덕이 아니다. 인간이 사회적 존재로 살아가기 위한 생존의 기술이다. 공감 능력이 높은 아이는 또래 관계에서 더 안정감을 느끼고, 도움을 주고받는 관계를 잘 맺으며, 스트레스를 감정적으로 해소하는 능력도 뛰어나다. 나아가 공감은 회복탄력성과도 연결된다. 공감과 연결의 힘을 아는 아이는 삶의 벽에 부딪히고, 누군가에게 상처받고, 실패를 겪는 순간에도 다시 일어설 수 있기 때문이다.

감정조절력 향상을 위한 생활 습관

- ☐ 평소에 자주 쓰지 않던 새로운 감정 어휘를 이용해 일기를 쓰자.
- ☐ 책 속 등장인물의 마음을 상상해 말로 표현해 보자.
- ☐ 나이가 다른 사람들과 함께 어울릴 기회를 만들자.

가정 내 협력과 소속감은
자존감의 뿌리다

가정은 아이가 속하게 되는 첫 번째 사회 집단이다. 아이가 가정에서 '나는 이곳에서 환영받는 존재야'라는 정서, 즉 소속감은 자존감과 사회성의 뿌리가 된다. 소속감은 단순한 감정이 아닌 인간의 기본적인 심리적 욕구이며, 아이가 앞으로 속하게 될 학교, 친구 집단, 사회 조직안에서도 심리적 안정감과 정체성을 형성하는 데 중요한 역할을 한다. 실제로 가정 내에서 강한 소속감을 느끼는 아이는 학업 성취도가 높고, 스트레스 상황에서도 정서적으로 안정된 모습을 보인다. 반면 소속감이 약한 아이들은 불안과 우울에 더 쉽게 노출되며, 다른 집단에서도 자기 존재에 대한 확신을 갖기 어렵다. 태어난 지 얼마 안 된 아이는 '나'를 중심으로 세상을 인식하다가 점차 '가족', '학교', '팀'과 같은 더 넓은 사회적 단위로 자신의 정체성을 확장해 간다.

나는 초등학교 저학년 때 미국에서 살다 한국으로 돌아왔다. 미국에서는 늘 '내 엄마', '내 가족'이라는 표현을 썼고, 그것이 전혀 어색하지 않았다. 그 안에서도 나는 분명 가족과 사회의 일원으로서 소속감을 느끼고 있었다. 그런데 한국에 돌아오니 모든 사람이 '우리 엄마', '우리 가족'이라고 말하는 것이 낯설게 느껴졌다. 처음에는 단순한 언어의 차이라고 생각했지만, 곧 그 안에 담긴 정서가 다르게 다가왔다. 미국에서의 소속감이 개인의 독립성을 인정받으며 관계 속에서 연결감을 느끼는 경험이었다면, 한국에서는 '함께'라는 울타리 속에 속해 있다는 안정감에 가까웠다.

이 두 경험을 통해 나는 소속감이 단지 '특정한 집단에 소속되어야 한다'라는 물리적 조건이 아니라, 정서적으로 받아들여지고 존중받는다는 주관적 감각이라는 걸 깨달았다. 소속감의 본질은 단지 집단의 구성원이라는 사실보다, 그 안에서 나의 존재가 가치 있고 의미 있다고 느끼는 감정적 경험이 핵심이다. 이러한 소속감은 아이의 자존감, 회복탄력성, 사회성, 적응력의 출발점이다.

우리 가족은 '가족회의'를 정말 자주 하는 편이다. 이제 막 초등학생이 된 아이와 회의한다고 하면 의외라는 반응이 많지만, 사실 우리 가족회의의 역사는 윤우가 막 말을 배우던 유아기부터 시작되었다. '회의'라고 해서 거창하고 어려운 것이 아니라, 그저 가족 구성원 모두에게 동등한 발언권이 주어지는 열린 대화다. 가족회의는 아이에게 소속감은 물론 문제 해결 능력까지 길러줄 수 있는 훌륭한 도구다. 단지 보호받는 대상이 아닌, 이 공동체의 '일원'이라는 감각은 아이에게 자율성과 책임감을 함께 길러준다. '내 의견이 존중받는다'는 경험은 아이에게 존재의 가치를 확인시켜 주며, 가족이라는 심리적 울타리 속에서 안정감과 자신감을 심어준다.

얼마 전 회의 안건은 '유튜브 알고리즘에 뜬 게임 영상이 윤우에게 적절한가?'에 대한 것이었는데, 놀랍게도 윤우가 먼저 제안했다. 이전에도 비슷한 이슈가 있을 때마다 가족회의를 통해 의견을 조율해 본 경험이 있었기에, 아이는 스스로 이 문제를 회의에 올렸다. 온 가족이 함께 영상을 시청하고, 콘텐츠의 특성과 연령 적합성을 검토하며 각자의 의견을 나눴다. 이번에는 "어른들에게는 낯설게 보이지만 유해성이 있는 콘텐츠는 아니다"라는 결론이 도출되었.

이런 경험은 세대를 아우르는 열린 소통과 상호 존중을

통한 문제 해결이 가능하다는 것을 알려주는 산 교육이다. 가족회의를 통해 아이는 '우리 가족'이라는 공동체 속에서 자신의 목소리가 중요하다는 소속감을 느끼고, 세대 간 의견 차이를 넘는 '대화의 힘'을 익힌다. 아이가 어리다고 토의가 불가능한 것은 아니다. 물론 아이 연령과 발달 단계에 따라 부모가 단호하게 결정하고 지시해야 할 일도 있겠지만, 의외로 함께 논의하며 더 나은 결론에 도달할 수 있는 일이 많다. 무엇보다 협력은 단번에 길러지는 능력이 아니다. 반복적인 경험과 연습을 통해 만들어진다. 집 안에서부터 의견을 존중받고, 타인의 의견과 조율하며 공동의 결론을 만들어가는 경험이 쌓일수록 아이는 더 성숙하고 사회적인 존재로 성장한다.

이런 건강한 협력의 바탕에는 바로 '소속감'이 있다. 자신이 공동체의 일부라는 믿음은 구성원 간의 신뢰를 만들고, 서로를 적으로 간주하지 않게 해준다. 협력은 신뢰와 소속감 위에서 자연스럽게 자란다.

아이들은 앞으로의 사회에서 AI와 로봇과 공존해야 한다. 또 서로 다른 배경과 전문성을 가진 사람들이 한자리에 모여 문제를 해결해야 하는 협업의 시대를 살아가야 한다. 자신의 감정을 공유하고 소통하며 타인과 협력하는 과정은 개인적 성취와는 또 다른 '집단적 효능감'을 경험하게 한다. 이는 '우리가 함께하면 해낼 수 있다'라는 믿음으로, 혼자서는 불가능한 일을 함께 이루어내는 특별한 기쁨을 선사한다. 협력을 통한 성취 경험이 많은 아이들은 사회적 자신감이 높고 새로운 도전에도 더 적극적으로 나선다. 이러한 협력의 감정은 AI가 대체할 수 없는 인간만의 고유한 영역이며, 아이가 평생 맺을 관계의 질을 결정하는 중요한 토대가 되어준다.

'가족 쪽지 시험'도 우리 집만의 활동이다. 윤우가 초등학교에 입학하고 나서 같은 반 친구들 이름을 외우기 위해서 시작했는데, 그 이후에는 매주 출제자와 응시자를 나눠 서로에 대해 알아가는 매개로 활용하고 있다. 방법은 간단하다. 가족 쪽지 시험 노트를 한 권 만들고 그 주의 출제자를 정한다. 출제자는 어떤 주제에 대해 자신의 답을 10개 적는다. 우리 반 친구들 이름, 선호하는 의류 브랜드, 가장 좋아하는 축구 선수 이름, 포켓몬 캐릭터 이름, 투자하고 싶은 주식 종목, 여행 가고 싶은 나라 등 주제와 답변은 무궁무진하다. 응시자들은 일주일간 출제자의 답 10개를 외우고 그다음 주에 쪽지 시험을 본다. 응시자 두 명 중 더 많이 틀리는 사람이 나머지 응시자와 출제자에게 2000원어치의 편의점 간식을 사준다. 세부 규칙이나 방식은 가족 구성원과 아이 나이에 따라 응용하면 된다.

이 활동에서 중요한 건 가족 구성원 모두가 서로에게 관심이 있다는 긍정적인 감정을 일주일 내내 느낄 수 있게 하는 것이다. 평소에는 이야기를 잘하지 않는 각자의 관심사에 대해서 더 자세히 알 수 있는 것도 좋다. 아이뿐 아니라 부부 또한 가족 구성원으로서 소속감을 느끼게 되는 훌륭한 놀이니 꼭 한번 해보길 바란다.

감정조절력 향상을 위한 생활 습관

- ☐ 정기적으로 가족회의를 진행하자.
- ☐ 가족 모두가 함께하는 루틴을 만들자. (예: 주말 산책, 저녁 설거지 등)
- ☐ 아이에게 "너와 가족이라서 참 좋아"라고 말해주자.

놀이를 통해 감정조절력을 기르는 방법

많은 부모가 '놀이'를 시간 낭비나 단순한 여가로 여긴다. 공부나 학습보다 중요도가 낮다고 생각하여, 시간이 남을 때나 해주는 부차적인 활동으로 취급한다. 그래서 아이가 초등학교에 입학하면 '노는 시간'은 점점 사라지기 시작한다. 그러면서 "아이와 놀아줄 시간이 없다"라고 하소연한다. 정말 시간이 부족한 것일까? 아니면 놀이가 그만큼 중요하지 않다고 여겨 우선순위에서 밀리는 것일까?

아이의 학원 일정, 숙제하는 시간, 엄마표 영어·수학·국어는 꼼꼼히 챙기면서, 정작 '놀 시간'은 없다고 말하는 것은 시간이 부족한 게 아니라 '우선순위'의 문제다. 만약 정말 단 10

분도 줄일 수 없는 상황이라면, 지금 내 시간이 어디에 쓰이고 있는지를 되돌아봐야 한다. 그리고 자문해 보자.

"나는 지금 정말 소중한 것에 시간을 쓰고 있는가?"
"20년 뒤에 이 선택을 후회하지 않을 자신이 있는가?"

놀이는 아이의 뇌 발달과 감정조절 능력을 키우는 핵심 활동이다. 아이들은 놀이를 통해 세상을 이해하고, 감정을 표현하며, 다양한 문제 해결 방식을 자연스럽게 익힌다. 특히 부모와 함께하는 놀이는 단순한 즐거움을 넘어 안정적인 애착을 형성하고 감정조절력을 기르는 중요한 기회가 된다. 함께 웃고 경쟁하고 협력하고, 때로는 실망을 경험하는 반복 속에서 아이는 감정을 인식하고 조절하며 회복하는 법을 배운다. 이런 경험은 어떤 교육 프로그램도 대신할 수 없다. 아이에게 놀이는 남는 시간에 하는 게 아니라, 시간을 내어 반드시 해야 할 필수 활동이다.

게다가 아이와 놀아주는 데 필요한 시간은 생각보다 짧다. 하루 20~30분의 집중된 놀이만으로도 아이의 정서 안정에 긍정적인 영향을 준다는 연구 결과도 있다. 중요한 건 시간의 양이 아니라 질이다. 그 30분만큼은 핸드폰을 내려놓고, 진심으로 아이의 세계에 들어가 보자. 그 시간은 단순한 놀이가 아니라, 아이의 마음에 "나는 사랑받고 있어"라는 메시지를 새겨주는 시간이다.

"지금부터 30분은 온전히 너와 놀 거야."

이렇게 말하고 핸드폰을 멀리 둔 채, 보드게임을 하거나 블록을 함께 쌓아보자. 아이에게는 부모의 온전한 관심이 담긴 30분이, 형식적인 3시간보다 훨씬 더 깊게 다가온다.

우리 가족이 가장 즐겨 하는 놀이는 단연 보드게임이다. 윤우가 네 살 무렵 처음 윷놀이를 접한 이후, 보드게임은 우리 가족의 일상 속 중요한 놀이 문화로 자리 잡았다. 당시엔 거의 매일 윷놀이를 했고, "요즘 우리 집은 윷놀이만 해요"가 우리 부부의 단골 대사였다. 그 시기의 놀이는 재미만 준 것이 아니라, 가족이 함께 보내는 시간의 소중함을 일깨워 주었다. 그 후 4년 넘게 우리는 다양한 보드게임을 함께 해왔다. 보드게임은 단순한 오락을 넘어 가족 간 소통과 감정 교육의 훌륭한 매개가 되었다. 게임 속에는 현실과 닮은 수많은 감정의 순간들이 숨어 있다. 주사위가 뜻대로 나오지 않을 때, 예상과 다른 승패가 날 때, 계획이 방해받거나 노력만큼 결과가 따라오지 않을 때—이런 상황 속에서 아이는 자연스럽게 다양한 감정을 경험하고 마주하게 된다.

보드게임은 아이에게 작은 사회를 경험하게 해주는 장치다. 경쟁과 협력을 오가며 아이는 자기 감정을 인식하고, 스스로 조절하는 법을 익힌다. 정해진 규칙이라는 안전한 틀 안에서 감정을 분출하고 조율하는 경험은, 감정조절력을 키우는 아주 효과적인 '감정 훈련장'이다.

발달 단계에 맞게 선택한 보드게임은 인지 능력, 감정조절력, 사회성까지 향상시킬 수 있는 교육 도구가 된다. 다만 아이의 발달 수준에 따라 게임의 복잡성과 규칙 이해도가 달라지므로, 연령과 성향을 고려한 맞춤형 선택이 중요하다. 예를 들어 감정조절력이 아직 미숙한 아이에게 너무 쉬운 게임은 지루함을, 너무 어려운 게임은 좌절감을 유발할 수 있다. 아이가 "이번엔 내가 이길 수도 있겠다!"라는 현실적인 기대를 가질 수 있는 게임이 가장 효과적이다. 이런 '도전 가능성 있는 난이도'는 아이의 자기효능감과 몰입감을 동시에 높여 준다.

또한 아이의 성향에 따라 게임의 종류도 달라져야 한다. 경쟁을 즐기는 아이에겐 대결 구조의 게임을, 감정 기복이 크거나 예민한 아이에겐 협력 중심 또는 개인 플레이 위주의 게임이 적합하다. 이렇게 맞춤형 게임 환경을 제공하면 놀이 경험의 질이 높아지고, 감정조절과 사회성 발달에도 큰 도움이 된다.

[연령별 보드게임 정하는 기준]

4~5세	이 시기 아이는 관찰력과 반사신경을 활용한 단순한 규칙의 게임을 즐긴다. 순발력 중심의 게임은 복잡한 인지 능력을 요구하지 않기 때문에 인지 수준이 높은 어른과 경쟁해도 '할 수 있다'는 자신감을 느끼게 해준다. 단순한 주사위 굴리기, 색 맞추기, 순서 기억하기 게임이 적합하다.
6~7세	인지적 유연성이 점차 확장되면서 패턴 인식, 공간 지각, 간단한 전략 사용이 가능해진다. 상대를 방해하거나 자신만의 전략을 시도해 보려는 경향이 나타나며, 승부에 대한 이해도도 높아진다. 이 시기부터는 협동형 게임과 간단한 전략형 게임이 모두 유효하다.
8세 이상	전략적 사고, 협상, 자원 관리 등 복합적인 사고가 가능한 단계다. 이 시기의 아이들은 게임 규칙을 스스로 이해하고 활용하며, 점차 정정당당한 승부를 즐기게 된다. 협동과 경쟁이 동시에 이루어지는 게임을 통해 리더십, 협상력, 계획 수립 능력도 함께 성장한다.

승패를 받아들이기는 하지만 여전히 감정조절이 어려운 6~7세 무렵부터는 아이가 약 60~70퍼센트의 확률로 승리할 수 있도록 승률을 조절해 주는 것이 좋다. 적절히 이기고 지는 경험을 통해 승부욕은 충족되면서도 감정적으로 무너

지지 않는 회복탄력성을 기르게 된다. 무엇보다 중요한 것은 '함께하는 경험'이다. 부모가 게임 중 핸드폰을 보거나 집중하지 않으면, 아이는 부모가 자신에게 충분한 관심을 주지 않는다고 느낄 수 있다. 부모의 몰입은 아이의 정서 안정에 직접적인 영향을 준다. 그러니 게임 시간에는 핸드폰을 치우고 온전히 아이에게 집중하는 태도가 필요하다.

게임을 시작할 때 규칙 설명, 게임판 세팅, 점수 계산 등을 어른이 대신 해주는 경우가 많다. 하지만 설명서 읽기, 숫자 계산, 도구 준비 등을 아이 스스로 하도록 유도하는 것이 자율성과 문제 해결 능력을 키우는 데 효과적이다. 시간이 오래 걸리더라도 종이, 계산기, 영상 튜토리얼 등 필요한 도구만 제공하고, 실제 수행은 아이가 해보도록 기다려주는 자세가 필요하다. 게임을 이해하고 세팅하고 최종적으로 점수를 내는 모든 과정이 '보드게임' 안에 포함된 활동이라는 것을 잊지 말자.

윤우도 처음엔 게임에서 지면 울고, 화내고, 다시 하자며 발을 동동 구르곤 했다. 한번 진 게임은 다시는 안 하겠다며 토라지거나, 지고 있으면 중간에 "그만하자"라며 슬쩍 포기하려 들었다. 아이가 이런 모습을 보일 때, 많은 부모는 "재미로 하는 거잖아. 왜 그렇게까지 해?", "그럴 거면 다시는 하지 마" 같은 말로 아이의 감정을 일축해 버린다. 하지만 이런 반응은 4~7세 아이들에게 매우 흔한 반응이다. 이 시기의 아이들은 아직 자기중심적인 사고를 하며, 감정조절 능력이 미숙하므로 패배를 '거절당함' 또는 '무시당함'으로 받아들일 수 있다.

이럴 때 부모가 해야 할 일은 아이의 감정을 충분히 인정해 주되, 행동에는 분명한 경계를 설정하는 것이다. "속상한 마음은 이해하지만, 게임판을 엎으면 안 돼"처럼 감정과 행동을 분리해서 설명해 주는 말은 감정조절의 기초가 된다. 보드게임은 안전한 사람들과 함께 감정을 연습하고 조절하는 일종의 훈련장이다. 특히 4~7세 아이들은 아직 감정조절 능력이 충분히 발달하지 않았기 때문에, 지거나 방해받는 상황에서 과한 반응을 보이는 것은 오히려 정상적인 발달의 일부다. 그런데도 부모가 "이러면 누가 너랑 놀아주겠어", "다른 애들은 다 안 그러는데 대체 왜 그래"와 같은 말로 아직 일어나지도 않은 부정적인 결과를 예고하거나 비교하면, 아이는 감정보다 관계에 대한 불안을 먼저 학습하게 된다.

아이에게 필요한 건 안전한 공간에서 다양한 감정을 느끼고 그 감정을 어떻게 조절할지 연습하는 기회다. 내 눈앞에 보이는 아이의 행동은 '결과'가 아닌 '과정'이며, 감정조절력을 키우기 위해서는 반드시 연습이 필요하다는 것을 잊지 말자. 실수하고, 다시 시도하고, 그 과정을 함께하는 부모의 태도가 아이의 조절력을 키워주는 토대가 된다.

보드게임은 감정조절뿐 아니라 논리력, 추론력, 사고력까지 통합적으로 발달시키는 교육적 도구다. 수학은 수학 시간에, 감정은 감정 교육 시간에 따로 가르쳐야 한다고 생각하기 쉽지만, 보드게임 안에서는 이 모든 능력이 자연스럽게 통합된다. 초등학교 입학 전까지 사교육을 전혀 하지 않고, 인지 학습을 시키지 않은 윤우가 숫자와 연산을 익히고 한글을 배울 동기를 가졌던 것도 보드게임 덕이다. 지금의 윤우는 게임에서 졌을 때 이렇게 말하곤 한다.

"이번엔 왜 졌는지 생각해 봐야겠어."

그러고는 지난 게임을 복기하고, 새로운 전략을 궁리하고, 여러 차례 연습한다. 졌을 때 느끼는 부정적인 감정을 자신에게 이로운 방향으로 활용할 줄 알게 된 것이다. 보드게임은 단순한 승패를 넘어 아이의 감정 패턴과 대처 방식, 규칙 준수 태도, 승부욕, 협동력까지 다양한 심리적 특성을 관찰할 수 있는 귀중한 시간이다. 잘 설계된 한 판의 게임은, 아이의 마음을 읽고 성장의 방향을 함께 설계해 주는 거울이 될 수 있다. 우리 가족은 부산, 천안, 베트남, 홍콩, 등 어디를 가든 틈만 나면 보드게임을 했다. 엄마, 아빠뿐 아니라 조부모, 삼촌과도 함께 했고, 집에서도, 식당에서도, 공원에서도 가방 안에는 늘 작은 보드게임이 들어 있었다. 그 과정에서 윤우는 다양한 세대와 감정을 나누고, 서로 다른 사고방식을 자연스럽게 경험했다. 보드게임은 가족이 함께 감정을 나누고 사고 과정을 공유할 수 있다. "왜 그렇게 했어?", "다른 방법은 없었을까?"와 같은 질문을 통해 우리는 서로의 생각을 이해하고, 감정을 공감하며, 함께 사고하는 힘을 기르게 된다. "어떻게 그런 기발한 생각을 했어!", "지난번보다 엄청나게 성장했네!"같이 말해주며 아이의 성장을 긍정적인 눈으로 바라볼 기회도 얻는다.

바쁜 일상이지만 단 10분이라도 짬을 내 아이와 보드게임을 해보자. 그 짧은 시간은 아이의 감정지능을 키우고, 사고력을 확장 시키며, 부모가 아이를 진짜로 이해할 수 있는 가장 효과적인 시간이다. 결국 아이와 노는 것은 시간 문제가 아니라, 무엇을 더 중요하게 여기는지에 관한 가치관의 문제다. 아이와 보내는 시간은 '남는 시간'이 아니라 '가장 먼저 확보해야 할 시간'이다. 20년 후 지금의 선택을 후회하지 않으려면 지금 이 순간 무엇이 중요한지를 다시 생각해 보자. 아이는 생각보다 훨씬 빨리 자란다. 함께 놀 수 있는 시간은 길지 않다.

도전과 놀이로 배우는 아빠표 감정 수업

"나는 사실 엄마가 더 좋기는 한데, 아빠랑 노는 게 더 재밌어…"

어느 날 윤우가 비밀 얘기가 있다면서 내 귀에 대고 속닥거리면서 해준 말이다. 우리 부부는 윤우에게 "엄마가 좋아, 아빠가 좋아"라는 질문을 해본 적이 없다. 아이를 난감하게 하는 이런 질문은 아이에게 불편한 감정을 일으킨다고 생각했기에 장난으로라도 하지 않았다. 그랬더니 윤우는 자연스럽게 엄마와 아빠의 '기능'을 나누기 시작했다. 엄마, 아빠 둘 다 좋지만, 엄마는 아플 때 옆에 있으면 좋고, 아빠는 게임 얘기할 때 좋고, 엄마는 안아줄 때 좋고, 아빠는 싸움 놀이를 할 때 좋다. 엄마, 아빠는 무조건 자신을 사랑하는 사람들이지만 그 둘의 특성과 성격이 다르고 자신과의 관계도 다르다는 것을 알고 있다. 이런 인식은 아이의 감정지능에 풍부함을 더해 준다.

특히 '놀이'는 아빠가 아이에게 감정을 가르칠 수 있는 훌륭한 상호작용이다. 아빠는 종종 더 역동적이고 신체적인 놀이를 즐기는 경향이 있어, 이 과정에서 아이는 감정의 강도를 조절하고, 서로 신호를 주고받으며 관계의 기술을 익힐 수 있다. 아이는 놀이를 통해 흥분과 진정, 긴장과 이완을 반복하며 감정의 리듬을 몸으로 배운다. 물론 신체 놀이가 아빠만의 전유물은 아니다. 아이에게 감정조절 능력을 길러주는 신체적 놀이는 어떤 보호자라도 실천할 수 있다. 하지만 아빠가 놀이에 적극적으로 참여하는 경우, 그 자체로 아이의 정서적 안정감과 사회적 유대감 형성에 큰 의미가 된다.

우리 집 안방 침대는 '싸움 놀이' 전용 링이다. 윤우가 어렸을 때는 베개를 사용하거나 몸을 구르는 정도의 놀이를 했지만, 요즘은 복싱 글러브와 미트까지 장비를 갖춰가며 점점 진화하고 있다. 놀이의 규칙은 늘 같다. "아파" 혹은 "그만!"이라는 신호가 들리면 즉시 멈출 것, 침대 밖으로 나가지 않을 것, 얼굴을 때리거나 발로 차는 등 직접적인 위해를 가하는 행동은 하지 않을 것. 이 규칙들을 통해 아이는 자신의 힘을 조절하고 상대방을 배려하며 경계 설정의 중요성을 몸으로 익힌다. 특히 "그만!"이라는 말에 곧바로 반응하는 경험은 타인의 감정과 의사를 존중하는 방법을 자연스럽게 가르쳐준다. 놀이 중간중간에 "괜찮아?", "계속할까?", "이게 재밌어?"라고 물어보는 상호작용도 감정을 나누는 소중한 연습이다.

윤우는 초등학교 1학년 봄에 두발자전거 타는 법을 배웠다. 이전까지는 킥보드나 네 발 자전거에도 큰 관심이 없었지만, 두발자전거에는 유독 열정적이었다. 한동안 주말마다 온 가족이 자전거 연습에 나섰고, 나는 주로 영상을 찍는 역할을 맡았다. 반면 자전거를 잡아주고, 넘어지지 않도록 도와주며 격려하는 역할은 남편이 했다. 아빠의 역할은 단순히 물리적인 도움을 주는 것에 그치지 않고 아이에게 '적절한 난이도의 도전'을 설계해 주는 데 있다.

"넘어지면 어떻게 하지?"

"처음엔 무서울 수도 있어. 아빠도 처음엔 자주 넘어졌거든. 넘어지면 다시 일어나면 돼. 아빠가 계속 옆에서 지켜볼 거니까 안심해도 돼."

이처럼 아빠의 격려는 단순한 위로를 넘어선다. 아이가 느끼는 불안과 두려움에 공감해 주고, 그것을 이겨낼 수 있다는 믿음을 함께 심어준다. 아이의 눈에 훨씬 크고 강해 보이는 아빠가 '나도 무서웠다'라고 말해줄 때, 아이는 두려움이라는 감정을 새로운 시각으로 받아들이게 된다. 감정은 피해야 할 것이 아니라, 성장의 과정에서 느끼는 신호라는 사실을 배우게 되는 것이다. 두발자전거를 혼자 탈 수 있게 된 이후 윤우는 주말마다 아빠와 함께 자전거를 탄다. 꼭 말로 감정을 주고받지 않더라도, 함께 도전하고 성취한 경험을 반복해 나가는 그 자체가 진한 감정 교류다.

평소에 윤우와 남편은 '게임 메이트'다. 초등학교에 입학한 뒤로 윤우는 주말마다 꼭 비디오 게임을 하는 시간을 갖는다. 보드게임은 온 가족이 함께하는 경우가 많지만, 비디오 게임만큼은 오직 아빠와 윤우만의 전용 시간이다. 게임은 주말에만 할 수 있기 때문에 평일에는 지난 주말에 어떤 게임을 했는지 복기하고, 다음에 어떤 전략을 쓸지 진지하게 토론하는 날도 많다. 최근에는 윤우가 아빠보다 게임 실력이 낫다는 이야기가 가족 내에서 화제가 되었다. 남편은 윤우와 평생 게임 메이트로 지내는 것이 꿈이다. 언젠가 윤우가 최신 게임을 더 많이 알고, 친구들과 게임하는 것을 더 좋아하는 날이 오겠지만, 첫 게임 메이트가 아빠였다는 것을 잊지 말았으면 한다는 것이다. 어떤 엄마들의 눈엔 게임을 하는 아빠의 모습이 못마땅하게 보일 수도 있다. 하지만 내가 즐기지 않는 활동이라고 해서 나쁘다고 생각할 필요는 없다. 게임은 여타의 여가 활동과 다르지 않다. 과도하지 않게 조율만 된다면, 게임 역시 가족 간 유대를 깊게 해주는 훌륭한 감정 연결 통로가 될 수 있다.

많은 성인 남성은 대화를 나누기보다 골프, 축구, 게임 등 함께 목표를 향해 움직이는 방식으로 관계를 쌓는다. 아빠와 아이의 관계도 마찬가지다. '애랑 왜 안 놀아주냐'라고 다그치기보다, 두 사람이 함께 진심으로 좋아할 수 있는 놀이를 찾는 게 우선이다. 예를 들어, 아빠가 밖에서 뛰는 걸 좋아하지 않는데 억지로 아이와 나가서 놀게 하면 관계는 깊어지기보다는 부담으로 남는다. 오히려 아이와 아빠가 함께 즐길 수 있는 무언가—그게 게임이든 블록이든 운동이든 캠핑이든—를 찾는 것이 관계를 단단하게 만든다.

최근 우리 가족이 새롭게 시작한 활동은 '아빠와 아들은 요리사' 프로젝트다. 우리 부부는 육아와 가사를 비교적 평등하게 분담하고 있으며, '각자 잘하는 걸 잘하자'라는 주의다. 요리와 장보기는 주로 내가, 설거지와 분리수거는 남편이 맡는다. 그 덕에 결혼한 지 수년이 지났음에도 남편은 아직 요리 초보다. 또 윤우는 편식이 심한 아이라 음식이나 요리에 관심이 없다. 그런데 어느 날 저녁을 먹다가 두 사람이 "엄마가 맨날 밥을 하니 음식의 소중함을 모르는 거 같아"라며, 둘이 직접 식사를 준비하고 차리는 전 과정을 함께 해보겠다고 제안했다.

 이 프로젝트는 매달 마지막 주 주말에 진행된다. 요리를 하기 몇 주 전부터 아빠와 윤우는 둘만의 '작전 회의'를 연다. 어떤 요리를 할지, 몇 인분이 필요한지, 재료는 무엇을 사야 하는지 계획을 세우고, 실행할 수 있는 레시피 영상도 함께 찾아본다. 요리 두 가지를 준비하는 데 두 시간은 훌쩍 넘고, 레시피를 띄운 화면은 세 개씩 돌아가지만, 그렇게 완성한 한 끼 식사는 그 어떤 외식보다도 값지다. 직접 음식을 만들고 나서야 비로소 느끼는 것들이 있다. 식재료에 대한 애정, 요리를 매일 해주는 사람에 대한 감사, 그리고 자신이 만든 음식에 대한 자부심이다. 내가 만들어주었을 땐 거부하던 당근이나 숙주도, 자신이 만든 것이라며 맛있게 먹는다. 무엇보다 이 프로젝트는 아빠와 아들만의 시간이다. 둘은 함께 고민하고, 실패하고, 해결하며 다양한 감정을 경험하고 조절하는 법을 배운다.

 아빠의 감정 교육은 엄마의 방식과는 분명히 다르다. 가정마다 다르겠지만 우리 집에서는 대개 더 역동적이고 도전적이며, 때로는 더 논리적이다. 그래서 엄마로서는 아쉬움이 들 수도 있다. "저게 교육이야?"라는 생각이 스칠 수 있다. 하지만 엄마가 해줄 수 없는 것을 아빠가 해주고, 아빠가 해줄 수 없는 것을 엄마가 해주는 것이다. 그 '다름'이 아이에게는 감정을 배울 수 있는 더 넓은 기회가 된다.

아이는 아빠와 엄마가 서로 다른 방식으로 감정을 표현하고 조절하는 모습을 보며, 감정을 다루는 데 하나의 정답만 있는 것이 아님을 배운다. 그리고 성별과 관계없이 감정을 건강하게 표현하고 조절하는 것이 얼마나 중요한지 몸으로 익힌다. 이런 경험을 통해 아이는 자신만의 방식으로 감정을 조율할 줄 아는 단단한 사람으로 자라난다. 진짜 감정 교육은 특별한 수업이 아니라, 엄마와 아빠가 각자의 방식으로 감정을 다루며 살아가는 일상에서 시작된다.

감정조절력 향상을 위한 생활 습관

- ☐ 아이와의 '몰입 놀이' 시간을 정하고 지키자.
- ☐ 아이가 게임에서 졌을 때 감정은 공감해 주되 바른 행동을 안내해 주자.
- ☐ 아이가 놀이의 전 과정을 스스로 할 수 있게 기다려주자.

8장

하루 세 번 10분, 아이의 감정을 키우는 일상 루틴

아침 10분: 감정으로 하루를 여는 시간

"대체 몇 번을 깨워야 일어날 거야?"
"그러니까 엄마가 밤에 일찍 자라고 했지!"
"누굴 닮아서 이렇게 굼뜬 거야?"

많은 부모가 아침마다 아이와 기상 전쟁을 치른다. 특히 초등학교 고학년에서 사춘기로 넘어가는 시기의 아이들은, 아침마다 깨우는 일이 점점 더 어려워지며 부모의 인내심을 시험한다. 많은 부모는 잘 일어나지 못하는 아이의 기상 습관을 두고 '게으르다', '의지가 약하다', '책임감이 부족하다'는 식으로 판단한다. 하지만 과연 그럴까?

최근 뇌과학과 수면 의학 연구들은 사춘기에 접어든 아이들의 수면 패턴 변화가 전적으로 생물학적인 현상임을 보여준다. 사춘기에 이르면 멜라토닌(수면 유도 호르몬)의 분비가 평균 1~4시간 늦춰지며, 자연스럽게 늦게 잠들고 늦게 일어나는 '수면 위상 지연' 현상이 나타난다. 뇌의 생체시계 자체가 바뀌는 것이다. 성호르몬의 변화, 체격의 성장, 밤 시간대의 빛 노출 같은 요인들이 이 수면 리듬 변화에 영향을 준다. 즉, 청소년기에 아침 기상이 어려운 건 게으름 때문이 아니라 '생물학적으로 프로그래밍 된' 정상적인 발달과정에 따른 것이다.

초등학교 중·고학년 아이들은 청소년보다는 이른 수면 리듬을 유지할 수 있지만, 최근엔 수면 시간이 부족하고 질도 떨어지는 경우가 많다. 초등학생의 권장 수면 시간은 9~12시간이지만, 실제로는 학원, 숙제, 미디어 사용 등으로 수면 시간이 줄어들고 있다. 특히 스마트폰과 태블릿 같은 디지털 미디어에 많이 노출된 아이들은 밤에도 뇌가 각성 상태를 유지하면서 수면의 질이 더 떨어지게 된다. 야간에 자주 깨고 깊은 잠을 자지 못하니 당연히 아침에도 힘들 수밖에 없다. 그러니 요즘 아이들이 아침에 일어나기 어려워하는 것은 개인의 나태함이나 의지 부족 때문이 아니라 환경적, 생물학적

요인에 기인한 매우 자연스러운 반응이다. 그럼에도 아이는 매일 아침 부모의 스케줄, 학교의 시간표에 맞춰 일어나려고 노력하고 있다. 그 자체로 얼마나 대견한 일인가. 오늘 아침부터는 아이를 깨우는 일을 '짜증 나는 일'이 아니라, '매일 노력하고 있는 아이를 격려하는 일'로 바라보면 어떨까?

우선 아이의 연령에 맞는 현실적인 기대치를 가져야 한다. 초등 고학년과 사춘기로 갈수록 기상이 어려워지는 것은 정상이므로, 아이의 수면 환경을 점검해야 한다. 무엇보다 중요한 것은 일관된 수면 루틴을 만드는 것이다. 저녁 8시 이후에는 스마트폰, 텔레비전, 태블릿 등 자극적인 미디어 사용을 제한하고, 평일과 주말의 수면 시각 차이를 줄여야 한다. '기상 루틴은 전날 밤부터 시작된다'라는 사실을 아이에게 이해시키고, 잠자리에 드는 시간을 규칙적으로 만들어야 한다. 수면 시간에 따른 컨디션을 체크하고 수면 부족으로 인한 감정의 변화를 관찰하면서 자신에게 이로운 수면 습관을 구축하도록 안내해야 한다. 스스로 컨디션을 조절하는 힘은 그렇게 축적된다.

아이를 깨울 때 가장 중요한 것은 부모의 감정조절이다. 아이가 아침에 쉽게 눈을 뜨지 못한다고 해서 이를 아이의 게으름이나 의지 부족, 혹은 성격 탓으로 돌리면 안 된다. 아침 시간은 하루의 정서적 톤을 결정짓는 중요한 순간이다. 이 시간을 어떻게 맞이하느냐에 따라 아이의 감정 상태와 하루의 리듬이 달라진다.

"내 강아지~"
"우리 예쁜 윤우, 아이고 예뻐라."
"자다가 일어나도 예쁘네."
"안 예쁜 데가 한 군데도 없네."

나는 아침에 윤우를 깨우면서 다정한 말들을 한껏 늘어놓는다. 남편은 내가 아이를 깨우는 모습을 보면서 고개를 절레절레 저으며 웃는다. 초등학생인 아이를 품에 안고 마치 갓난아기에게 말하듯 온갖 미사여구를 쏟아내기 때문이다.

"아침에 눈 뜨자마자 보는 윤우가 제일 예뻐. 너무 감동적이야."
"어제보다 쑥 큰 거 같지 않아? 이렇게 예쁜 게 내 배에서 나왔다니까! 믿어져?"

온갖 호들갑을 떨며 물으면 남편은 "윤우는 참 좋겠다!

부럽다!"라며 우리 둘을 안아주곤 한다. 눈도 제대로 못 뜨는 아이의 얼굴에 사정없이 뽀뽀해 대고 지난밤 잘 잤는지를 재차 묻는다. 윤우는 졸려서 바로 대답은 못 하지만, 흐뭇하게 웃고는 내 품을 파고든다. 몇 분간 그러고 난 뒤 나는 아이에게 '눈 번쩍'을 요청한다.

"눈 번쩍 해줘야지. 엄마가 하루 중 제일 좋아하는 순간인데."

'눈 번쩍'은 윤우가 내 품에 안겨 있는 상태로 눈을 번쩍 뜨는 건데, 내가 그 순간을 너무도 좋아하니 이름까지 붙인 활동이 되었다. 윤우는 여러 각도로 눈을 떠 보이면서 내 표정을 요리조리 살핀다. 눈을 번쩍 뜨면 내가 온 얼굴에 뽀뽀해 주니 다시 감았다 떴다가를 여러 번 반복한다. 자신을 세상에서 가장 사랑하는 사람의 행복한 표정을 마주하는 것으로 하루를 시작하는 것이다. '5분만'을 외치며 다시 잠이 들면, 이불을 돌돌 말아 김밥 모양을 만들어 더 꽉 안아주거나 팔다리를 주물러주며 쭉쭉이를 해준다. 윤우가 "엄마, 나 학교 가기 싫어"라고 말할 때도, 나무라지 않고 "그럴 때도 있지. 엄마도 오늘 일하기 싫다"라고 말하며 가볍게 안아주면 아이는 어김없이 힘을 내어 일어난다.

언젠가 내가 윤우를 깨우는 모습을 영상으로 공유했더니 "그렇게 할 시간이 어디 있느냐"라는 반응이 많았다. 물론 바쁜 아침의 현실을 안다. 피곤하고, 정신도 없고, 바쁜 와중에 아이의 마음까지 살필 여력이 안 된다는 생각도 이해가 간다. 하지만 단 10분이면 충분하다. 그러니 정말 시간이 없는 것인지, 마음의 여유가 없는 것인지 생각해 봐야 한다. 멀리서 "일어나야지!"라고 소리치고, 다시 들어가 "왜 아직도 안 일어났니?" 하고 다그치는 데 걸리는 시간도 절대 짧지 않다. "몇 번을 깨워야 일어날 거야?" 하며 짜증을 내고 서로 옥신각신하면 시간뿐 아니라 에너지를 많이 소모하게 된다. 더구나 아침을 그렇게 시작하면 하루 전체가 삐걱거린다. 그러니 장기적으로는 훨씬 더 큰 시간 낭비다. 시간이 없다고만 할 게 아니라 시간을 더 값지게 잘 쓰는 방법이 어떤 것인지 고민해야 하는 이유다. 게다가 전날 부모가 늦게까지 스마트폰이나 OTT를 보느라 늦게 잠들었다면, 당연히 아침의 긍정적인 상호작용도 불가능해진다. 아이를 나무라기 전에, 먼저 내 생활 방식을 점검하는 것이 선행되어야 한다.

아침에 아이를 어떻게 깨우고, 그 순간 어떤 감정을 경험하게 하느냐는 아이의 하루 전체 감정 톤을 좌우하는 중요한 시작점이다. 아이에게 '잠'은 단순한 휴식이 아니라 부모와의 심리적 '분리'다. 그러므로 아침에 눈을 뜨는 순간은 부모와의 '재결합'이며, 이때의 경험이 아이의 정서에 깊은 인상을 남긴다. 이 과정을 따뜻하고 안정적인 방식으로 맞이하면, 아이는 '세상은 안전하고, 나는 사랑받는 존재야'라는 믿음으로 하루를 시작하게 된다. 반면 소리 지르거나 다그치고, 짜증 섞인 말로 재촉하며 시작된 하루는 아이의 내면에 '세상은 예측 불가능하고 스트레스가 많은 곳'이라는 인식을 남긴다.

기상 시간은 신경학적으로도 매우 중요하다. 수면에서 깨어나는 과정은 자율신경계(교감신경과 부교감신경)의 균형과 직결되기 때문이다. 갑작스럽고 자극적인 각성은 교감신경계를 과도하게 자극해 아이를 하루 종일 예민하고 불안정한 상태로 만든다. 반대로 점진적이고 안정적인 깨움은 부교감신경과 교감신경의 리듬을 조화롭게 유지해, 감정조절에 유리한 신경학적 토대를 만들어낸다. 부모가 아침마다 충분한 여유와 애정으로 아이를 맞이하고, 자연스럽게 일어날 수 있도록 돕는 사소한 10분이 아이의 하루를 바꾸고 결국 아이의 인생을 안정적으로 이끄는 힘이 된다.

회복탄력성을 키우는 아침 루틴

"오늘 기분은 어때?"

윤우가 완전히 눈을 뜨면 나는 늘 이 질문으로 하루를 시작한다. "좋아", "괜찮아", "잘 모르겠어"처럼 짧고 단순한 대답이면 충분하다. 중요한 것은 기분의 좋고 나쁨이 아니라 잠에서 깨어난 직후 스스로 내면을 살펴보는 습관을 기르는 것이다. 언젠가 윤우가 혼자 잠에서 깨어났을 때도 '오늘 내 기분은 어떻지?' 하고 자신에게 물어보기를 바라는 마음에서 묻는 말이다. 아침에 느끼는 감정을 점검하는 것은 '내 감정이 중요한 것이구나'라는 인식을 심어주는 데 효과적이다. 이런 작은 습관이 쌓이면 아이는 자신의 감정 변화에 점점 더 민감해지고, 그 감정을 언어로 표현하는 능력 또한 자라난다.

"엄마는 오늘도 윤우가 눈 번쩍하는 걸 봐서 행복해!"

아이에게 질문만 하는 것이 아니라 내 감정도 말로 표현한다. 아이의 감정만 일방적으로 듣는 관계가 아니라, 서로의 감정을 주고받는 상호 관계로 발전시키는 것이 중요하다. "엄마는 어제 일하느라 늦게 자서 오늘 조금 피곤하지만, 윤우랑 함께여서 힘이 나"처럼 부모의 감정을 솔직하게 표현할 때 아이는 감정을 표현하는 것이 안전하고 자연스러운 일이라는 것을 배운다. 부모도 다양한 감정을 느낀다는 걸 정직하게 표현하는 것은 아이에게 감정이 숨기거나 부끄러워할 것이 아니라는 메시지를 전달한다.

아침을 먹을 때는 '오늘은 특별한 계획이 없는지', '학교에서 무엇을 하는 날인지', '가방은 잘 챙겼는지' 간단하게 묻는다. 구체적인 일정보다는 어떤 마음으로 하루를 보내고 싶은지에 대한 이야기를 나누는 것이다. 이런 대화를 통해 아이는 하루를 능동적으로 설계하는 주체가 된다. 감정조절력의 핵심 중 하나는 '자기주도성'이다. 자신의 감정과 행동에 대한 주인의식을 갖는 데서부터 감정조절이 시작된다는 걸 기억하자.

"사랑해! 좋은 하루 보내!"

아이와 남편이 문을 나설 때는 반드시 껴안고 뽀뽀하고 사랑한다고 말해준다. 언제나 돌아올 안전한 집이 있다는 것을 확인시켜 줌과 동시에 세상 밖에서 있을 다양한 일에 대한 예방 주사를 놔주는 것이다. 아이는 학교에서 친구와 다툴 수도 있고, 선생님에게 혼날 수도 있고, 어려운 문제를 만나 좌절할 수도 있다. 그런 순간마다 아침에 받은 사랑의 기억은 아이 마음속에서 '괜찮아. 집에 가면 엄마, 아빠가 있어'라고 속삭여준다. 무한한 사랑을 받는다는 확신과 긍정적인 마음가짐으로 하루를 시작하는 아이는 단단한 마음으로 세상에 나아갈 수 있다. 그 확신이 하루 종일 아이를 지켜주는 '감정적 안전망'이 되어주며, 회복탄력성의 핵심이 된다. 집을 나서는 순간의 감정은 아이의 하루를 좌우하는 결정적인 순간임을 잊지 말자. 늘 불안한 상태에서 서두르며 나간 아침과 사랑받고 있다는 확신을 받고 나간 아침은 결국 엄청난 차이를 만들어낸다.

아침에 아이가 어떤 감정을 느끼며 하루를 시작했는지가 그날 학업 성취도에도 영향을 준다. 실제로 아침에 느끼는 감정이 집중력, 기억력, 인지적 유연성 등 학습에 필요한 모든 영역에 영향을 미친다. 연구에 따르면 아이가 학교에 도착했을 때 느끼는 기분이 좋을수록 수업 시간에 더 적극적으로 참여하고, 복잡한 문제를 해결하는 능력도 높아진다. 반대로 아침에 짜증, 불안, 좌절 같은 부정적인 감정을 경험한 아이는 수업 중 주의가 산만해지고, 교사나 친구들과의 상호작용에서도 소극적으로 변한다. 특히 초등학생처럼 자기조절 능력이 아직 미성숙한 시기일수록 감정 상태에 따라 학습 집중도나 문제 해결력에서 큰 차이를 보인다. 감정은 단순히 기분의 문제가 아니라, 아이가 학습 자극을 어떻게 처리할지 결정하는 렌즈와 같다. 같은 수학 문제라도 '오늘은 기분이 좋아!'라는 상태에서는 도전처럼 느껴지지만, '오늘 아침에 엄마한테 혼났어'라는 상태에서는 스트레스로 다가온다. 이는 감정이 인지 자원을 어떻게 분배할지 결정하기 때문이다. 부정적 감정은 뇌가 '생존 모드'로 전환되어 학습보다 회피에 가까운 반응을 유도한다. 반면 긍정적 감정은 도전과 창의적 사고를 촉진하는 '탐색 모드'를 활성화한다.

아이와 함께 보내는 아침 10분은 특별한 도구나 기술이 필요한 게 아니다. 그저 아이 곁에 있어주고, 감정을 나누며 하루를 준비하는 것만으로 충분하다. 이 짧은 시간들이 쌓여 아이는 자신이 어떤 감정 상태에 있는지 인식하고, 그것을 말로 표현할 줄 아는 사람으로 자라난다. 무엇보다 '내 감정은 소중하고 표현할 가치가 있다'라는 자존감이 뿌리내린다. 우리 아이의 감정조절력을 키우는 가장 좋은 방법은 비싼 책이나 프로그램이 아닌 매일 반복되는 부모와의 정서적 교감이다. 그 시작이 바로 아침 10분이라는 걸 잊지 않았으면 한다.

사교육비로 수십만 원을 쓰고 엄마표 학습에 수백 시간을 들이면서 아침 10분을 아끼는 건 우선순위가 바뀐 것이다. 진짜 중요한 것들은 돈도 들지 않고 즉각적인 결과도 안 보인다. 하지만 그런 순간들이 평생 아이의 마음을 지켜준다.

오늘 아침, 아이가 문을 나설 때 꼭 안아주고 말해보자. "사랑해. 좋은 하루 보내." 그 한마디가 하루의 감정을 지켜주는 감정적 안전망이 되어줄 것이다.

하교 10분: 마음을 여는 대화의 시간

"오늘 학교에서 뭐 했어?"
　"그냥."
"재밌었어?"
　"별로."
"힘든 일은 없었고?"
　"없어."

혹시 아이와 이런 대화를 반복하고 있다면, 대화 방식을 점검해 볼 필요가 있다. 아이가 어린이집이나 학교에서 돌아온 후 별다른 이야기를 하지 않아서 답답하다는 부모들이 많다. 무슨 일이 있었냐고 물어도 "그냥", "별로" 같은 짧은 대답만 돌아오니 속이 탄다. 그런데 아이가 말을 하지 않는 이유에 대해 진지하게 고민해 본 적 있는가?

아이들이 말을 안 하는 데는 여러 가지 이유가 있다. 우선, 아이들은 어른이 생각하는 것보다 훨씬 복잡한 하루를 보낸다. 새로운 사람들을 만나고, 다양한 감정을 경험하고, 크고 작은 도전을 끊임없이 마주한다. 더군다나 아이들의 시간 감각과 기억 방식은 어른과 다르다. 하루 동안 있었던 일을 논리적으로 정리하거나 감정과 사건을 연결해서 설명하는 건 아직 어려운 일이다. 이제 막 언어를 배워가는 아이에게 '무슨 일이 있었는지' 물어보는 건 생각보다 까다로운 과제를 주는 것이다. 무엇보다 많은 부모가 아이의 말을 듣자마자 가르치려는 본능을 거스르기 어렵다. 아이가 용기 내어 이야기를 꺼내도 부모는 그 안에서 교훈을 찾고, 부족한 부분을 지적하고, 무엇이 옳은지 설명하려 한다. 아이 입장에서는 하루 종일 낯선 사회에서 긴장하며 버티고 돌아왔는데, 가장 안전해야 할 부모 앞에서 또다시 평가받고 지적을 들어야 한다는 사실이 부담스러울 수밖에 없다.

그래서 나는 윤우가 하교 후 집에 돌아오면 늘 '통행료 대화'를 한다. 학교 적응에 어려움을 겪었던 윤우를 위해 만든 우리 가족만의 대화법이다. 아이를 만나면 가장 먼저 꼭 안아주고 '보고 싶었다'고 말해준다. 손을 잡거나 안은 상태에서 오늘 하루가 어땠는지를 자연스럽게 묻는다. 윤우가 이야기를 시작하면 나는 그 이야기에 대한 '값'을 매긴다. '통행료' 2000원을 내야 하교 후 미디어 시간을 시작할 수 있다. 이 시간에는 휴대폰을 절대 꺼내지 않고 매 순간 아이의 눈을 보며 대화를 주고받는다.

"오늘의 통행료를 낼 시간입니다~"
"오늘 점심에 달걀말이가 나왔어."
"130원!"
"문제를 푸는 데 실수로 틀렸어. 실수해서 틀리니까 정말 기분이 나빴어."
"825원!"

이런 식으로 대화를 진행하는데, 윤우가 자신의 감정에 대해 이야기할수록 값은 올라간다. 특히 도전이나 갈등 상황에서 느끼는 감정을 이야기하면 더 높은 통행료가 책정된다. 그에 비해 점심 메뉴나 놀이 이름, 읽은 책 제목 등 사실에 기반한 이야기들은 상대적으로 낮은 통행료를 책정한다.

"오늘은 친구랑 갈등이 있어서 많이 속상했는데, 왜 속상한지 설명하고 잘 풀었어. 왜 갈등이 있었냐면…"

"1200원!"

통행료 대화 시간에 반드시 지키는 원칙은 '잔소리를 하지 않는 것'이다. 가르치려고 하거나, 교훈을 주려고 하거나, 비난하거나, 타박하지 않는다. 그냥 무조건 들어주기만 한다. 가르쳐야 할 내용이나 알려주고 싶은 교훈이 있다면 밤에 다시 이야기를 꺼낸다.

"이제 48원 남았네."

윤우는 남은 통행료를 채우기 위해 나를 꼭 안아준다. 여기서 재밌는 건 1원 단위로 통행료를 책정해도 척척 계산을 해낸다는 것이다. 이야기를 하며 감정 표현은 물론이고 자연스럽게 암산 능력까지 키우고 있는 셈이다.

"이건 1000원인데! 952원 거슬러줘야겠다."

거스름돈을 줘야 하면 내가 더 꽉 안아주거나 뽀뽀해 준다. 이 통행료 대화 시간에는 되도록 엄청난 에너지로 이야기에 호응해 준다. "진짜?", "그랬어?", "믿기지 않는데!", "너무 재밌었겠다", "엄마도 하고 싶다", "생각보다 더 멋진데!' 등등 나조차도 일상 대화에서는 잘 쓰지 않는 긍정적인 호응을 폭탄처럼 쏟아낸다. 떨어져 있는 동안 무슨 일이 있어도 무조건 사랑받고 환영받을 수 있는 가족의 품으로 돌아왔다는 것을 몸과 마음으로 알게 해주는 것이다. 이제는 통행료 대화 시간이 루틴이 되어서 아이가 주도적으로 이야기를 시작하지만, 처음에는 내 질문으로 주도했다. 아이에게 하루에 관한 질문을 할 때는 최대한 구체적이고 일상적인 질문으로 시작해야 한다. 대화의 시작이 쉽다고 느껴야 그 이후에도 이야기가 술술 이어지기 때문이다.

"오늘 급식에서 매운 음식은 안 나왔어?"
"누구랑 제일 많이 놀았어?"
"오늘 한 놀이의 규칙은 뭐야?"
"이야기를 제일 많이 한 친구 이름은 뭐였지?"

구체적인 상황의 질문에서 시작해 점차 감정에 관한 대화의 흐름을 만든다.

"오늘 속상한 일은 없었어?"
"가장 재밌었던 일은 뭐야?"
"오늘의 감정을 한 단어로 표현하면?"

하루 동안 있었던 일을 구체적으로 이야기하다 보면 자신도 모르는 사이에 느꼈던 감정들을 언어로 표현할 줄 알게 된다. 그날의 속상했던 일도, 재미있었던 일도 엄마에게 툭툭 털어놓는다. 하루 종일 경험한 감정을 신뢰하는 사람에게 표현하는 것만으로도 스트레스 호르몬이 감소하고 면역 기능이 향상된다. 특히 아동기에 이런 경험을 충분히 쌓은 아이는 성인이 되어서도 더 높은 정서적 회복력을 보인다. 아이는 부모와의 대화를 통해 어떤 감정이든 마음속에 꼭꼭 숨기고 쌓아두기보다 믿을 만한 사람에게 털어놓는 방법을 배우는 것이다.

통행료 대화를 하다 보면 중간중간 나에게 퀴즈가 주어지기도 한다. 어제 급식에 뭐가 나왔는지 맞혀보라든지, 같은 반 친구 이름을 세 명 말하라고 한다든지, '경찰과 도둑' 놀이의 주요 규칙이 뭔지 맞혀야 한다. 맞힐 때도 틀릴 때도 있지만 아이의 이야기를 열심히 잘 듣고 있다는 것을 적극적으로 표현하면서 서로의 세상에 한 걸음씩 가까워진다.

중구난방으로 말하는 아이와 대화하는 일은 처음엔 어렵고 답답하게 느껴질 수 있다. 부모가 듣고 싶은 이야기와 아이가 하고 싶은 이야기가 전혀 다를 때도 많기 때문이다. 하지만 진짜 중요한 건 부모가 기대하는 정보가 아니라, 아이와의 교감을 통해 쌓는 관계다. 대화를 나눌 때 가장 중요한 건 '대화'와 '취조'의 차이를 아는 것이다. 아이가 말문을 제대로 열기도 전에 "그건 왜 그랬어?", "그래서 어떻게 됐는데?" 하고 몰아붙이듯 묻는다면 그건 대화가 아니라 질문을 통한 통제, 즉 취조가 된다. 진짜 대화는 아이가 중요하게 여기는 것을 중심에 두고, 부모가 호기심을 갖고 몰입할 때 비로소 시작된다. 어른들에게는 별거 아닌 것처럼 보이는 이야기—예컨대 친구가 신발 끈을 묶는 방식, 점심시간에 들은 말장난, 화장실에서 본 벌레 이야기—는 아이들에게는 하루를 구성하는 중요한 감정의 순간이다. 아이들은 감정과 사건을 완전히 분리해 설명하기 어려워한다. 하지만 감정이 강하게 남은 순간일수록 기억에 오래 남기 때문에, 감정을 중심으로 이야기하는 것은 매우 자연스러운 발달 특성이다.

통행료 대화를 할 때 지켜야 할 또 하나의 규칙은 아이의 이야기를 절대 끊지 않는 것이다. 아이가 하고 싶은 말을 실컷 하도록 하고, 중간에 공백이 생길 때만 간간이 질문을 던진다. 말의 흐름을 자르지 않고, 아이가 중요하게 여기는 것에 진심으로 관심을 보이면 아이는 마음 깊은 곳의 감정까지 털어놓는다. 이때 아이의 감정을 평가하거나 판단하지 말자. "그까짓 걸로 왜 속상해?", "그게 뭐가 그렇게 중요해?" 같은 반응은 아이의 감정을 무시하는 신호로 작용한다. 이런 반응은 아이의 마음을 아프게 할뿐더러 외로움을 느끼게 한다. 반면 감정을 있는 그대로 받아주고, 상황의 맥락을 함께 파악해 주는 부모의 태도는 감정조절력 향상에 긍정적인 영향을 준다.

예를 들어 아이가 "오늘 ○○이 때문에 진짜 짜증 났어. 체육 시간에 규칙을 안 지켜서 우리 다 제대로 못 했어"라고 말했을 때, "진짜 속상했겠네. 기분은 어땠어?"라고 되묻는 것이 아이의 감정을 존중하는 대화의 시작이다. 그리고 "○○이는 왜 그랬을까?"와 같은 질문으로 상대의 입장에서 생각해볼 기회를 자연스럽게 만들어준다. 아이가 대답하지 않더라도, 잠깐이라도 타인의 입장을 상상해 보는 경험 자체가 공감 능력을 자극한다. 혹여 친구에 대한 험담이 섞여 있어도 부모는 일단 아이의 편을 들어주어야 한다. 아이는 부모가 믿을 수 있는 사람이기 때문에 그런 민감한 이야기를 꺼내는 것이다. 아이가 부모 앞에서조차 꺼내지 못한 감정은 결국 마음 속에 응어리로 남는다.

물론 친구와의 관계나 생활 습관에 대해 부모가 가르쳐야 할 것들이 있다. 하지만 훈육과 교육에도 때가 있는 법이다. 아이의 편에서 이야기를 온전히 들어주는 순간이 있어야 더 효과적인 훈육도 가능하다는 것을 잊지 말자. 안정적인 환경에서 저녁 시간을 보내고 나면 아이는 부모의 말에 더 귀를 기울일 마음의 준비가 되어 있을 것이다. 아이가 받아들일 준비가 되었을 때 이야기하는 편이 교육적으로도 훨씬 효과적이다.

아이가 커갈수록 부모를 자신의 중요한 이야기에서 배제하는 일이 점점 많아진다. 부모만 모르는 아이의 일도 점점 늘어난다. 아이가 멀어진다고 느껴지는 순간, 많은 부모가 자책하거나 억울해한다. 하지만 부모라고 해서 자동으로 친밀한 대상이 되는 것은 아니다. 사람은 믿을 수 있고 따뜻하게 반응해 주는 사람에게 중요한 이야기를 털어놓고 싶은 법이다. 친밀한 관계는 일상의 시답지 않은 대화를 바탕으로 쌓이기 때문에 평소에 아이와 시시콜콜한 이야기도 많이 나누어야 한다. 그 모든 이야기가 관계를 구성하는 중요한 요소다.

아이가 하루 종일 놀기만 하는 것처럼 보여도 그 속에는 수많은 감정과 갈등, 성취와 좌절이 있다. 어른들이 보기에는 아이들의 사회생활이 소꿉놀이 같고, '진짜 스트레스받을 일'도 별로 없어 보인다. 하지만 학교나 어린이집 혹은 학원은 아이에게 가정과는 다른 사회다. 그곳에서 아이는 또래 친구들과 관계를 맺고, 규칙을 따르며, 끊임없이 자기를 조절하고 표현하고 참아야 한다. 하루 종일 선생님 눈치도 보고, 친구들 틈에서 자리를 잡아야 하며, 원하든 원하지 않든 다른 사람들과 같은 공간에서 긴 시간을 보낸다. 그 작은 세계는 아이에게는 충분히 크고 복잡하다. 그런 하루를 버티고 돌아온 아이의 말에 귀 기울이는 일, 그게 바로 부모가 할 수 있는 가장 큰 정서적 지지다.

얼마 전 공원에서 중학생 무리를 보며 아이들의 사회생활은 생각보다 훨씬 고단하고 피곤할 수 있겠다는 생각이 들었다. 어른은 인간관계에서 어느 정도 선택권이 있다. 불편한 사람은 피할 수도 있고, 회사를 옮기거나 이사를 하거나 연락을 끊는 선택도 가능하다. 하지만 아이들에게는 그런 자유가 거의 없다. 정해진 학급과 담임, 부모가 정해준 학원과 과외 속에서 매일 수많은 사회적 관계를 감당해야 한다. 그러니 하교 후 집에 도착하는 그 순간이야말로, 온종일 붙잡고 있던 긴장을 놓는 시간이다.

이때 부모가 어떻게 아이를 맞이하느냐에 따라 아이는 온전히 이완될 수도 있고, 오히려 집에서도 긴장을 유지할 수도 있다. 집에 오자마자 아이가 짜증을 내거나 갑자기 울음을 터뜨리는 일도 종종 있는데, 이는 사실 하루 종일 눌러왔던 감정이 안전한 공간에서 터져 나오는 것이다. 그럴 때 "왜 또 그래?", "학교에선 안 그러면서 왜 집에서만 이래?"라는 말은 아이의 감정을 무시하는 반응이다. 아이는 결국 '집에서도 내 감정은 환영받지 못하는구나'라고 받아들이게 된다. 대신 "오늘 학교에서 힘들었구나. 이제 집에 왔으니까 마음껏 쉬어도 돼. 하고 싶은 이야기 있으면 들어줄게"라고 말해주자. 학교에서 그러지 못하니 집에서 그러는 것이라는 걸 알아주기만 해도 된다. 아이는 부모의 그런 그 말 한마디에 마음을 놓고 안정을 찾는다.

아이의 시답지 않은 이야기를 들어줄 시간이 없다고 생각할지도 모른다. 하지만 정말 시간이 없을까? 아니면 그만큼 중요하지 않다고 생각하기 때문에 마음의 여유가 부족한 걸까? 사실 SNS를 보며 흘려보내는 '비생산적인 시간'만 해도 하루에 10분은 훌쩍 넘는다. 그런데 그 10분을 세상에서 가장 사랑하는 내 아이에게 내지 못하는 건 어딘가 모순이다. 사실 그보다 더 중요한 일이 많다는 생각에 우선순위에서 밀리는 것이다. 부모와의 이런 대화를 통해 쌓인 관계 속에서 자존감이 높고 단단한 아이로 자라 청소년이 되고, 성인이 되어서도 더 독립적으로 성장한다는 경험이 없기 때문이다.

부모와의 대화는 아이의 자존감을 키우고 정서적 회복력을 높이며 부모와 평생을 이어가는 관계의 기초가 된다. 어릴 적부터 자신의 감정을 표현하고 수용 받는 경험을 충분히 쌓은 아이는 사춘기에도 여전히 부모와 대화를 이어간다. 반면 어릴 때부터 자신의 이야기를 들어주는 어른이 없었던 아이는 마음의 문을 닫고 점점 혼자만의 세계로 들어간다.

지금은 별것 아닌 것처럼 보이는 이 습관이 아이의 평생을 결정짓는 토대가 된다. 나중에 "우리 아이는 도무지 무슨 생각을 하는지 모르겠어요"라고 말하고 싶지 않다면, 바로 지금이 기회다. 하루 단 10분, 아이의 시시콜콜한 이야기에 귀 기울이는 건 결코 시간 낭비가 아니다. 아이의 감정 건강과 부모와의 관계에 대한 가장 확실한 투자를 '남는 시간'이 있을 때까지 미루지 말자.

자기 전 10분: 분리불안을 줄이는 연결의 시간

아이를 깨우는 것만큼이나 잠들게 하는 일도 쉽지 않다. 나 역시 윤우가 어릴 때 자려고 누우면 두 시간 넘게 울고 떼를 써서 안고 달래느라 애를 먹곤 했다. 어른의 입장에서는 잠이 피로를 해소하는 좋은 방법이라는 걸 알기 때문에, 왜 아이가 잠들기를 거부하는지 쉽게 이해되지 않을 수 있다. 하지만 아이에게 잠은 또 다른 '이별'이다.

"자고 나면 엄마 아빠가 없잖아. 영영 못 볼 수도 있고, 나 혼자잖아."

어느 날 윤우와 어렸을 적 영상을 보다가 재우려고 할 때 왜 그렇게 울었냐고 물었더니 이렇게 답해주었다. 윤우가 감정을 언어로 표현하면서 알게 된 가장 소중한 사실 중 하나는, 그토록 잠들기 싫어했던 이유가 부모와 세상으로부터의 분리를 본능적으로 느꼈기 때문이라는 점이다. 잠들기 전 시간은 아이에게 또 다른 '분리'를 앞둔 시간이다. 특히 어린 아이들에게 잠은 부모와 떨어져야 하는 시간으로 인식되기에 본능적으로 불안감을 느낄 수 있다. 아이는 잠들면 기분이 좋아지고 다음 날 아침 다시 만날 수 있다는 것을 확실히 알지 못한다. 잠은 부모와 자신을 갈라놓는 방해물일 뿐이다.

그래서 잠들기 전 시간은 아이에게도 부모에게도 중요한 의미가 있다. 단순히 하루를 마무리하는 시간이 아니라, 장시간 떨어져 있어야 하는 밤을 앞두고 부모와의 정서적 연결을 확인하는 시간이기 때문이다. 이때 부모가 따뜻한 상호작용으로 아이에게 '비록 우리가 지금은 떨어져 있지만, 너와 나는 계속 연결되어 있어'라는 메시지를 전달해 줘야 아이는 비로소 안심하고 깊이 잠들 수 있다. 이런 감정적 확신은 뇌 발달에도 영향을 미친다. 깊은 잠은 아이가 하루 동안 겪은 감정을 정리하고 통합하며, 감정조절 능력을 기르는 데 필수적인 시간이다.

　많은 육아서에서는 유아기 수면 의식의 중요성을 강조하지만, 아이가 자라면서 그 중요성이 점차 간과되는 경우가 많다. 하지만 수면 의식은 나이에 상관없이 모든 사람에게 중요하다. 잠들기 전 시간은 뇌가 기억과 감정을 재배열하며 하루를 마무리하는 핵심 시간이며, 수면의 질에 결정적인 영향을 미친다. 특히 아이에게는 부모와의 안정적인 감정 교류를 통해 이 시간이 더욱 의미 있게 작동된다.

　우리 가족의 수면 의식은 '누구와 함께 잠들 것인지'를 정하는 것부터 시작된다. 엄마와 아빠가 모두 집에 있는 날이면, 윤우는 그날의 기분에 따라 누군가를 고른다. 속상한 일이 있었던 날은 위로받고 싶은 엄마를, 재미있는 이야기를 나누고 싶은 날은 아빠를 선택한다. 누가 옆에 있든, 아이와 함께하는 이 밤의 루틴은 두 가지 활동으로 이어진다. 그날 경험한 감정에 관한 대화와 잠자리 독서다.

"오늘 하루 중 가장 기뻤던 일은 뭐였어?"
"오늘 하루 중 가장 속상했던 일은 뭐야?"

윤우는 겨우 말을 떼었을 때부터 이런 대화를 나누었다.

말을 잘하지 못해도 질문을 듣고 생각하는 것은 아이에게 도움이 된다. 언어로 표현하지 못해도 감정은 존재하기 때문이다. 이 시간에는 하교 후 나누지 못한 이야기들이 쏟아질 때가 많다. 어두운 방에서 사랑하는 사람과 피부를 맞대고 누워 있으면 '사랑 호르몬'이라 불리는 옥시토신이 분비된다. 스트레스가 줄고 안정감이 높아지며 마음이 편안해지므로 마음속 깊숙한 이야기도 편안하게 할 수 있다. 아이가 잠들기 직전에야 수다쟁이가 되는 것은 단순히 잠을 자기 싫어서가 아니라는 뜻이다. 물론 윤우만 이야기하지 않는다. 나도 남편도 이 시간에 많은 이야기를 나눈다. 평일에는 둘 중 한 명이 윤우를 재우러 들어가지만, 주말에는 셋이 함께 누워 있기도 한다. 이때는 돌아가며 오늘의 감정에 관해 이야기한다. 윤우는 어른도 기쁘고 속상하고 설레고 마음대로 안 된 일이 있다는 것을 듣고 감정을 깊이 배운다.

자기 전 대화의 중요성을 이야기하면 많은 엄마가 "한번 시작하면 잠을 못 자요"라고 하소연한다. 하지만 자기 직전에 지나치게 많은 이야기를 쏟아내고 잠을 참는 이유는 의외로 단순하다. 자기 직전까지 부모가 옆에 있어주지 않았기 때문이다. 침대에 눕기 전까지는 부모가 핸드폰이나 패드에 집중하거나 집안일을 했을 가능성이 크다. 그러다 이제서야 부모와 함께하는 시간을 쉽게 놓치고 싶지 않은 것이다. 침대에 누워 있는 시간에만 온전히 관심을 받을 수 있으니 이 시간이 끝나지 않길 바란다. 이는 아이가 아직 정서적 충전을 다 마치지 못했다는 신호다. 그래서 안정적으로 잠들기 위한 '수면 의식'은 침대 위가 아니라 침대 밖에서부터 시작된다. 분리를 위한 준비에서 가장 중요한 것은 그 전에 충분한 시간을 함께 보내는 것이다. 아이가 침대에 누워서만 부모의 관심을 받을 수 있다고 생각하면 그 시간을 최대한 활용하려는 것은 당연하다.

두어 시간씩 울고 보채던 윤우가 어느 날 "엄마, 이제 10시야. 지금 자야 내일 안 피곤해. 잘 자, 사랑해" 하고 등을 돌려 잠들 때가 왔듯이, 어떤 아이든 그렇게 할 수 있다. 처음에는 시간이 오래 걸릴 수 있지만, 이는 아이가 아직 어려서 그런 것일 뿐이다. 루틴을 지키며 일관되게 반응해 주면, 아이도 점차 스스로 경계를 세우고 잠들 준비를 하게 된다.

그렇다고 해서 아이의 요구를 끝없이 받아주어야 한다는 의미는 아니다. 부모가 먼저 안정되고, 아이의 감정을 인정하며 공감해 준 다음에는 분명한 기준을 갖고 마무리해야 한다. 이 시간은 사랑을 충분히 나눈 후, 잠을 '두려운 분리의 시간'이 아닌 '편안한 휴식과 재충전을 위한 시간'으로 인식하게 하는 데 목적이 있다. 아이를 재우는 일은 단순히 '잠이 들게 하는 것'이 아니라, 아이와 부모가 서로의 존재를 확인하고 사랑을 확인하는 신성한 시간이다.

잠자리 독서가 아이 감정지능에 미치는 영향

윤우는 아기 때부터 지금까지 부모가 자기 전에 책을 읽어주었다. 지금은 스스로 책 읽는 것을 좋아하지만 여전히 잠자리 독서를 함께한다. 잠자리 독서는 단순히 책을 읽는 시간이 아니라 책을 매개로 사랑이 담긴 대화를 나누고, 공통의 추억을 쌓는 시간이다.

잠자리 독서는 감정지능을 키우면서 책에 대한 긍정적인 정서를 자연스럽게 습득하는 가장 효과적인 방법이다. 이 시간의 가장 큰 의미는 부모와 온전히 함께 있다는 것이다. 바쁜 하루를 보낸 후 부모와 아이가 한 공간에서 같은 이야기를 나누며 감정을 공유하는 시간이다. 이때 중요한 것은 책의 지식이나 정보가 아니라 그 책을 중심으로 흐르는 정서적 교감이다. 아이는 부모의 목소리와 숨소리, 체온에서 안정감을 느끼고, 부모는 아이의 반응을 통해 아이의 내면을 이해한다.

부모의 목소리는 아기의 자율신경계에 긍정적인 영향을 주며, 심박수와 스트레스 지표를 안정시키는 강력함이 있다.

"이 주인공이 지금 어떤 기분일까?"
"윤우라면 이런 상황에서 어떻게 했을까?"

책을 읽으며 자연스레 나누는 이런 대화들이 아이의 감정지능을 키운다. 책 속 인물의 감정을 상상하고, 자신이라면 어떻게 행동할지 생각하는 과정에서 아이는 다양한 감정을 간접 경험한다. 이는 실제 상황에서 감정을 조절하고 타인의 마음을 이해하는 데 중요한 밑바탕이 된다. 또한 이 조용한 시간은 아이가 자신의 속마음을 꺼내기에도 매우 좋은 기회가 된다. 침대에 나란히 누워 서로의 호흡을 느끼며 나누는 대화는, 낮에 오가지 못했던 진심 어린 이야기들을 자연스럽게 이끌어낸다. 책이라는 매개를 통해 평소 하기 어려웠던 대화도 하고, 책 속 주인공들을 통해 깊숙한 감정을 표현하기도 한다.

물론 아이가 성장하며 잠자리 독서의 형태는 조금씩 변한다. 어렸을 때는 주로 부모가 읽어주지만, 커가면서 번갈아 책을 읽기도 하고, 아이가 부모에게 읽어주는 날도 있을 수 있다. 어떤 날은 서로 껴안고 각자 책을 읽기도 한다. 그러나 형태가 바뀌어도 본질은 변하지 않는다. 책을 매개로 함께 이야기를 나누고 감정을 공유하며 서로를 이해하는, 이 소중한 시간은 오히려 나이가 들수록 더 필요한 시간이 된다. 책 읽기를 마치면 조도를 한 단계 더 낮추고 '꽁냥꽁냥 시간'을 시작한다. 윤우가 어렸을 때 '사랑하는 사람들이 껴안고 이야기하는 시간'을 '꽁냥꽁냥'이라고 정의한 것이 정착된 것이다. 이 시간은 안고 뽀뽀하고 팔베개를 해주며, 하루를 마무리하며 서로에게 사랑을 표현하고 감정을 정리하는 소중한 시간이다.

잠들기 전은 뇌가 하루 동안 경험한 정보와 감정을 정리하는 시간이다. 이러한 '기억 공고화' 과정은 깨어 있을 때 뇌에 입력된 수많은 정보 중 중요한 것은 장기 기억으로 옮기고, 불필요한 것은 제거한다. 특히 렘수면 단계에서는 감정과 관련된 기억이 집중적으로 처리된다. 이 과정에서 중요한 것은 아이가 그날의 감정을 어떤 방식으로 정리하며 잠들었느냐다. 부정적 감정이 해결되지 않은 채 잠들면, 그 감정은 무의식 속에서 불안이나 악몽으로 나타날 수 있다. 반대로 감정을 안전하게 정리하고 잠들면, 아이는 더 깊고 편안한 잠을 잘 수 있다. 결국 잠자리 독서로 마무리되는 잠자리 루틴은 하루의 피로를 풀고 아이의 정서를 다독이며, 감정지능을 키우는 가장 포근하고 따뜻한 방법이다.

마치며

감정을 가르치는 건 '선택'이 아니라 '책임'이다

　감정은 정말 어렵다. 나는 지금까지 감정이 풍부한 사람으로 살아왔고, 십수 년간 감정을 연구했다. 지금도 예민한 아이를 키우고 있지만 여전히 감정은 손에 잘 잡히지 않을 때가 많다. 어떤 날은 피로가 풀리지 않은 상태로 아이에게 소리를 지르고, 또 어떤 날은 기분이 안 좋다고 내 몸에 좋지 않은 음식을 마구 밀어 넣는다. 교과서대로 윤우에게 잘 대응해서 뿌듯했던 날도 있지만 지금까지 배운 모든 게 다 소용없다고 느껴질 정도로 제멋대로 반응해 좌절하는 날도 있다.

　인간이라면 누구나 감정을 타고난다. 그러나 그 감정을 다루는 건 여전히 어렵다. 그래서 감정을 인식하고 표현하고 조절하는 기술은 만족스러운 삶을 위해 꼭 필요한 능력이다. 그렇다면 이렇게 중요한 기술을 위해 우리는 과연 얼마나 많은 시간을 들이고 있을까? 우리나라의 글자를 읽고 쓰지 못하는 기능적 문맹률은 0.1%도 되지 않는다. 대부분의 어른은 글을 읽고 쓸 줄 알고, 스스로 밥을 먹고, 화장실에 가고, 피곤하면 잠을 자는 생활 능력을 갖추고 있다. 그럼에도 부모들은 아이가 글자를 익히고, 걷고, 밥을 먹고, 대소변을 가릴 수 있도록 엄청난 시간과 노력을 기울인다. 이런 것들은 뇌 발달에 따라 자연스럽게 익혀지는 성장의 일부임에도 부모는 그 모든 과정을 세심하게 돕는다. 하지만 감정에 대해서는 유독 무심하거나 무지한 경우가 많다. 정작 감정은 아이가 자라면서 '스스로 익히기 어려운', '반드시 배워야 하는 능력'인데도 말이다. 심지어는 아이의 감정 표현을 문제 행동으로 여기곤 한다.

"우리 아이가 떼를 많이 써요."
"우리 아이는 고집불통이에요."
"툭하면 울어요."
"왜 이렇게 화가 많은지 모르겠어요."

이런 말들 속엔 아이가 감정을 스스로 이해하고 조절할 수 있으리란 잘못된 기대가 숨어 있다. 감정조절력은 학습과 연습이 필요한 긴 여정이다. 그럼에도 우리는 여전히 감정 표현을 '문제'로 여기고, 아이가 감정을 배우는 중이라는 사실을 자주 잊는다. 부모가 감정을 가르치지 않았을 때 어떤 정서적 결과가 일어나는지에 대해 진지하게 고민하지 않는 경우도 많다.

내가 엄마가 된 후, 윤우를 교육할 때 중요한 기준으로 삼는 질문이 하나 있다.

"대부분의 어른은 이걸 할 줄 아는가?"

대부분의 어른이 이미 할 줄 아는 일이라면, 나는 굳이 조급해하지 않는다. 걷거나 뛰고 글을 읽고 쓰고, 혼자 자고, 밥을 먹고, 대소변을 가리는 일은 결국 하게 된다. 물론 아이마다 속도는 다르겠지만 의학적 이유가 없다면 언젠가는 다 하게 된다. 하지만 감정을 다루는 일, 충동을 멈추는 일, 기분을 언어로 풀어내는 일, 관계 안에서 자신을 지키면서 타인을 존중하는 일 등은 어른이 된다고 저절로 되는 것이 아니다. 지금도 많은 어른들이 감정을 조절하지 못한다. 이 감정조절력은 생각보다 우리 삶에 훨씬 깊게 영향을 미친다. 매번 목표를 세우고도 금세 포기하고, 도전을 망설이고, 관계에서 자꾸 어긋나고, 불안과 우울에 쉽게 휩쓸리는 이유는 명문대를 못 나와서도, 멋진 직업이 없어서도 아니다. 자신의 감정주파수를 제대로 조율하지 못해서다.

감정조절력과 감정지능을 길러줘야 하는 이유는 단순히 '마음이 건강한 아이'를 만들기 위함이 아니다. AI 시대를 살아가는 인간에게 필요한 핵심 생존 전략이기 때문이다. 자신의 감정을 조절할 줄 알고, 타인의 감정에 공감할 줄 아는 사람만이 미래 사회에서 의미 있는 연결을 만들고 협업할 수 있다. 그리고 결국, 삶을 이끄는 사람이 된다. 그 시작은 부모를 중심으로 한 '가정'이어야 한다.

감정조절력을 길러주는 일은 당장의 성과가 보이지 않기에 소홀해지기 쉽다. 하지만 교육의 본질은 지금 눈앞의 문제를 해결하는 게 아니라 아이의 '미래를 준비하는 일'이다. 부모가 아이에게 보이는 감정 반응 하나, 아이의 감정에 건네는 말 한마디, 감정이 흐트러졌을 때 함께 숨을 고르고 진정하는 그 순간들이 모여 결국 아이의 '감정지능'을 만든다. 수많은 반복과 실수, 조율의 과정 속에서 아이의 내면에 감정조절력이 쌓이며, 이를 기반으로 감정지능이라는 튼튼한 뿌리를 만들어진다.

　감정은 결국 부모와 아이가 함께 만들어가는 관계의 산물이다. 물론 감정 교육은 낯설고 어렵다. 감정을 배운 적 없는 우리가 아이를 가르친다는 건 결코 쉬운 일이 아니다. 하지만 오히려 그래서 우리가 더 잘해낼 수 있을지도 모른다. 감정을 배우지 못한 채 어른이 되어 얼마나 자주 혼란스럽고 외롭고 힘들었는지 누구보다 잘 알기에 아이만큼은 그 길을 조금 더 편안하게 걸어가길 바라는 마음이 있기 때문이다.

　아이에게 필요한 건 '완벽한 선생님'이 아니다. 함께 배우고, 함께 성장하려는 부모다. 우리가 실수하고 다시 시도하며 포기하지 않는 그 모습을 보여주는 자체가 아이에게는 가장 효과적인 감정 교육이 된다. 하루에도 몇 번씩 아이에게 짜증을 내고 후회하고 다시 다짐하며 아이와 감정주파수를 맞추려 애쓰는 모든 부모에게 진심으로 감사드린다. 매일의 작은 노력이 아이의 내면에 차곡차곡 쌓이면 결국 아이는 자신의 삶을 담대하게 살아나갈 용기를 갖춘 어른으로 자라날 것이다.

　육아가 힘든 건 우리가 감정을 배운 적이 없기 때문이다. 이 책은 감정을 가르치는 첫 세대가 되기 위해 애쓰는 '우리'

를 위해 쓰였다. 이 책이 수많은 부모들의 불안한 마음에 위로가 되고 아이와 함께 감정을 배우는 데 든든한 길잡이가 되길 바란다.

감정조절력을 높이는 심리학 인사이트

감정조절력

감정은 누구나 자연스럽게 느끼는 것처럼 보이지만, 사실은 경험과 언어, 사회적 맥락을 통해 뇌가 예측하여 만들어내는 산물이다. 아이가 감정을 잘 느끼고 표현하려면, 감정을 구분하고 언어화하는 반복적인 경험이 필요하다. 즉, 감정은 타고나는 것이 아니라 배우고 만들어가는 것이다. 감정을 인식하고 표현하며 조절하는 능력, 즉 감정조절력은 연습과 경험을 통해 발달하는 삶의 기술이다. 물론 이를 담당하는 전두엽의 발달도 중요하다. 전두엽은 감정과 충동을 통제하는 기능을 하며, 20대 중반까지 서서히 발달하는 것으로 알려져 있다. 따라서 감정조절력은 나이가 들면 저절로 생기는 능력이 아니라, 다양한 경험과 뇌의 발달로 형성된다.

감정조절력의 첫 단계는 감정 인식이다. 자신의 감정을 인식하지 못하면 건강한 감정조절은 불가능하다. 연구에 따르면, 감정을 잘 인식하는 사람일수록 스트레스 상황에서도 더 유연하게 대처하고, 인간관계에서도 더 큰 만족을 느낀다. 반면 감정을 억압하거나 회피하면, 그 감정이 신체 증상이나 공격적인 행동으로 표출될 가능성이 높다. 이런 감정 인식 능력은 신체적·정신적 피로가 극심할 때 더욱 빛을 발한다. 감정 인식은 '지금 나는 어떤 감정을 느끼고 있지?'라고 자신에게 묻는 것에서 시작된다. 감정을 억누르거나 없애려 하기보다, 그 감정에 이름을 붙이는 것만으로도 감정의 강도가 줄어든다는 연구 결과도 있다.

감정지능

감정지능은 자신의 감정을 인식하고, 이해하고, 조절하며, 타인의 감정에도 민감하게 반응하고 관계를 조율하는 능력이다. 하지만 이 책에서는 단순히 감정을 잘 다루는 '스킬'

이 아니라, 감정을 매개로 나와 타인을 연결하고 삶을 이끄는 방향을 조절하는 능력으로 확장해서 다룬다. 지식이 삶의 속도를 만든다면, 감정지능은 삶의 방향을 결정짓는 나침반이다.

모성애

아이를 낳고 나서 '모성애'라는 단어가 오히려 폭력적으로 느껴진 순간이 있었다. 우리 사회는 마치 아이를 낳으면 모든 엄마에게 즉각적이고 자동으로 깊은 사랑이 솟아나는 것처럼 말한다. 하지만 심리학 연구는 이를 뒷받침하지 않는다. 연구에 따르면 모성애는 단순한 본능이 아니다. 출산 후 옥시토신 같은 호르몬이 분비되어 아이에 대한 관심과 애정이 생기는 것은 사실이다. 그러나 아이에 대한 깊은 사랑은 후천적으로 형성되는 감정이며 개인차도 크다.

사람마다 인간관계에서 사랑을 느끼는 속도와 강도가 다르듯 아이에게 느끼는 사랑도 마찬가지다. 어떤 사람은 아이를 처음 본 순간 강한 애착을 느낄 수 있지만 어떤 사람은 시간이 흐르며 관계를 쌓아가는 과정 속에서 사랑을 키워나간다. 또한 최근 연구에서는 출산 후 엄마의 뇌 구조가 변화해 아이의 울음소리에 더 민감해진다는 사실도 밝혀졌다. 중요한 건, 엄마 역시 아이와의 상호작용을 통해 점차 변화한다는 사실이다. 모성애는 하루아침에 완성되는 감정이 아니다. 아이와의 교감 속에서 서서히 성장하는 감정이다. 그러니 출산 직후 즉각적인 사랑을 느끼지 못했다고 자책할 필요는 없다. '왜 나는 아이를 낳았는데도 감정이 벅차지 않을까?' 하고 자신을 의심하기보다는 혼란스러운 감정을 받아들이고 보듬는 연습이 먼저다. 아이에 대한 사랑과 아이와의 관계는 함께 성장하는 것이다.

베이비블루스와 산후우울증

출산 후 며칠간 감정이 이상할 정도로 불안정했던 적이 있는가? 아기 울음소리에 온 신경이 곤두서고, 별일 아닌데도 눈물이 나며 초조함과 무기력감이 반복되었다면, '베이비블루스 baby blues'라는 매우 자연스러운 현상을 경험한 것이다. 베이비블루스는 출산 후

3일째부터 시작해서 5일에서 2주 사이에 나타나는 감정 기복이지만, 때에 따라 출산 직후부터 몇 개월 뒤까지도 발생할 수 있다. 출산한 여성의 약 50~80퍼센트가 경험하며, 2주 이내에 자연스럽게 사라진다.

이러한 우울감이 2주 이상 지속되거나 죄책감과 무기치함이 계속되면 산후우울증일 확률이 높다. 연구에 따르면 산후우울증을 겪는 엄마는 스트레스 호르몬 수치가 높아지고, 뇌의 감정조절 관련 부위 활동에 변화가 나타난다. 산후우울증이 오래 지속되면 엄마뿐 아니라 아이의 정서 발달에도 영향을 줄 수 있다. 엄마가 지속적으로 우울하면 아이가 애착 형성에 어려움을 겪고, 감정 반응성이 떨어질 가능성이 크다. 특히 엄마가 감정적으로 무기력하거나 아이와의 상호작용이 줄면, 아이도 정서 조절을 배우는 과정에서 어려움을 겪는다. 그러므로 '시간이 지나면 괜찮아지겠지!' 하며 산후우울증을 방치하지 말고, 적극적으로 지원과 치료를 받아야 한다.

아이를 낳고 우울감이 길어질 때는 자책하지 말고 '내 탓이 아니야, 나는 지금 도움이 필요한 상태일 뿐이야'라고 생각하는 게 중요하다. 자신의 감정을 깊게 들여다보고, 주변에 솔직한 마음을 이야기할 사람을 찾거나 필요하면 전문가의 도움을 받는 것도 방법이다. 산후우울감과 불안은 '부모가 되기 위한 통과의례'가 아니다. 감정이 힘들면 무시하지 말고 돌봐줘야 한다. 내 감정을 돌보는 것이 결국 아이를 돌보는 것이다.

감정 마커 이론

신경과학자 안토니오 다마지오Antonio Damasio는 소마틱 마커somatic marker 이론을 통해 감정이 인간 의사결정에 핵심 역할을 한다고 설명했다. 이 이론에 따르면 우리는 특정 선택을 마주할 때 과거 경험에서 비롯된 감정 신호, 즉 신체 반응(소마틱 마커)을 통해 빠르게 판단한다. 예를 들어 과거 어떤 선택이 불쾌한 결과를 낳았다면, 비슷한 상황에 다시 닥쳤을 때 뇌는 자동으로 불안이나 긴장 같은 감정을 불러일으킨다. 이런 신호는 합리적 사고와 결합해 손해를 피하고 더 나은 결정을 내리도록 돕는다.

감정은 단순 반응이 아니라 뇌가 축적한 삶의 데이터를 압축해 보내는 신호다. 전전두엽 손상 환자 연구에 따르면, 이성이 온전히 작동해도 감정 신호가 없으면 일상적 결정을 내리기 어렵다. 이는 감정 없이는 정보를 분석할 수 있어도 '행동'을 결정하기 어렵다는 의미다. 따라서 감정을 인식하고 활용하는 능력은 단지 정서적 성숙 문제를 넘어, 복잡한 일상 선택에 필수적인 인지 기능이다.

감정 분화

감정 분화^{emotional differentiation}는 자신이 느끼는 다양한 감정을 섬세하게 구분하고 인식하는 능력이다. '답답한데 짜증인지, 외로워서 슬픈 건지'를 정확히 이해하는 힘이다. 감정을 명확히 인식할수록 타인의 감정과 내 감정을 혼동하지 않고 건강하게 구별할 수 있다. 연구에 따르면 감정 분화 수준이 높은 사람일수록 감정 강도가 약해지고, 감정에 휘둘리지 않고 유연하게 대응할 수 있다. 특히 부모가 감정 분화 능력을 갖추면 아이의 감정에 휘말리지 않고 안정적으로 반응할 수 있다. 감정 분화는 감정조절력의 핵심 기반이며, 아이와의 건강한 감정적 경계 설정에도 도움이 된다. 영유아 육아 시기에 부모가 먼저 자신의 감정을 분명히 인식하고 분리하는 연습을 하면, 아이 감정에 공감하면서도 자기 감정에 휘말리지 않는 토대가 된다.

감정의 사회적 전염

감정은 말이나 행동보다 먼저, 무의식적으로 전염된다. 이를 감정의 사회적 전염^{social contagion}이라 한다. 사람들은 타인의 표정, 목소리, 몸짓에서 감정을 감지하고 뇌가 자동으로 따라 느끼는 경향이 있다. 특히 아이들은 언어가 부족해 이 비언어적 신호에 훨씬 더 민감하게 반응한다. 부모가 웃으면 아이도 웃고, 부모가 긴장하면 아이도 경직된다.

정서적 동조

정서적 동조^{emotional attunement}는 타인의 감정 신호를 민감하게 감지하고 적절히 반응하는 능력이다. 단순히 감정을 '이해하는 것'을 넘어, 감정의 결을 함께 느끼고 조율하는 과정이다. 심리학자 대니얼 스턴^{Daniel Stern}은 이를 '감정의 공명^{emotional resonance}'이라 불렀으며, 특히 부모-자녀 관계에서 정서적 동조가 아이의 안정 애착과 감정조절 발달에 결정적 영향을 준다고 강조했다. 정서적 동조는 아이의 감정 신호에 대한 민감성과 반응성의 균형 속에서 자란다. 아이가 무언가 느낄 때 그것을 무시하거나 과잉 반응하지 않고 '적정 거리'에서 인정해 주는 태도가 중요하다. 이런 경험은 아이에게 "나는 있는 그대로 괜찮아"라는 정서적 확신을 심어주며, 자존감과 자기 감정 신뢰 형성에 결정적 역할을 한다.

감정 라벨링

감정은 선천적 '느낌'이 아니라 반복 경험과 상호작용 속에서 '구성'되는 것이다. 특히 유아기와 아동기에 정동 상태에 이름을 붙이는 언어 경험이 감정 발달 핵심이다. 감정 라벨링emotion labeling은 단순히 단어 배우기가 아니라 자기 감정을 인식하고 조절하는 기초 작업이다. 정서 어휘가 풍부할수록 자기 이해와 감정조절 능력이 향상된다. 부모가 아이 감정을 대신 명명해 주고 다양한 감정 표현을 허용하는 정서 환경을 제공할 때, 아이는 점점 더 섬세하고 명확하게 감정을 다룰 수 있다.

공동 조절

공동 조절coregulation은 아직 혼자 감정을 조절할 능력이 부족한 아이가 신뢰하는 어른의 안정적 반응을 통해 감정을 다스리는 과정을 말한다. 생후 초기 인간은 감정 자기조절self-regulation을 혼자 하는 것이 어렵기 때문에 부모의 신체적·정서적 리듬을 바탕으로 감정 상태를 조율 받는다. 신경과학 연구에 따르면 부모와 아이가 감정적으로 연결되면 뇌파, 심박수, 호흡 리듬까지 동기화된다. 이런 생리적 동조는 아이 스트레스 조절과 안정감 형성에 핵심 역할을 한다. 부모가 규칙적인 호흡과 부드러운 표정, 일관된 말투를 유지할수록 아이의 신경계는 감정을 안정적으로 조율하는 법을 배운다. 반대로 부모가 예측 불가능하거나 감정적으로 과격하면 아이는 혼란을 느끼고 감정 통제 불안이 내면화된다. 한마디로 공동 조절은 '감정 메트로놈' 같은 역할로 부모가 먼저 자신의 리듬을 안정시키고 그 리듬을 아이에게 전달하는 것이다.

감정주파수

감정주파수는 정서적 연결을 형성하고 조율하는 심리적 파장이다. 음악이나 라디오가 특정 주파수를 맞춰야 소리가 선명하게 들리듯, 사람과 사람 사이도 감정의 리듬과 파장을 맞춰야 진짜 연결이 이루어진다. 나와 아이가 서로의 감정을 감지하고 조율하며, 정서적 공명을 이루는 '관계의 리듬'이다. 이 주파수가 맞아야 아이는 자신의 감정을 안전하게 표현하고 다룰 수 있는 기반을 갖게 된다. 감정주파수를 맞춘다는 건 아이의 감정을 억누르거나 판단하지 않고 있는 그대로 받아들이고 공감하는 것이다. 동시에 아이가 부모의 정서 상태를 안전하게 감지하고 표현할 수 있는 환경을 만들어주는 것도 포함된다.

아이의 감정조절력

초판 1쇄 발행 2025년 8월 21일
초판 3쇄 발행 2025년 9월 12일

지은이 윤여진
펴낸이 김선식

부사장 김은영
콘텐츠사업2본부장 박현미
책임편집 남슬기 **책임마케터** 오서영
콘텐츠사업7팀장 김민정 **콘텐츠사업7팀** 이한결, 남슬기
마케팅1팀 권오권, 오서영, 문서희
미디어홍보본부장 정명찬 **브랜드홍보팀** 오수미, 서가을, 김은지, 박장미, 박주현
채널홍보팀 김민정, 정세림, 고나연, 변승주, 홍수경 **영상홍보팀** 이수인, 염아라, 이지연
편집관리팀 조세현, 김호주, 백설희 **저작권팀** 성민경, 이슬, 윤제희
재무관리팀 하미선, 임혜정, 이슬기, 김주영, 오지수
인사총무팀 강미숙, 이정환, 김혜진, 황종원
제작관리팀 이소현, 김소영, 김진경, 이지우, 황인우
물류관리팀 김형기, 김선민, 주정훈, 양문현, 채원석, 박재연, 이준희
외부스태프 디자인 LUCKY BEAR

펴낸곳 다산북스 **출판등록** 2005년 12월 23일 제313-2005-00277호
주소 경기도 파주시 회동길 490 다산북스 파주사옥
전화 02-704-1724 **팩스** 02-703-2219 **이메일** dasanbooks@dasanbooks.com
홈페이지 www.dasan.group **블로그** blog.naver.com/dasan_books
용지 스마일몬스터 **인쇄** 북토리 **제본** 다온바인텍 **코팅 및 후가공** 제이오엘앤피

ISBN 979-11-306-6942-7 (03370)

- 책값은 뒤표지에 있습니다.
- 파본은 구입하신 서점에서 교환해드립니다.
- 이 책은 저작권에 의하여 보호를 받는 저작물이므로 무단 전재와 복제를 금합니다.

> 다산북스(DASANBOOKS)는 책에 관한 독자 여러분의 아이디어와 원고를 기쁜 마음으로 기다리고 있습니다. 출간을 원하는 분은 다산북스 홈페이지 '원고 투고' 항목에 출간 기획서와 원고 샘플 등을 보내주세요. 머뭇거리지 말고 문을 두드리세요.